读客文化

公元1000年
全球化的开端

[美]韩森 著 刘云军 译

THE YEAR 1000
WHEN EXPLORERS CONNECTED THE WORLD-AND GLOBALIZATION BEGAN
VALERIE HANSEN

北京日报出版社

图书在版编目（CIP）数据

公元1000年：全球化的开端/（美）韩森著；刘云军译. —— 北京：北京日报出版社，2021.9
　　ISBN 978-7-5477-3261-8

Ⅰ. ①公… Ⅱ. ①韩… ②刘… Ⅲ. ①世界史 - 研究 Ⅳ. ① K107

中国版本图书馆 CIP 数据核字 (2021) 第 134050 号

THE YEAR 1000: When Explorers Connected the World- and Globalization Began
Original English Language Edition
Copyright © 2020 by Valerie Hansen
published by arrangement with the original publisher, Scribner, a Division of Simon & Schuster, Inc.
Through Andrew Nurnberg Associates International Limited
All Rights Reserved.

中文版权：© 2021 读客文化股份有限公司
经授权，读客文化股份有限公司拥有本书的中文（简体）版权
审图号：GS（2021）1153号
图字：01-2021-1947号

公元1000年：全球化的开端

作　　者：	〔美〕韩　森
译　　者：	刘云军
责任编辑：	王　莹
特邀编辑：	丁　虹　沈　骏
封面设计：	王　晓
出版发行：	北京日报出版社
地　　址：	北京市东城区东单三条8-16号东方广场东配楼四层
邮　　编：	100005
电　　话：	发行部：（010）65255876
	总编室：（010）65252135
印　　刷：	天津联城印刷有限公司
经　　销：	各地新华书店
版　　次：	2021年9月第1版
	2021年9月第1次印刷
开　　本：	880毫米×1230毫米　1/32
印　　张：	14
字　　数：	260千字
定　　价：	79.90元

版权所有，侵权必究，未经许可，不得转载
凡印刷、装订错误，可调换，联系电话：010-87681002

谨以此书献给吉姆（Jim），在写作本书的过程中，他读过所有的文字，陪我走过许多的地方。

© Bodleian Libraries, University of Oxford

1154年，制图师伊德里斯在制作这张地图时依照的是通用于伊斯兰世界的"上南下北"的制图标准。非洲被画在地中海的上方，在非洲部分还可以看到用三点连接着一座山所表示的尼罗河。如果你把地图颠倒过来，就可以看到欧洲在左边，亚洲在右边。伊斯兰地理学家对公元1000年世界的了解，比其他任何地方的人都多。

L'Anse aux Meadows Museum. Parks Canada

这个斗篷别针的发现,表明维京人(而不是加拿大东北部的土著居民)在公元1000年时已到达了兰塞奥兹牧草地的定居点。他们仅在那里停留了十年。

Maine State Museum, MSM 72.73.1

在缅因州发现的一枚维京人的银币,上面刻着加冕的挪威国王奥拉夫三世的肖像。它是在1065年至1080年间铸造的,这表明维京人放弃了兰塞奥兹牧草地的定居点后,仍返回美洲采集木材。

Alamy

这座教堂曾举行过一次婚礼，两年后，北欧人就撤离了格陵兰岛。在公元1000年，许多欧洲以外的人开辟了新的道路，其中因纽特人的祖先图勒人凭借其出色的海豹狩猎技术，取代了维京人。

© The Trustees of the British Museum

大英博物馆中最受人们欢迎的展品之一——刘易斯棋子，这是1150年用海象牙雕刻而成的。当大多数高质量的非洲象牙直接流向富有的亚洲消费者时，欧洲消费者不得不将就使用较为粗糙的海象牙。

Ann Axtell Morris

在勇士神庙典型的战斗场景中,玛雅艺术家使用了不同的颜色,以便把灰色的入侵者与浅色的防御者区分开来;防御者的皮肤上还有黑色横条纹。在图的上半部,双方为争夺村庄而战;在下半部,两名胜利的灰色入侵者走在他们的俘虏后面。

Ann Axtell Morris

Ann Axtell Morris

  他们是被俘虏的维京人吗？一个俘虏被捆绑在水里，而另一个俘虏的头发正被人抓着。两人都有金色的头发、浅色的眼睛和苍白的皮肤。这些来自勇士神庙的画像提供了令人信服的证据，表明大约在公元1000年，有北欧船只被风吹离了航线，一直远行到了尤卡坦半岛。

© Museum of Cultural History, University of Oslo, Norway

我们对维京人的船是什么样子,以及它们是如何被制造的,都知道得一清二楚,因为北欧人会把死者埋葬在完好无损的船里,就像在戈克斯塔德发现的这艘船一样。

© 2019 The Jean Charlot Estate LLC/Member, Artists Rights Society (ARS), NY

这幅位于老奇琴伊察修女院里的玛雅壁画描绘了一艘船,船上所用的特殊船板正如戈克斯塔德维京人船上的船板一样。

Alamy

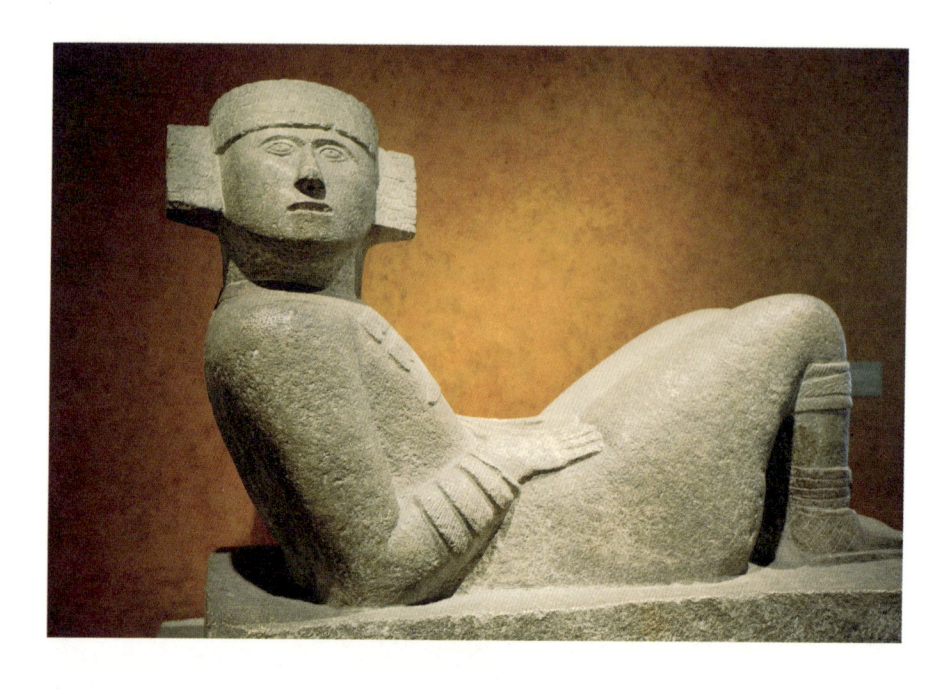

这座位于奇琴伊察的查克穆尔雕像的平坦腹部,可能是用来当作供奉祭品,比如献祭者被切碎的心脏的浅盘。这种雕像是公元950年后出现在该遗址的新的国际化艺术风格的标志。

American Museum of Natural History, Anthropology, Catalog No. H/3239.

当考古学家对这些来自新墨西哥州查科峡谷的储存容器里的残留物进行测试时,他们发现了当地人与玛雅人进行远距离巧克力交易的证据。可可豆的化学特征——可可碱的痕迹表明,古普韦布洛人从3000多公里以外的地方进口巧克力。

American Museum of Natural History, Anthropology, Catalog No. 41.2/6740.
位于今秘鲁的瓦里帝国的统治者使用绳结以及彩色丝线缠绕的绳子,来记录不同数量的商品,他们记录下来的很可能是税款。五百年后,印加人用类似的结绳文字来管理他们复杂的经济。

Alamy

分布在斯堪的纳维亚半岛和东欧各地的宝库，大约埋藏着40万枚银币，其中许多银币上面带有阿拉伯语铭文，这是中东人从欧洲战队首领手中购买斯拉夫奴隶和斯堪的纳维亚奴隶的有力证据。这些首领会与其追随者分享一部分报酬，这些报酬要么是硬币，要么是用熔化的硬币做成的臂章。

Natalia Kolesnikova/AFP/Getty Images

公元988年或公元989年，弗拉基米尔大公选择东正教为罗斯公国的宗教，这是公元1000年左右全球性宗教崛起的关键一步。一千多年后的2016年，弗拉基米尔·普京在莫斯科发表演讲，他的身旁是一座崭新的、17米高的弗拉基米尔大公雕像。

Gian Pagnoni

1011年，当地居民在马里的一个贸易小镇上刻下了这些阿拉伯语文字。其中有一段文字写着"万物非主，唯有真主"，另一段文字解释了当地小镇为什么以"麦加"命名。在公元1000年，非洲-欧亚大陆上的人们放弃了当地的神祇，转而信仰伊斯兰教、基督教、佛教或印度教。

Heritage Images/Hulton Archive/Getty Images

在今津巴布韦和南非边境的马蓬古布韦,一个长约15厘米的金犀牛被偶然发现,这进而促使人们发现了一个重要的黄金出口地。在公元1000年和之后的几个世纪中,非洲人管理着黄金的开采、长途运输和销售。

Alamy

马里国王在前往麦加时途经开罗,他带着100只满载黄金的骆驼,放到今天约值8亿美元。关于其财富的消息传到了西班牙,那里的地图绘制者制作了我们能看到的唯一一幅马里国王曼萨·穆萨的画像。

Alamy

这是一座位于阿富汗博斯特的伽色尼冬宫的美丽的拱门。马哈茂德曾接见过中国北方信奉佛教的辽朝使者,但他回绝了辽朝的外交提议,划定了佛教世界和伊斯兰世界的分野。

University of Edinburgh Library

通过征服和结盟，加兹纳的马哈茂德加强了伊斯兰教在中亚的地位。图中，他站在自己的宝座上，穿着阿拔斯哈里发赐予他的长袍。哈里发在公元999年称其为"信仰的忠实支持者"。

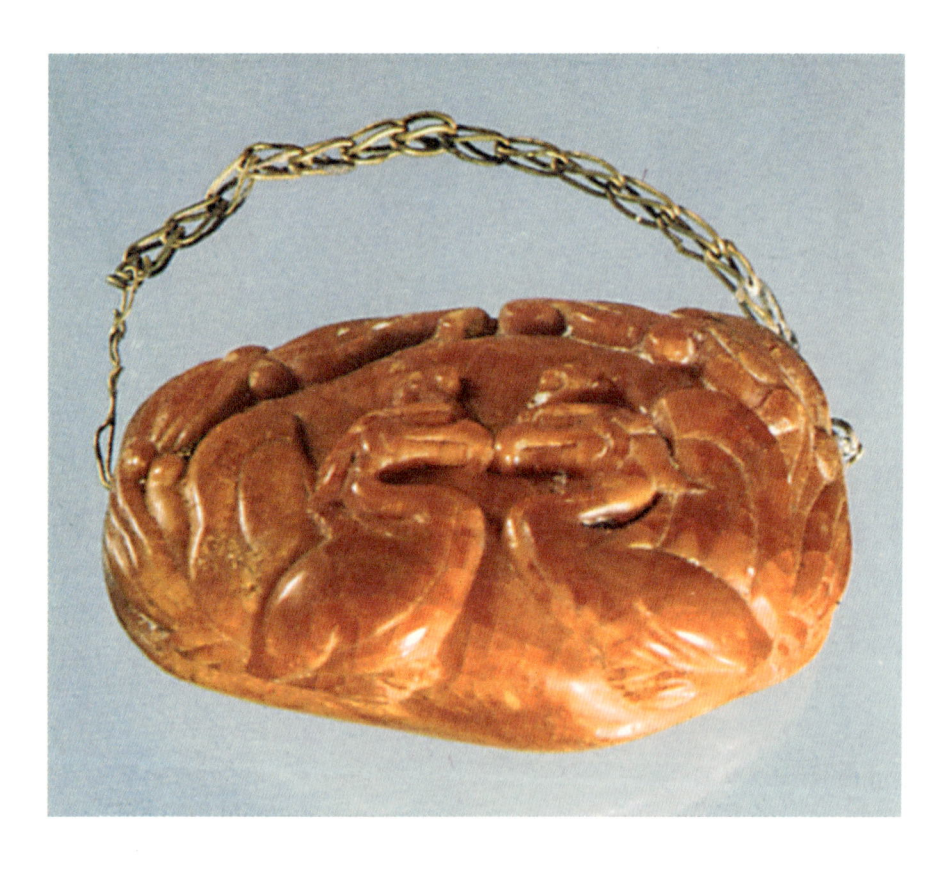

Cultural Relics Press, China

一位葬于1018年的辽朝公主手中握着这个琥珀把件，把件上面有两只相对着的凤凰。辽朝的工匠们经常雕刻来自6400公里外波罗的海地区斯堪的纳维亚半岛的琥珀。

Edward Elliott Family Collection, Purchase, The Dillon Fund Gift, 1982, Metropolitan Museum of Art

这幅中国画描绘了一位骁勇的中亚骑兵,他正准备搭弓射箭。公元1000年,中亚成为军事奴隶的主要供应地之一,当时许多统治者购买了大量箭术高超的弓箭手,这是那个时代的终极武器。

Alamy

坐落于今印度尼西亚的世界上最大的佛教寺庙婆罗浮屠,它吸引了来自东南亚各地的游客,许多游客乘船前往该地。朝圣者们要爬九层的台阶,走4.8公里的路才能到达有72座雕像的顶端。

Alamy

这幅婆罗浮屠的双桅帆船浮雕,带有舷外支架,展现了公元800年后所使用的船只样式。不同寻常的是,东南亚的船匠不使用钉子,而是利用木板上的凸块,再借助绳子把木板绑在一起。这样的船可以装载60万件瓷器。

National Library of Australia

　　通过观察海浪、鸟类和星星，传统的波利尼西亚水手不使用任何仪器，就可以穿越太平洋。他们把两只独木舟绑在一个木架上，再架上帆。

© RMN-Grand Palais/Art Resource NY

这两件器皿来自同一座波斯城市，都是在公元1000年左右制造的。左边这个中国制造的器皿，其光滑的白色表面代表了当时最先进的技术；而波斯陶瓷工人为了保留市场份额，效法了这种技术，但他们只能复制壶嘴，无法再现其光泽。

Harvard Art Museums/Arthur M. Sackler Museum, Bequest of the Hofer Collection of the Arts of Asia

在这幅艺术家绘制的《源氏物语》场景画中，源氏与其同父异母的兄弟坐在一起读信，信中提到让他们带两瓶香料参加制香比赛。日本和中国的朝臣都使用进口的香木，这使香料成为一种被广泛使用的消费品。

Geoff Steven; Our Place World Heritage Collection

韩国曾经是一个国际出版中心，中国和日本买家会来这里寻找难觅的文本，这些文本是通过把纸张压在已着墨的木制雕版上印刷出来的。图中，海印寺的僧侣正在检查13世纪制造的雕版，这样的雕版共有8.1万块。

Alamy

代表少年天皇进行统治的日本摄政王，为了应对1052年的世界末日，准备把自己位于京都附近的宇治的家改造成一座佛寺。今天的人们非常敬仰这座寺庙，它的图像甚至出现在了10日元的硬币上。

序　言

　　街上到处都是顾客，他们购买来自斯里兰卡的珍珠项链，佩戴着由非洲象牙雕刻而成的装饰品，使用添加了稳定剂（来自中国西藏和索马里）的香水、由波罗的海的琥珀制成的小瓶子，以及各式各样的沉香木家具。空气中弥漫着外国熏香的气味。附近的一家商店出售着价格昂贵、工艺精巧的产品，而且该产品的样式是为当地消费者特别改进的。在各自的宗教节日里，印度教徒、穆斯林或佛教信徒会聚集起来庆祝。你来到朋友家做客，她会端给你一杯散发着独特香味的冷饮。这家人炫耀着他们新买的东西：一张由爪哇檀香木制成的精致桌子，上面摆放着一只雕工精湛的犀牛角。屋里的许多小摆设看上去都是进口的，彰显着你朋友的国际化品位。

　　这座城市与遥远的地方有着许多联系，听起来像是一个现代化的大都市，但这就是公元1000年中国城市泉州的样子。泉州位于中国东南海岸，处在上海和香港的中间地带，直接面对着中国台湾地区，是当时世界上面积最大、最富庶的港口之一。

泉州出售的所有产品，都是当时的普通贸易商品。数百年来，中国人一直从现在的爪哇和印度进口檀香木等香木，从阿拉伯半岛进口包括没药和乳香等在内的香树脂。中国人还焚烧进口的熏香，让空气清香扑鼻；使用进口的香料熏蒸衣服，使其散发出怡人的香味；还在药物、饮品、汤和糕点中加入进口的香料，用以调味。

强劲的出口贸易为进口这些商品提供了资金。中国技术最先进的产品是高温瓷。其低成本的竞争者是来自中东的陶瓷，中东的制瓷工人配制了类似于中国陶瓷的釉料，但并未在同样的高温下进行烧制。随着新航线的开通，原本是其国人唯一供应商的中国当地手工业者，突然发现自己正在与地球另一端的制造商争夺市场份额。

公元1000年标志着全球化的开始。这是贸易路线在世界各地形成的时刻，货物、技术、宗教和人们得以离开家园，去到新的地方。随之而来的变化是如此深刻，以至于普通百姓也受到了影响。

在公元1000年——或者说这是考古学家所能确定的最接近的时间，维京探险者们离开了他们的家乡斯堪的纳维亚半岛，穿过北大西洋，到达加拿大东北海岸的纽芬兰岛——这是一个欧洲人从未涉足过的地方，自一万多年前有人类从西伯利亚迁徙到美洲西海岸以来，还没有人跨越太平洋进入过美洲大陆。维京人将此前存在的横跨美洲的贸易路线，与欧洲、亚洲和非洲——我们称之为非洲-欧亚大陆——连接起来。在世界历史上，第一次有物品或信息可以在世界各地传播。

除北欧人外，公元1000年的其他活跃者还有中国人、印度人和阿拉伯人。他们用漫长的海上航线，将中国与波斯湾城市阿曼（Oman）以及距巴格达最近的港口巴士拉（Basrah）连接起来。这条波斯湾—中国之路，连接着两条朝圣路线：一条是穆斯林从中国前往麦加的朝觐之路，另一条是东非人前往麦加朝觐的路线。大部分的买卖货物是从阿拉伯半岛运往中国东南沿海的港口，但也有一些货物一路运往东非沿岸的港口。

公元1000年的全球化推动者，包括北欧维京人以及美洲、非洲、中国和中东的居民。这些探险者用货物交换自己此前从未见过的商品，开辟了陆地和海上贸易路线，这些路线标志着全球化的真正开始。这些贸易商和航海家开辟的新路线，使诸多王国和帝国相互碰撞，导致货物、人员、微生物和思想进入新的地区。世界各地的人们第一次接触到彼此，今天的全球化便是其最终的结果。

不可否认的是，生活在罗马、印度、中国等少数地区的人们早在一千年前就知道其他社会的存在。公元1世纪，一条有据可查的海上航线，将罗马帝国与印度南部西海岸连接起来，但这种贸易最终烟消云散了。另外，大约在公元500年形成的陆上和海上丝绸之路，在印度、中国和东南亚国家之间建立了持久的文化和贸易联系，并且陆上、海上丝绸之路在公元1000年时仍被使用。尽管如此，这两个复杂的贸易网络只覆盖了世界的一部分。而公元1000年发生的地区扩张，影响了全球。

当然，这不是现代意义上的全球化。当时，普通人几乎无法去其他地方旅行，也无法走进商店购买来自世界各地的商品。

尽管如此，公元1000年前后的变化，在最基本的意义上构成了全球化。某个地方发生的事情，深刻地影响了其他遥远地区的居民。新的道路把全球不同部分连接在一起，货物、宗教和人们都沿着这些道路流动。君士坦丁堡（今伊斯坦布尔）、巴格达、开罗和其他城市对奴隶的持续需求，导致了数百万人从非洲、东欧和中亚被迫迁移——这比跨大西洋奴隶贸易的开始早了数百年。

全球化对那些从未离开家园的人产生了深远的影响。一旦统治者皈依（许多统治者确实在公元1000年前后皈依）某种信仰，他们的众多臣民便也接受了这种新的信仰。居住在东南亚的大陆和岛屿上的人们放弃了他们的传统职业，全职为中国消费者（无论他们是富人还是穷人）提供香料和香木。随着外国商人越来越多地从本地商人的利益中分得一杯羹，开罗、君士坦丁堡和广州等城市爆发了世界上第一次反全球化的骚乱以及针对新富阶层的攻击。

现存的公元1000年的史料，并不能提供当时在世界各地流动的货物和人员的确切数字。这就是为什么我们要非常关注其他佐证的原因。我们将跟踪货物在不同路线上的流动情况，并了解跟随它们一同流动的是哪些类型的人和信息。我们感兴趣的是那些写下自己实际旅程的人,以及那些记录自己见闻的人,因为他们是公元1000年以后所发生的巨大变化的主要目击者。

公元1000年的交流使得一些航线被开辟了,即便在15世纪哥伦布穿越大西洋中部之后,货物和人们依旧继续沿着这些航线航行。但公元1000年的世界与1492年的世界在许多重要方面都有所不同。首先,公元1000年的旅行者遇到了陌生人,双方在技术上更加接近——不像在1492年,当时的枪械和火炮使欧洲人能够击败几乎所有他们遇见的人。

在公元1000年,主要的历史参与者也有所不同。世界上的一些地区,诸如中国和中东,繁荣富强;而其他地区,尤其是欧洲,则相对落后。事实上,公元1000年的世界看起来更像我们今天的世界,中国人、阿拉伯人和美国人都是当下欧洲人真正的对手。

公元1000年发生的一系列事件,是人类进化史上的一个重要转折点,而且它们产生的影响各有利弊。全球化道路的开辟加速了人类的繁衍和疾病的传染,造成了知识的丰富和文化的分裂,以及新技术的传播和传统工艺的消亡。这些事件既鼓励人们友好地合作,也激起了彼此的冲突。它们让一些人看到了他们从未见过的可能性,但也加速了那些无力反抗统治之人的被征服。

本书是第一本将这些事件称为"全球化"的书籍。全球化总会产生赢家和输家,在公元1000年时也是如此,那时的世界发生了根本性的变化。我们现在仍能感受到这些变化所带来的影响。

故事看起来似曾相识，但当我们回到公元1000年时，我们就会意识到当时的环境是多么不同。最明显的是，当时的社会还没有开启工业化进程，既没有蒸汽动力，也没有电力，人力、畜力、水力和风力是动力来源。

那时的政治组织形式——军阀、部落、王国和帝国，也与现在不同。没有哪个民族国家能够强迫其所有的臣民服兵役和纳税（这些都是在19世纪时才形成的）。

本书解释了何人在世界的主要地区展开了联系的网络，以及这些网络是如何交织在一起的。当生活在不同地区的人们在公元1000年左右彼此建立联系时，他们为16世纪下一个阶段的全球化奠定了基础，当时的欧洲人根据他们自己的利益重塑了原有的网络。但欧洲人并没有发明全球化，他们只是改变并强化了已经存在的东西。如果此时全球化还没有开始，那么欧洲人不可能如此快速地渗透到这么多地区。

全球化总是让人忧心忡忡：一旦人们意识到自己并不是孤立地存在于这个星球上，他们就会面临新的危险。第一次体验全球化的人们必须制定策略，他们是从不同的角度出发来做出反应的。

当人们遇到不熟悉的人时，他们就会评估风险——就像公元1000年左右他们在世界各地所做的那样：这些陌生人会杀害他们吗？会抓住他们吗？他们必须判断自己的处境：如果爆发战斗，谁会赢？谁拥有更好的技术？如果这些陌生人知道如何读写，又会发生什么呢？他们必须对自己的行动做出合理的决定，而且他们的决定对我们有很多的启示。

有些反应是草率且欠考虑的。例如，有时，维京人会在他们有机会交流（哪怕一个字）之前，就杀死熟睡中的土著人。

有些反应则是自发的，有时甚至会令人不可思议。当美洲印第安人袭击维京人的定居点时，这群北欧人的首领命手下人撤退，一个名叫弗雷迪斯的生性好斗且怀着孕的维京女人无法跟上她的男性同伴。她发现自己孤身一人，面对一群土著勇士。接着，她扯开衬衣，露出乳房，然后用剑"啪"的一声拍打在乳房上。据这篇萨迦[1]记载，那些受惊的美洲印第安人马上就四散奔逃了。

公元1000年的另外一些反应则更具有启发性：一些勇敢之人克服了他们的恐惧心理，向他们从未见过的人伸出了援助之手，彼此建立了贸易关系。

在通常情况下，自然资源极度匮乏的地方最终会把自己的人民变成奴隶而输出。但单个地区并不能满足世界市场对奴隶的需求。最富裕的城市中心会从贫穷地区进口奴隶，这些较贫穷的地区——西非、东非、中亚、北欧以及东欧——除了人力外，几乎没有可供出口的商品。〔东欧出口了大量奴隶，"奴隶"（slave）一词就来源于"斯拉夫"（Slav）。〕

没有东西可交易的人，有时会成为成功的中间人，他们对开辟新的贸易路线至关重要。而令人惊讶的是，来自技术水平较低

---

[1] 萨迦（saga），指冒险故事、英雄事迹等，是中世纪冰岛及北欧地区的一种文学体裁。

的社会的人们,有时能够打败来自更高技术水平社会的人,因为他们更快地吸收了新方法。

要发展自己的社会,最快的方法之一,就是皈依一种来自更发达社会的宗教,这个决定并不总是基于宗教信仰。一位生活在今乌克兰的统治者〔他名叫弗拉基米尔大公(Prince Vladimir)〕渴望巩固他的王国,于是以他的近邻为榜样。像许多其他君主一样,他选择了一种宗教,这个宗教为他提供了最大的机会来巩固权力,并得以与强大的邻国结盟。弗拉基米尔大公的主要信息来源,是他派去拜访其他君主的使节所提供的报告。作为间谍,这些使节带着邻国的消息返回。

弗拉基米尔大公从一份简短的名单中选择了基督教,具体而言是拜占庭帝国所信奉的东正教。他还权衡了犹太教、伊斯兰教、罗马基督教和拜占庭东正教的利弊。他之所以拒绝犹太教,是因为犹太人失去了耶路撒冷;他避开伊斯兰教,是因为该教禁止饮酒;他拒绝罗马基督教,但没有解释原因;而他选择拜占庭东正教,是因为拜占庭首都君士坦丁堡宏伟的圣索菲亚大教堂展现出了一种技术奇迹,就像今天最新的摩天大楼一样,令人印象深刻。

随着其他地区的领导人在公元1000年前后的数年间为自己的臣民选择了宗教,世界宗教的数量减少了。其中一种宗教,即在我们现在所知的伊朗地区曾经很流行的摩尼教(该教强调的是善恶之间持续的斗争),则完全消失了,因为它无法与更成熟的宗教竞争，也无法吸引同等程度的捐献。

公元1000年以后，除锡克教、巴哈伊教、摩门教和其他少数宗教外，再没有出现大的新宗教。这些宗教实际是混合性的，它们所结合的宗教元素，在公元1000年的时候就已经牢固地存在了。

其他统治者也做出了类似弗拉基米尔大公选择拜占庭东正教的决定。结果在公元1000年左右，声称效忠于主要宗教的信仰者人数急剧增加。北欧和东欧皈依了基督教；伊斯兰教的地盘向东扩展到中亚，向南扩展到印度北部；佛教和印度教都扩展到了东南亚。公元1000年世界各地的彼此互动，塑造了我们当下生活的世界：今天，92%的有信仰者信奉着当时最为盛行的四大宗教。

的确，我们生活在一个受到公元1000年所发生事件影响的世界里。我们当下正努力应对着的挑战，与当时人们第一次面对的挑战完全相同：我们是否应与我们的邻居合作，与他们进行贸易，允许他们定居在我们的国家，并当他们生活在我们的社会中时，赋予他们信仰的自由？或者我们是否应该把他们拒之门外？我们是否应该报复那些通过贸易致富的人？我们是否应该尝试复制我们尚未掌握的技术，来生产新产品？最后，全球化到底会让我们更清楚自己是谁，还是会摧毁我们的身份认同？

本书的写作目的就是要解决这些问题。

中文版序

　　生活在今天这个高度全球化的世界里，我们面临着诸多紧迫的问题。其中最为紧要的就是找到抵抗新冠病毒的方法，恢复正常的生活。在这场流行病暴发之前，全球化已经给人类社会制造了许多难题。由于担心国际贸易对本国社会产生不利影响（本土产业有时会无法与全球各地的对手竞争），有些领导人会通过贸易战来保护本土产业。企业家们经常能在别的国家雇到更廉价的工人，而领导人则希望保住本国国内的就业岗位。这些政治强人自顾自地采取了贸易保护政策，丝毫不听取来自其贸易对手所在国的声音。

　　全球化的变化也影响到个人。许多人注意到，有些外国商人以牺牲当地工人为代价来牟利，有些本土产业因为无法适应全球性竞争而逐渐消亡。人们开始用怀疑的态度对待来自其他社会的文化。而最为明显的影响是，全世界的人们都觉得自己的生活发生着改变，且是他们无法掌控的改变。

这就是为什么自20世纪80年代末以来，抗议者总是聚集在柏林、巴黎和华盛顿等城市召开的国际货币基金组织和世界银行会议上。"占领华尔街"运动的抗议者们也表达了诸多类似的不满：富人以牺牲穷人的利益为代价，变得越来越富，而穷人根本无力阻止这一趋势。

反全球化抗议活动的批评者认为，全球化也有积极的一面。得益于航空运输力量的增强，人们常常能以合理的价格，便捷地买到来自遥远国度的各种新奇商品。旅游业因机票价格的下降而繁荣，人们可以远离家园，亲眼看看别人的生活。

即便是在今天，要理解全球化也是十分困难的，那我们为什么还要劳心费神去了解一千年前的全球化呢？这是因为，早期全球化从一开始就表现出了现代全球化的诸多特征。

当下的许多全球化问题并不新鲜，解决办法也并不新颖。回顾过去可以帮助我们更好地了解现在，更重要的是，能帮我们了解未来。

生活在千年前的人们，有着与我们今天截然不同的生活。最明显的是，当时的人们缺少现代医疗、电器以及诸如汽车、飞机等由化石燃料驱动的交通工具。但即便如此，他们也有着和今天的我们一样的情感。我们在观察他们对自身所处环境的反应时，也能看到我们自己，因为我们的反应方式与他们的完全相同。

为何说全球化始于公元1000年？显然，当时的人们并不能像今天的人们一样乘坐大型飞机环游世界，也不会有集装箱船运载大批货物。当时的人们购买来自遥远国度的商品的机会要比现在少得多，且这些商品的价格奇高。

在航空旅行普及之前，全球化早就出现了。早在公元1000年，人们已经开始了跨洋航行、长途贸易和洲际的人口流动。如果我们将"全球化"的定义扩大到包含这些现象，我们就会意识到全球化已经持续了一千年。我们必须了解全球化的开端，这样我们才能有效地应对当前的全球化。

很显然，在公元1000年，全球化的主要推动力是对新鲜事物的向往。"求新"是人类生存的一部分，即用（对拥有者来说）普通的物品换取（对其他人来说）独特、实用或有价值的东西。

维京人与美洲原住民的贸易是一个绝佳的例子，我们是从萨迦（冰岛人为了度过漫长冬夜而讲述的关于祖先事迹的传奇故事）的描述中了解到这些最初的交易的。

维京人登陆加拿大东北部的纽芬兰岛之后，贸易就立马开始了。当地人带来了兽皮作为交换，维京人提供的是红色布条（另一部萨迦则称这些北欧人提供的是牛奶），这些兴高采烈的美洲印第安人把长长的红布缠在了头上。由于布料供不应求，北欧人把布料剪得越来越短，有些甚至只有一指长。对陌生商品的强烈渴求，使得美洲印第安人用完整的毛皮换取对北欧人而言毫无价值的布料碎片。即使是在早期的几次交易中，新产品——红布的吸引力也已让消费者沉迷。

这就是全球化力量如此强大的原因。消费者渴望新产品——就像当时的挪威人提供的红布，或是像今天的智能手机，而销售这些商品的人能赚取巨额利润。商人有充分的动机去生产更多人们想购买的商品，而且他们总是试图降低生产成本。商人提供的商品价格越低，就会有越多人购买，利润自然也会增加。

当时世界各地的情况都是如此，对新奇商品的渴望促成了两个不同民族间的初次相遇，继而导致了新路线的开辟。大约在公元1000年，非洲-欧亚大陆和美洲各地都出现了新的陆路和海路。这些路线使人们有可能到达此前从未踏足的地方，许多商品开始参与更远距离的贸易。

那些连接着不同地区的人们的新路线同时也会传播疾病。在14世纪中叶，起源于亚洲的黑死病夺去了至少三分之一欧洲人的生命。历史上的早些时候，也曾出现过类似的疫情，不过据我们所知，公元1000年左右并没有暴发大规模的疫情（也许暴发过，但并没有记录在案）。或许是因为公元1000年时不同地域的人们的接触太过短暂，并未出现像16世纪初引发美洲致命疫情的那种交流。当时的欧洲人无意中传播了流感和天花，给美洲印第安人带来了灭顶之灾。

陆路和海路的扩张对经济产生了直接影响。在公元1000年，发生于某地区的事件会直接影响到生活在另一地区的人们，这是全球化的标志。生产者开始为远方市场上的消费者生产商品。他们为远方的消费者辛勤劳作，但他们对市场并没有控制权。就像今天一样，贸易网络的扩张有时会引发不满和冲突。

商人们移居国外，以便管理自己的贸易活动，他们中的一些人变得极为富有，这惹恼了那些没能以同样速度致富的当地人。在君士坦丁堡，作为军事援助的交换，拜占庭皇帝授予威尼斯商人在整个拜占庭帝国进行贸易的权力，并免除了他们的商业税。威尼斯商人从这些好处中获利，而当地商人的利益被牺牲了，由此造成的贫富差距使当地居民对居住在城市里的外国富商发起了暴动。1182年，君士坦丁堡居民为报复奢侈无度的外国商人，在一场名为"拉丁大屠杀"的暴动中杀死了数千名意大利商人，这就是早期的反全球化运动。

宋朝统治者在管理外商方面的表现要好得多。他们收取每艘船上的部分货物，并对进口货物征收不同税率的税，这些措施确保了外国商人无法通过牺牲中国人的利益而致富。

宋朝商人颇有商业头脑。要想在国际市场上取得成功，商人必须敏锐地洞察消费者的购买意愿。很早时，中国制造商就已展现出了不同寻常的能力，他们制造出了人们想要的东西（无论是做工简单的小商品还是复杂的制成品）。中国成为世界上主要的制造国，宋朝时期的中国已向东南亚、南亚、中东和东非出口纺织品、金属制品和瓷器。

在中国福建省，龙窑依山而建，绵延100多米。公元1000年，以木材、焦炭或煤为燃料的龙窑实现了大规模生产，成百上千名被雇用的全职工匠在窑中劳作，一次可烧制1~3万件器皿。这些陶工在陶轮上精心制作瓶、罐、碗、碟，然后用高温烧制。

生活在沿海港口的消费者大量购买来自中国的瓷器，考古学家曾在东南亚、印度、中东和东非发现过许多中国瓷。这些地方的消费者尤其珍视中国的白瓷，比如福建德化窑的白瓷。釉瓷就好比那个时代的智能手机，尽管价格不菲，但值得拥有，因为它们既漂亮又容易清洗。

中国不仅出口商品，还大量进口香料、树脂和香木。生活在东南亚大陆和岛屿上的人们放弃了他们的传统职业，专门供应这些物品，以满足中国社会各阶层消费者的需求：在上层社会，宋朝皇帝使用的蜡烛中含有从东南亚进口的大块沉香或樟脑，同时还会掺有龙涎香，以增强香味；在底层社会，打零工的劳动者能在市场上买到用沉香或西藏麝香蒸制的甘蔗。中国社会各阶层都渴求进口香料，这种渴求就像美洲印第安人用毛皮换取挪威人的红布一样强烈。

但在过去，外国商人并没有摧毁本土产业（这在21世纪很普遍），这是为什么？

我们必须知道的是，在过去，船只可能会在风暴中被吹离航线或触礁沉没。因此，那时的运输可靠性远不如今天。这意味着中国出口的瓷器数量，还不致于多到令当地制造商难以生存。在印度洋的多个港口，考古学家们发现了许多当地烧制的中国瓷器的仿制品。这些仿制品看似精巧，但质量低劣。因为它们是在较低的温度下烧制的，釉面往往不均匀，比中国的瓷器易碎。

尽管如此，这些本地仿制品仍能表明，本土制造商在面临来自中国生产商的竞争时，依旧有能力进行创新，可以保住自己的市场份额。并且，如果中国瓷器的供应被切断（不管出于何种原因），当地消费者仍能从当地商家那里买到自己需要的器皿。

在过去，远洋运输的危险以及高昂的成本缓解了进口商品对当地产业的冲击。中东消费者大量购买中国瓷器，但当地陶工仍然继续生产自己的传统瓷器，并对中国瓷器进行仿制。运输的困难减轻了全球化带来的痛苦，毕竟，没有哪个国家能成为世界上某一种商品的唯一供应商。

如今，货运飞机和集装箱船的巨大运输力意味着单个生产商就能向特定地区供应大量进口商品，这使得所有本地生产商都不再生产这些商品了。而贸易通路一旦骤然中断（就像2020年那样），消费者就会一下子买不到生活必需品。

我们今后面临的挑战是学习如何驯服全球化的力量，从而使本土生产商可以与制造业超级大国并存。历史给了我们一些乐观的理由，希望你们在阅读本书时感受得到。

韩森

2021年2月27日

康涅狄格州布兰福德（耶鲁大学以东12公里）

目 录

第1章　公元1000年的世界　　　　　　001

第2章　西进，年轻的维京人　　　　　　023

第3章　公元1000年的泛美高速公路　　　057

第4章　欧洲奴隶　　　　　　　　　　　090

第5章　世界上最富有的人　　　　　　　129

第6章　中亚一分为二　　　　　　　　　166

第7章　令人惊讶的旅程　　　　　　　　199

第8章　世界上最全球化的地方　　　　　235

结　语	267
鸣　谢	277
想了解更多吗?	283
注　释	293
插图说明	387
译后记	391

第1章

公元1000年的世界

令人感到奇怪的是,在公元1000年左右,并没有新技术导致区域间旅行的勃兴。正如在更早的时代一样,此时的人们仍主要通过步行,或骑着动物,或乘坐畜力车,在陆地上迁移;靠乘坐独木舟、帆船或木船横渡水面。在公元1000年,不同地区之间的贸易有所增加,因为农产品剩余导致了人口的增长,使得一些人停止了全职耕作,转而为市场生产商品,并成为商人。

在公元1000年,世界上人口最多的地方就是现在的中国,它的人口约有1亿。纵观整个历史,中国人可以占据地球上生活着的人口的四分之一至三分之一。随着中国商人和船只与东南亚及南印度的人们进行贸易,宋朝(960—1279)经济蓬勃发展;而水稻种植也支撑起东南亚及南印度迅速增长的人口。

中东和欧洲粮食种植区的人口虽不像亚洲那么多,但数量仍然很大。公元751年到大约公元900年，阿拔斯帝国（Abbasid Empire）控制了西起北非、东到中亚的大片领土。

阿拔斯帝国的统一促进了许多农作物在帝国各地的流动。有些作物，如高粱，原产于西非；还有些作物，比如大米，来自印度。而来自伊朗和印度的热带植物的种植，则激励农民在整个夏天进行劳作（这是他们以前从未有过的），这改变了整个阿拔斯帝国范围内的人民生活。这一变化在阿拔斯帝国哈里发统治时代的早期，为伊斯兰世界的腹地带来了持续的繁荣。

然而，公元900年以后，阿拔斯帝国分裂为几个地区性王朝，每个王朝都由不同的军事领袖统治。位于巴格达的哈里发依然是伊斯兰共同体名义上的首脑（在前阿拔斯帝国的领土上，各地穆斯林仍旧会在周五的礼拜中提到他），但阿拔斯帝国不再统一。前阿拔斯帝国土地上的人口则继续增长，在公元1000年时估计达到3500万至4000万人。

随着西欧当地居民采取了意义深远的农业变革，西欧的人口也有所增加，英国历史学家R. I. 摩尔（R. I. Moore）称其为"谷物化"。他们在越来越多的土地上种植了小麦和大麦。在法国北部和英格兰，耕种者们率先认识到，在一块特定的土地上年复一年地种植同样的作物，会降低土地的肥力，于是他们让三分之一到一半的土地休耕。

公元1000年以后，农民们开始轮作他们的庄稼。芜菁、苜蓿和谷物的轮作是一种流行的方式，有助于保持土壤的养分。这种做法对提高农产量非常重要，但传播缓慢（而轮作此时在中国已经广为人知）。与此同时，其他的发明创新——马拉犁、水磨、风车和铁制工具（后者比木制工具更能深入土壤）——也增加了粮食产量。在"谷物化"之前，西欧的大部分土地都没有被定期耕种；但在"谷物化"之后，这种状况有了改善。

除了人口的增加，这些变化还促进了欧洲定居社区的兴起。在广泛种植谷物之前，西欧的许多农民都是居无定所的，他们到处迁徙，去耕种土地和饲养牲畜。斯堪的纳维亚和东欧的农民也是如此，他们跟随着饲养的猪、山羊、绵羊、牛和马等牲畜群而流动。但由于农作物轮作和农业的其他发展，农民开始建造房屋并在村庄定居，这首先发生在法国、英格兰和德意志地区，然后发生在东欧和北欧。

欧洲人口几乎翻了一倍，从公元1000年的不到4000万，增加到1340年的7500万（在1347年黑死病暴发之前）。人口的这一增长与中世纪温暖期相吻合，中世纪温暖期始于公元1000年，在1100年左右达到顶峰，至1400年结束。由于气候历史学家尚不了解是否全世界都出现了变暖的现象，因此他们现在将这一时期称为"中世纪气候异常期"。正在进行的研究表明，尽管某些地区（例如欧洲）的温度升高，但其他地区变得更冷。

欧洲各地的人口分布也发生了变化。南欧和东欧（意大利、西班牙和巴尔干半岛）的人口增加了50%。由于农业技术的提高，西欧和北欧（即今天的法国和德国所在的地区）的人口增长要快得多：那里的人口猛增了三倍，到1340年，欧洲近一半的人生活在北欧和西欧。

中国人口的迁移与欧洲情况相似，但方向相反：中国人向长江以南的水稻种植区迁移；而欧洲人则向北迁移，远离地中海，迁往北海。公元742年，中国6000万人口中的60%生活在北方，他们在那里种植小麦和小米；但到公元980年，62%的人生活在中国南方，他们在那里种植水稻——一种比北方粮食作物产量更高的作物。

与中国皇帝形成鲜明对比的是，在公元1000年，没有某位君主实现过对欧洲的统治。在东欧，拜占庭帝国是最繁荣的国家，但其军事实力正在迅速衰落，这迫使皇帝依赖雇佣军或外国军队。尽管如此，君士坦丁堡依然是欧洲最先进的城市。当西欧人来到这里参观时，他们简直无法相信其街道之美或其建筑的精致复杂，尤其是宏伟的圣索菲亚大教堂。

在西欧，查理大帝（Charlemagne）统一了今天的法国和德国，但当查理大帝在公元814年去世后，他的王国一分为三。在公元10世纪，德意志国王奥托一世（Otto I）、他的儿子奥托二世和孙子奥托三世（他们三人被称为"奥托三帝"）是西欧最强大的统治者。奥托王朝控制了德意志王国和罗马的领土，但没有控制整个意大利半岛，意大利半岛的大部分地区属于拜占庭帝国。国王拥有的权力使其可以任命教皇；反过来，在公元962年，教皇为奥托一世加冕，使之成为神圣罗马帝国的皇帝，他的儿子和孙子也继承了这一头衔。

奥托三世选择让教皇西尔维斯特二世（Sylvester II，999—1003年在位）领导罗马教会。西尔维斯特二世是他那个时代受教育程度最高的人之一，他知道一点代数运算方法，这是欧洲人从伊斯兰世界学到的一种数学技巧〔"代数"（algebra）一词来自阿拉伯语"al-jabr"，意指平衡方程两边所需的操作〕。

公元1000年正值西尔维斯特二世统治时期，但这一年对欧洲人来说意义不大，因为很少有人使用这种从耶稣诞生之日开始纪年的历法。该历法在公元6世纪就已经存在了，但发展缓慢，直到16世纪，教会才正式接受它。大多数人以在位的国王或教皇来纪年，例如人们称公元1000年为西尔维斯特教皇在位的第二年。

很少有基督徒相信公元1000年基督会重返人间。各种各样的巡回布道者和教会改革者都声称自己是弥赛亚，并领导了暴动，但他们的运动发生在不同的世纪，都不在公元1000年左右。

在公元1000年世界上所有的农耕帝国中，学者们对中美洲的玛雅了解最少。大约在公元600年以前，玛雅人已经开始广泛使用灌溉技术来种植玉米，他们在位于今墨西哥、伯利兹、危地马拉、萨尔瓦多和洪都拉斯的原始中心地区的高地上种植玉米。玛雅在公元700年左右达到人口顶峰，当时其总人口已达数百万。（2018年的一项估计认为玛雅人人口数为1000万至1500万。）位于今危地马拉的玛雅城市蒂卡尔（Tikal）是公元600年至800年间最大的城市之一，约有6万居民。在公元8世纪末，可能是因为过度耕种或环境变化，多个城市崩溃并被废弃。公元830年以后，玛雅人几乎没有建造新的城市。而公元1000年至1100年间发生的一场长时间的干旱，导致人口急剧下降，大量人口迁移到尤卡坦半岛的北部，在那里，新城市奇琴伊察（Chichén Itzá）崛起了。

尽管玛雅文字的书面记录止步于公元1000年之前（最后的石刻文字可追溯到公元910年），但奇琴伊察的玛雅人经历了复兴，他们将贸易往来扩展至北起密西西比河流域和四角地（Four Corners，科罗拉多州、新墨西哥州、亚利桑那州和犹他州的四州交界处），南到巴拿马和哥伦比亚的广大地区。大都市奇琴伊察拥有一个巨大的球场和一个精密的天文观测台。这座城市给公元1000年的人们留下了深刻的印象，以至于许多邻近的统治者都派遣使者携带礼物，拜访玛雅统治者。

公元1000年的世界人口是多少？粗略估计为2.5亿人。比起那些没有人口记录的社会，我们对那些进行过人口普查的社会（比如中国）更为了解。而农耕社会要比流动的游牧社会拥有更多的人口。亚洲的中国、日本、印度和印度尼西亚都是主要的稻米生产国，亚洲占世界人口的大部分（超过50%，约有1.5亿人）；欧洲紧随其后，约占世界人口的20%；非洲可能占了另外的20%，而美洲只占10%或更少（大洋洲的人口从未达到世界总人口的1%）。

2.5亿的世界人口是历史的转折点。当探险家们从其祖国出发，前往邻近疆域时，与人口较少的早期时代相比，此时的他们更容易遇到人。

在农业蓬勃发展、人口增长的不同地区，有些人能够停止耕作，居住在城市里。公元1000年到1348年间的欧洲城市并不是世界上最大的城市：巴黎有2～3万人口，伊斯兰时期的科尔多瓦（Córdoba）有45万人口，两者都比宋朝的都城开封和临安人口少，这两个城市都至少拥有100万人口。

随着城市的发展，有创业精神的商人也越来越多。他们在遥远的地方购买到非凡的物品，而人们想要更多物品的渴望也被激发了。贸易货物通常是重量较轻的物品，如羽毛、毛皮、漂亮的纺织品和药品。贵金属是一个重要的例外，人们愿意带着它们长途跋涉。

在一些相似的社会中，粮食的盈余也有助于大型文化官僚机构的存在。他们都有自己的书写系统。公元1000年，世界上最主要的文献是由拉丁语、古冰岛语、希腊语、阿拉伯语、波斯语、梵文和汉语写成的。因为有书面记录，我们对这些重要地带的人们及其近邻的了解，远超于对没有文字系统的地方的了解。

本书没有涵盖地球上的边远地区，这些地区没有文字记录，或没有与相邻地区进行贸易。澳大利亚、撒哈拉以南非洲的某些地区以及美洲多个地区都是如此。在这些地区中，有的居民从事狩猎和采集，并进行间歇性耕作。他们在春天播种，夏天不予照料，秋天则回来收获。近年来，有人认为渔猎的生活，远远优于在田间种植农作物。事实可能的确如此。但是渔猎没有产生足够的盈余，以支持人口的大量增长。这些社会并未孕育出书写传统，这意味着除了借助考古学，我们对他们知之甚少。许多人认为，书写首先出现在大型的农业帝国中,因为统治者需要掌控自己的臣民,并记录税收情况。

尽管如此,那些与外界接触甚少的地区并不都是一样的。在西非,古城杰内(Jenne-jeno)促使学者们重新思考他们的基本假设,即只有定居的农业社会才能兴起城市。在那里,当地人多是牧民,他们一年中大部分时间都与其牧群一起迁徙,但会在杰内度过雨季,当时的杰内人口多达两万。该古城遗址有一个深达8米的巨大的碎陶器堆积层,最早可追溯到公元前300年,证明当时已经存在着一个主要的定居点。有趣的是,关于杰内的唯一书面记录来自外部人,他们在公元1000年左右开始书写与该城市相关的内容。

在世界上文献记载较少的地区,当然也存在类似的大型定居点,但我们是通过考古发掘才知道它们的。在许多地方,如美洲和撒哈拉以南的非洲,考古学是我们唯一的资料来源。

在我们当下的世界里,人们已经仔细地探索了地球上的每一个角落,并详细绘制了地图,但在公元1000年,欧亚大陆各地的作者们,生活在一个截然不同的世界里。他们对远方感兴趣,并记录下他们对处于已知世界边缘的土地的了解。用汉语、希腊语和拉丁语写作的古典时期的作家们,都曾描述过生活在那里的类似人类的生物。许多后来的作者还简单记录过一些没有头、没有四肢,或是呈现出其他奇怪形状的物种。公元1000年左右的早期旅行者,对他们的邻居所知甚少,而且总是充满无所畏惧的精神。

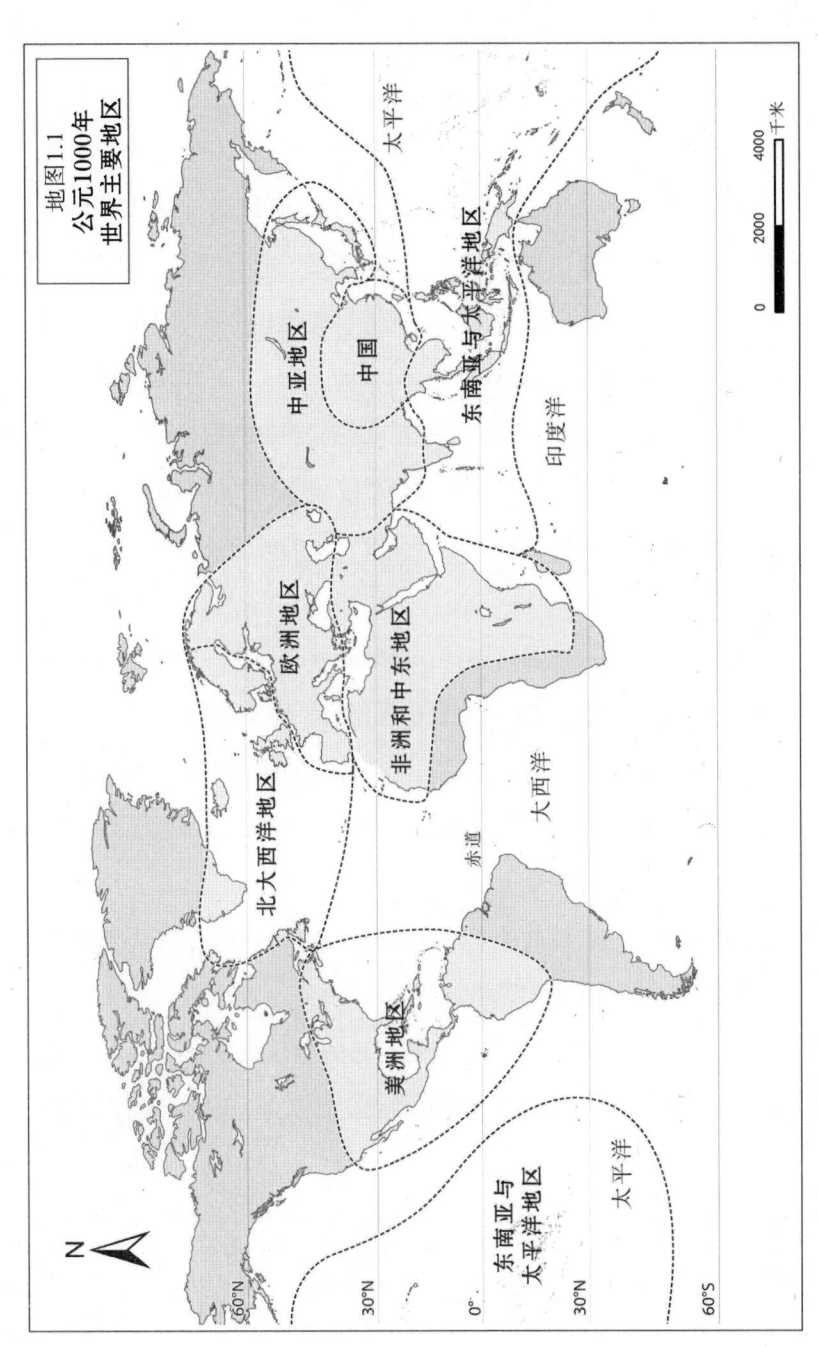

地图 1.1 公元 1000 年世界主要地区

- 北大西洋地区
- 欧洲地区
- 中亚地区
- 中国
- 非洲和中东地区
- 东南亚与太平洋地区
- 美洲地区
- 东南亚与太平洋地区

太平洋　印度洋　大西洋　太平洋

赤道

60°N　30°N　0°　30°N　60°S

0　2000　4000 千米

注：书中地图系原文插附地图

阿拉伯语文献详细地记载了非洲-欧亚大陆上许多无文字社会的居民、货物、贸易路线和习俗的情况。一位名叫伊本·胡尔达兹比赫（Ibn Khurradadhbih，820—912）的阿拔斯帝国邮政和情报部门的波斯官员，撰写了第一本地理书，书中描述了位于特定路线上的不同国家及其特产。他很恰当地把其作品命名为《道里邦国志》(*The Book of Routes and Realms*）。后来使用阿拉伯语和波斯语写作的地理学家们，在描述他们观察到的不同地方时，使用了相同的书名，这些著作对于理解公元1000年的世界至关重要。中国人也有书写异国的悠久传统，他们的描述提供了同样有价值的信息。[1]

要判断这些叙述的可靠性，最好的方法是将一份报告与其他可用资料进行比较，然后判断该报告记载的是否属实。

这种方法使我们能够检验那些声称有的旅行者在哥伦布之前就到达了美洲的理论。有些理论是完全可信的，并得到了广泛的学术支持；另一些则毫无根据，引发了人们的高度怀疑。例如，维京人航行到纽芬兰岛的证据是板上钉钉的，而中国人先于哥伦布到达美洲的说法则是推测性的。

对一些人来说，中国人最先到达的想法既富有吸引力，又耐人寻味：如果他们已经来过，会发生什么情况呢？可以肯定的

---

[1] 如《诸蕃志》（宋赵汝适）、《岭外代答》（宋周去非）、《岛夷志略》（元汪大渊）、《真腊风土记》（元周达观）等，更多类似书目，可参见中华书局《中外交通史籍丛刊》。——译者注

是，中国海军在船队统帅郑和的带领下[1]，在15世纪时航行到东南亚、印度、阿拉伯半岛和东非海岸。然而，没有证据表明统帅郑和的船队越过好望角航行到美洲、大洋洲或南北两极——所有这些主张都是加文·孟席斯（Gavin Menzies）在其作品《1421：中国发现世界》中提出的。这本书获得了巨大的成功，它的销量超过了其他所有关于中国历史的书籍，但没有一个认真研究中国历史的学者接受这本书的观点。这本书的问题如此之多，以至于一位研究明史的知名学者起诉该书的出版商，因为他们把这本书当作非虚构类书籍来销售。

土耳其总统雷杰普·塔伊普·埃尔多安（Recep Tayyip Erdogan）在2014年的一次演讲中称，穆斯林探险家也比哥伦布更早抵达美洲。他的证据是克里斯托弗·哥伦布记录了在古巴看到清真寺的情景。但实际上，哥伦布在他的日记中写到"其中一个（当地的山脉）山顶上还有一座小山，就像一座优雅的清真寺"，他显然是在描述一座清真寺形状的小山，而不是一座真正的清真寺。

一位专业的历史学家S.弗雷德里克·斯塔尔（S. Frederick Starr）也持有类似的说法，认为比鲁尼（al-Biruni）比哥伦布更早认识到美洲的存在。比鲁尼是中亚一位杰出的博学之人，生于公元973年，死于1040年之后。他以研究历法、天文学、地理学和印度而闻名。S.弗雷德里克·斯塔尔声称"比鲁尼发现了美洲"，称比鲁尼

---

[1] 郑和以正使身份下西洋。——译者注

认识到地球的另一端有一块大陆，与非洲-欧亚大陆相望。这是不准确的。

比鲁尼并不知道美洲的存在。但他确实认识到地球是一个球体，这一知识从古希腊人传到用阿拉伯语写作的学者那里。比鲁尼还知道，人类只生活在地球表面的一小部分地区。北极对人类来说太冷了，而赤道以南又太热了。他怀疑地球的另一端大部分都被水淹没了，而非洲-欧亚大陆的居民对此毫无所知。比鲁尼是一个足够严谨的思想家，他没有排除那里有一些人类定居地的可能。然而，比鲁尼从未发现过一个大陆，更不用说一个叫美洲的大陆了。

除了比鲁尼和伊斯兰世界的其他主要学者，生活在公元1000年左右的人很少能想象出整个地球。当时世界上最完整的地图，是由伊德里斯（al-Idrisi）在1154年绘制的，该地图展示了大部分非洲-欧亚大陆，但并没有展示美洲。伊德里斯是意大利西西里岛的一名制图师，伊斯兰化的西西里岛也是当时进入欧洲的门户之一。伊德里斯是个土生土长的休达（Ceuta）人，在西西里国王罗杰二世（Roger II）的宫廷里工作，他在一个直径超过2米的银盘上绘制了一幅世界地图，并附上了显示所有地方的经纬度坐标的完整列表。不出所料，最初的地图被毁掉了（可能因为白银的价值而被熔化了），但通过那些根据伊德里斯所收集信息而绘制的地图，他的地点列表连同对每个地点的简要描述都被完好无损地保存了下来。本书（英文版）的封面上的地图正是其中一幅。

从公元1000年开始，随着欧洲人学习阿拉伯语和翻译阿拉伯语文本，更多的知识从伊斯兰世界进入欧洲。欧几里得的几何学是从原希腊语的阿拉伯语译本，再翻译成拉丁语的，斐波那契（Fibonacci）则引进了阿拉伯数字（这比罗马数字方便得多）。

知识的传播并不局限于学术领域。欧洲人还学会了如何玩新游戏。国际象棋最初是公元600年左右，在印度发明的，后来传遍了伊斯兰世界，并于公元1000年前后在欧洲流行起来。这个游戏教授了军事战略的基础知识；玩家们认识到，同单独行动相比，与多名兵卒一起行动更为明智。随着国际象棋进入欧洲，一些棋子有了新的身份；"象"之所以成为"主教"，是因为工匠们误认为象的两根长牙是主教帽子上的两个尖角。有些棋子是用象牙制成的，但更多的则是用海象牙制成的，在维京人最活跃于北大西洋的时期，大量海象牙进入欧洲。

习惯于乘坐飞机、火车、汽车和轮船的现代旅行者，往往把早期旅行想象得过于困难。我们很好奇人们是如何徒步穿越数千公里的，却忘记了大多数人一天可以走32公里，而且能够持续很长时间。公元1000年的人们已经习惯了这种方式，一位使节在1024年到1026年间，徒步行走了超过4000公里的路程。

记录这次长途旅行的历史学家并没有提及这位使节是如何做到的，但我们可以推测，不管地形有多艰难，他——以及这本书中的大多数探险者——得到了当地向导的帮助。在20世纪90年代，村民们帮助一个研究小组克服了喜马拉雅山脉的一处困难路段，向他们展示了多条在任何地图上都没有出现过的路线。根据一年中时间和雪量的不同，这些路线的行进难度也有所不同。甚至还有一条适合孕妇行走的平坦路线。

现存有很多关于不同时代和地区的徒步旅行速度的数据。正如16世纪初西班牙人对印加地区的记载显示，如果信差是在不携带任何行李的状态下行进，且是分段传送，而不需连续跑完全程，那么整个信差团队可以达到一天240公里的惊人行进速度。

当然，携带食物和武器的士兵要走得更慢。包括波斯统治者薛西斯、亚历山大大帝、汉尼拔——甚至更现代的英国女王伊丽莎白一世的军队在内，古代军队的行军速度介于每天16～32公里。即使是现在，美国陆军准则也规定了每天32公里的正常行军速度。任何更快的速度都可以称为强行军。

骑马者的骑行速度可以更快：在蒙古，现代骑手如果频繁更换坐骑，一天可以骑行483公里。在过去，蒙古士兵在激烈的战役中可以连续几天保持每天100公里的速度。

良好的道路条件也能显著提高速度。在公元1000年，道路情况差别很大。在最发达的社会，比如中国，土路和河上小桥随处可见，交通也很方便。其他国家则几乎没有道路，探险者不得不自己找寻道路。

陆路旅行的条件，也决定了人们能把大宗货物运送到多远的距离。公元1000年左右，新墨西哥州查科峡谷（Chaco Canyon）的居民会定期将玉米拖运到150公里外，偶尔也会从270多公里外的地方运来大量木材（查科峡谷没有树木）。他们有时甚至会走得更远去购买金刚鹦鹉羽毛等奢侈品。

在公元1000年，长距离并不是陆路旅行的唯一困难。温度、地形和障碍物等因素，会加快或减慢出行的速度。

乘船出行的情况也是如此，不管是在河中行舟还是海上航行。出行的速度各不相同，并且令人惊讶的是，航行或划船的方式通常并不比陆路快。当然，坐在船上比在陆地上行走要轻松得多。

维京人的船只以其灵活轻便的结构、高速度的航行以及在浅水区的强登陆能力而闻名。在航行时，维京船仿制品的最高速度达到了每小时27公里，但这种速度只能维持很短的时间。装有三角帆的波利尼西亚双体独木舟的速度明显要慢得多，其速度约为维京船以正常风速航行时的一半。即使在今天，建造精良的传统帆船平均时速也仅为16公里，而"美洲杯"帆船赛的参赛选手的速度是这一速度的五倍。

划艇或乘坐独木舟的速度要慢得多，大约每小时11公里。除非在短程冲刺，否则很难划得比这个更快。但划艇可以向任何方向行驶，而帆船则不能直接逆风前进。划船对于维京人的成功至关重要。不论风向如何，他们都可以在海岸附近航行，在靠近海岸的地方划桨，并发动袭击，然后迅速逃离。

洋流塑造了公元1000年时的水手们的旅程，今天也一样。如果水手们能顺着海洋表面的规则洋流，也就是所谓的环流航行，就能前进得更快。环流是由风型、重力、来自太阳的热量以及地球自转的速度决定的。北半球的环流（北大西洋环流和北太平洋环流）顺时针流动，而南半球的环流则逆时针流动。

由于北大西洋环流的顺时针方向，所以穿越北大西洋到加拿大的旅程比回程要困难得多。维京人紧靠着海岸，被流动缓慢且冰冷的格陵兰洋流带到冰岛和格陵兰岛，然后从那里又被拉布拉多洋流带到加拿大。这种旅行有其危险性。格陵兰洋流在格陵兰岛南端的法韦尔角（Cape Farewell）遇到了温暖得多的墨西哥湾暖流，由此产生的雾和风经常将船只吹离航道。

公元985年或公元986年，一位名叫比亚尼·赫尔约夫森（Bjarni Herjolfsson）的维京水手可能就遇到了这种情况。他从冰岛起航前往格陵兰岛，希望在那里找到自己的父亲，而他的父亲刚刚搬到了由"红发"埃里克（Erik the Red）建立的新定居点。

从冰岛到格陵兰岛，比亚尼和他的船员们航行了三天。据萨迦记载："风停了，他们受困于北风和大雾；有许多天，他们不知道该往哪里去。"当天空放晴的时候，他和手下看见了陆地，但比亚尼对格陵兰岛有足够的了解，知道它是什么样子的，显然这块陆地并非格陵兰岛。在探访了另外两个地方之后，他们改变了航向，安全到达格陵兰岛。比亚尼和他的手下从来没有踏上过这块陆地，但他们的报告启发了雷夫·埃里克森（Leif Erikson）——被认为第一个到达美洲的维京人。雷夫在公元1000年沿着比亚尼的足迹前行，最终在加拿大东北部靠岸。

当维京人远航返回到斯堪的纳维亚半岛时，可能遇到了属于北大西洋环流一部分的墨西哥湾暖流。航行于墨西哥湾暖流，就好比航行于一条穿越平静海域的湍急河流。墨西哥湾暖流沿着美洲东海岸向北移动，然后转向纽芬兰岛周围的大西洋。它到达不列颠群岛，然后继续向北进入欧洲。墨西哥湾暖流一天移动超过160公里，它的宽度（因为它与周围水的颜色不同，所以肉眼可见）大约是70公里。

横跨太平洋的路线距离，远大于那些横跨大西洋的路线距离：太平洋最宽的地方在印度尼西亚和哥伦比亚之间，绵延两万公里，而大西洋最大的宽度只有6400公里。甚至日本和加利福尼亚州之间的距离也达8800公里。早期的水手们利用北太平洋环流，使用带有帆的双体独木舟，继续他们在跨越太平洋航线上的扩张；像维京人一样，他们不使用任何航海仪器。他们从萨摩亚（Samoa）出发，在1025年左右到达了社会群岛（the Society Islands），并花了两个半世纪的时间才到达夏威夷、复活节岛和新西兰。

事实上，正如下面这14名不幸的日本水手所发现的那样，如果条件合适，一个人可以在没有帆的情况下随洋流漂流跨越太平洋。1832年12月2日，他们乘坐长约15米的木制渔船，从日本东海岸的名古屋出发，驶往东京。一场强烈的风暴把他们吹离了航线。这艘没有桅顶的船先是被黑潮卷走，然后是被北太平洋洋流推着前进，这两股洋流都是北太平洋环流的一部分。

大约14个月后，也就是1834年1月，这艘船在华盛顿州的奥泽特镇（Ozette）靠岸。只有三名水手靠着饮用收集的雨水、食用鱼类和捕获偶尔出现的鸟类生存下来。由于没有维生素C的供应，这些人很容易得坏血病，他们的11个同伴已经死亡。

风向为一些旅行提供了便利，也给别的旅行带来了麻烦。任何有经验的水手都知道，顺风而行，船只的航行速度会更快。季节性天气模式对某些地区有相当大的影响。最著名的是季风，它是由于春季临近，欧亚大陆升温，空气流向海洋，然后在6个月后沿着相反的方向回流而引起的。到了公元1000年，航海家们精确地掌握了风向和季风时间，这样风便可以带着他们在印度洋和太平洋之间航行。

正如研究阿拉伯航海史的伟大历史学家乔治·F. 霍拉尼（George F. Hourani，1913—1984）所指出的那样："这条从波斯湾到广州的海路，是人类在16世纪欧洲扩张之前距离最长的常规航路。作为一项了不起的成就，这条航线值得人们关注。"沿着波斯湾—中国航线航行的船只，其航行距离几乎是哥伦布航行距离的两倍；如果加上从伊拉克的巴士拉到莫桑比克的索法拉（Sofala）的这段航程，那么航程则是哥伦布航程的三倍。

公元1000年左右，印度洋和太平洋见证了阿拉伯地区、印度、东南亚、东非和中国港口之间贸易的繁荣。没有水手到菲律宾东部去，因为中国人认为所有的海水在那里汇聚成一个危险的漩涡，没有船能从那里返回。

这种看法有其依据。印尼贯穿流将温暖的海水从太平洋带到印度洋；流动的方向主要是向南通过印度尼西亚群岛，然后向西进入印度洋。这些洋流发生碰撞，并在东南亚岛屿周围向四面八方移动，导致当地海平面上升了46厘米，超过了地球上其他任何地方。这里的水流波涛汹涌且面积开阔，以至于科学家们不得不创造一个新的单位"斯维尔德鲁普"（Sverdrup）——该单位的流量为每秒100万立方米——以测量流量。洋流的方向使得漂浮在海洋中的船只和其他物体很容易向南和向西进入印度洋，但任何向北的移动都比较困难。

因为往南走更容易，人类早在大约5万年前就乘船前往澳大利亚，但几乎没有人往北走。因此，至少在1300年或1400年以前，澳大利亚和印度尼西亚或东南亚大陆之间几乎没有接触。事实上，中国人最初去澳大利亚是为了寻找海蛞蝓，它们也会被称为海参。中国消费者非常喜欢海参，以至于他们的渔民先是在广州附近的水域过度捕捞，然后沿着东南亚海岸南下直到越南，再从那里到印度尼西亚，最后在1400年左右到达澳大利亚的北海岸。

在公元1000年，大多数水手通过"航位推算法"来导航，这意味着他们依靠肉眼以及对太阳、月亮和星星运动的了解，来选择自己的航线。但穆斯林航海家和中国人是例外，前者使用六分仪，后者大约在公元1000年制造出了船用磁性罗盘。

熟练的波利尼西亚人和维京水手能够通过仔细观察海浪、海草、鸟类的飞行姿态、陆地轮廓来确定航线。密克罗尼西亚人马乌·皮埃鲁格（Mau Piailug）研究了传统的波利尼西亚航海系统，在20世纪80年代，他把这项知识传授给了史蒂夫·托马斯（Steve Thomas），托马斯后来成了一名狂热的航海家，再后来又成了电视节目《老房子》（*This Old House*）的主持人。马乌解释说，当天气晴朗的时候，他就借助星星来导航，当天空乌云密布的时候，他就靠海浪的形状来确定路线。

像波利尼西亚探险者一样，维京人不使用任何工具。为什么在公元1000年，他们要去新的地方旅行？事实上，社会结构，特别是武装团体的组织结构，发挥了关键性的作用，因为这种组织结构促使雄心勃勃的酋长们寻求新的领土；用古英语写成的著名史诗《贝奥武夫》（*Beowulf*，现存唯一的手稿可以追溯到公元1000年，而故事发生在那之前的几个世纪）解释了这些群体是如何运作的。年轻的瑞典王子贝奥武夫前往丹麦帮助一位邻国国王，该国的领土受到一个名叫格伦德尔（Grendel）的怪物的威胁。陪伴贝奥武夫的大约有20名年轻的男性，他们在贝奥武夫身边战斗，和他一起航行到遥远的地方寻找奇珍异宝。作为回报，贝奥武夫把财物奖励给这些追随者，财物通常是从其敌人那里掠夺来的银臂章。贝奥武夫的追随者们并不总是在打仗；有时他们会出去闲逛，享受彼此陪伴的乐趣。

维京武装团体的成员不全是男性；这一群体有时包括少数女性，通常是领导者的妻子。而女性也可以领导战队。袒胸露乳的弗雷迪斯最终成功指挥自己的船只到达美洲，正如由她的后代流传下来的萨迦所叙述的那样。武装团体也不是由来自同一地方的人们组成的；来自不同国家或操着不同语言的人经常会聚在一起。小型战队可能有20名左右的成员，但他们可能会成长为100人至200人的大团体。而成功吸引到更多追随者的战队领袖可能最终会成为国王。

维京人"红发"埃里克的真实生活经历说明战队领导者如何带领自己的人，走出本国并来到新的领土。公元980年，埃里克在冰岛被判犯有谋杀罪，被流放了三年。由于他此前已被驱逐出挪威，因此只得出发寻找新的领地，这一新领地即格陵兰岛，人们大约是在公元900年发现了这个岛。当三年流放结束后，他又回到冰岛招募追随者，这次，他们乘坐25艘船前往格陵兰岛。其中11艘船被风吹离了航线，再也没有出现；其余14艘船抵达了格陵兰岛，船上的人建立了东部定居点。埃里克的儿子雷夫和其他穿越北大西洋到达加拿大的维京人，也都率领着他们自己的战队探索新领地。

让我们从1492年以前的欧洲和美洲之间的某个接触时刻开始我们的全球之旅：公元1000年，维京人登陆纽芬兰岛。我们将从那里出发，沿着书面资料所描述的路线环游世界，并根据考古发现重建其他路线。

公元1000年，维京探险家们使全球性的环线得以闭合。一个物品或一条信息，第一次可以穿越整个世界。当然，我们目前还不知道是哪个具体的物品或信息。但因为维京人在公元1000年时航行到加拿大，开辟了一条从欧洲到达美洲的航线，所以事实是（而并非假设），那一年形成了一个全球航线网络。于是，我们开始了全球化的历史。

地图2.1 北美维京人的探险

历史地名以**粗体**表示
冰岛萨迦中提到**赫路兰**、**马克兰**和**文兰**，但它们的位置尚无法确定。
-------- 现代边界

0　650　1300 千米

埃尔斯米尔岛
75° N
巴芬湾
金吉克托尔苏瓦克岛
巴芬岛
格陵兰岛
北极圈
赫路兰
西部定居点
哈得孙海峡
东部定居点
哈得孙湾
拉马湾
加拿大
马克兰
大西洋
拉布拉多
沙勒尔湾
兰塞奥兹牧草地
圣劳伦斯河
文兰
纽芬兰岛
安大略湖
缅因州
圣劳伦斯湾
美国
新斯科舍
爱德华王子岛

注：书中地图系原文插附地图

第2章
西进,年轻的维京人

根据萨迦记载,维京人曾分别三次航行至美洲。第一次航行发生在公元1000年,当时雷夫·埃里克森带领其战队中的追随者到达比亚尼·赫尔约夫森先前见过的土地。由于被风吹离了航线,比亚尼在到达雷夫的父亲"红发"埃里克建立的格陵兰定居点之前,描述了三个不同的地方,但他从未踏足过其中任何一个。大约15年后,雷夫购买了比亚尼的船,带着他的战队从格陵兰岛出发,去寻找一个他可以统治的、属于他自己的地方。

雷夫及其追随者们首先在一个地方登陆,这个地方"就像一块从冰川延伸到大海的平坦岩石",他们称这个地方为"赫路兰"(Helluland),意思是"石板之地"。这可能就是加拿大东北部和格陵兰岛之间的巴芬岛。接着,他们来到了一片"平坦的林地",这里"缓坡朝海",有"大片的白色沙滩"。雷夫称这个地方为"马克兰"（Markland），即"森林之地"——极有可能是加拿大东北部的拉布拉多海岸，该海岸一直以其令人眼花缭乱的白色沙滩而闻名。这两个地方都太过寒冷，土地太贫瘠，不适合人类居住。

他们的第三个目的地要诱人得多。海水退潮时，载着雷夫与其船员的船只搁浅了，"他们对这片土地怀着强烈的好奇心，以至于都不愿等待涨潮"。他们跳下船去探索这个地区，并发现了一块肥沃的土地，这里草木茂盛，鱼类丰富。这些人搭建起帐篷，或是盖着布的矮木建筑物，以供晚上睡觉，他们把自己的第一个定居点命名为"雷夫斯布迪尔"（Leifsbudir），即"雷夫的地盘"，把这个岛称为"文兰"（Vinland或者Vineland）。学者们目前仍在争论他们所登陆的地方是哪里。在文兰度过冬天后，雷夫和他的追随者回到格陵兰岛，他们并没有在文兰遇到任何土著居民。

几年后，雷夫的弟弟索瓦尔德（Thorvald）决定去文兰进行第二次探险。雷夫没有选择跟他一起前去，他让索瓦尔德使用了自己的船，以及他和他的追随者先前在雷夫斯布迪尔修建的建筑物。与雷夫不同，索瓦尔德确实遇到了新大陆的居民，且对他而言，这次遭遇是致命的。他和追随者们看见了三艘裹着兽皮的船，船底藏着九个人。

出现在萨迦中的土著人总是划着这种裹着兽皮的船或独木舟。尽管桦树皮制成的独木舟在今天的加拿大东北部和美国很普遍，但居住在缅因州和新斯科舍（Nova Scotia）的人们会用驼鹿皮覆在他们的独木舟上。

索瓦尔德的追随者无缘无故地杀死了船下的八个人，也许是为了测试他们到底是幽灵还是活人。铁制武器可以杀死人类，但无法杀死幽灵。第九个人逃跑了，并且带着援军返回，他们用弓箭向维京人射击。一支箭射穿了索瓦尔德的胸膛，杀死了他。有一部萨迦认为凶手是一头生活在遥远地方的独脚生物，或者说是一头独脚兽。就这样，索瓦尔德的追随者们自行返回了格陵兰岛。

维京人第三次前往文兰的探险活动是由一位名叫索尔芬·卡尔塞夫尼（Thorfinn Karlsefni）的冰岛人率领的，此人与雷夫是姻亲。由于索瓦尔德的被杀，当卡尔塞夫尼等人看到一些奇怪的人乘坐九艘裹着兽皮的船朝他们划过来，并挥舞着木杆时——"他们顺时针或逆时针旋转木杆，木杆发出嗖嗖的声音"——卡尔塞夫尼他们有充分的理由感到恐惧。

卡尔塞夫尼想知道木杆是否表明他们的和平意图，于是命令他的手下举起一块白色的盾牌来欢迎陌生人，然后陌生人向他们靠近了。"他们个子不高，面目狰狞，头发蓬乱。他们的眼睛很大，脸颊很宽。"这次相遇很短暂。双方只是简单地观察对方，然后就分道扬镳。

到了春天，更多地当地人成群结队地又来到了这里。"他们看上去就像抛在水里的煤块，而且每条船上都有一根杆子在挥动。"

这一次，双方交换了物品：为了得到当地人的"深色毛皮"，北欧人拿出了由羊毛织成并被染成红色的长布条。当地人想要剑和长矛，但卡尔塞夫尼和他的副手史诺里（Snorri）禁止交易任何武器。

在用毛皮换得布之后，当地人会把红色的羊毛长布条围在自己的头上；当作为供应品的布越来越少时，北欧人就开始把布剪得越来越短，有些还没有"一指宽"，但当地人仍然提供完整的毛皮来换取这些残片。然后，一声巨响打断了交易。"卡尔塞夫尼和他的同伴们养的一头公牛从森林里跑了出来，并大声吼叫。"这声音吓坏了当地居民，他们跳上小船，向南航行。

关于红布换毛皮的贸易的描述，来自《"红发"埃里克萨迦》（*Erik the Red's Saga*）的记载，这是一部用古老的冰岛语创作的口头史诗，以埃里克的名字命名，他是这个家族光荣的祖先，萨迦记录了他的历史。萨迦是通过口头传播的，包含了许多知名和不知名的作者。它记载新土地上的北欧人人数为140人；在夏季，大约有100人留在了雷夫最初的营地雷夫斯布迪尔，而卡尔塞夫尼和史诺里则带着40个人出去探险。

第二部萨迦，即《格陵兰人萨迦》（*Greenlanders' Saga*），同样作者不详，它提供了一种类似的叙述，不过其发生的顺序有所不同。这头公牛在双方交易之前咆哮了起来，而北欧人则用新鲜的牛奶和乳制品代替了红布。据这部萨迦记载，索尔芬·卡尔塞夫尼带领的团队中有60名男性和5名女性，人数还不到《"红发"埃里克萨迦》记载的一半。这部萨迦还告诉我们，北欧人的团队中不仅有斯堪的纳维亚人，还有从德意志或法兰西地区俘获的战俘或买来的奴隶。

萨迦并不仅仅是为了娱乐而创作的，它还颂扬了先人的光辉业绩，后人则聆听着这些有关他们家族过往的故事。《"红发"埃里克萨迦》讲述了埃里克和他的儿子雷夫、索瓦尔德、索尔斯坦（Thorstein）以及他的女儿弗雷迪斯的事迹。男人们都是英雄，而弗雷迪斯好斗，脾气暴躁。她以北欧女神弗雷雅（Freya）的名字命名，是一个很强大的女人。现代观众情不自禁地喜欢她；尽管她会撒谎，偶尔还会杀人，但她表现出一种不同寻常的勇敢，就像她用剑拍打自己的胸部，无视土著袭击者。

《格陵兰人萨迦》将焦点转向了索尔芬·卡尔塞夫尼和他的妻子古德丽德（Gudrid），因为他们是比约恩·吉尔松主教（Björn Gilsson，卒于1162年）的祖先，而正是为了纪念主教，人们才创作出这部萨迦。卡尔塞夫尼的妻子古德丽德〔她的名字与"上帝"（God）同根〕的善良，映衬着弗雷迪斯的任性。

被称为"文兰萨迦"的这两部萨迦，讲述的是斯堪的纳维亚半岛人口基督化之前发生的一系列事件。基督化是一个长达数百年的漫长过程，始于公元10世纪初，当时的丹麦、挪威和冰岛统治者正式皈依基督教。在基督教出现之前，北欧人曾敬拜以雷神托尔（Thor）为首的万神殿中的诸神，雷神托尔统治着天空，控制着雷电、风雨和庄稼收成，是实力强大的神祇。其他重要的神祇还有实力强大的生育女神弗雷雅和战争之神奥丁（Odin）。

在北欧人崇拜这些神祇的同时,他们已经开始向斯堪的纳维亚腹地(包括今挪威、瑞典和丹麦)以外的地区扩张。在斯堪的纳维亚腹地,人们说拉丁语或古冰岛语(一种发展成现代冰岛语、挪威语、瑞典语和丹麦语的语言)。从罗马时代开始,斯堪的纳维亚人就使用一种叫作如尼文(runes)的楔形字母。在12世纪,一些人转而使用罗马字母和一些其他字母,而另一些人则继续使用如尼文,特别是在墓碑上,因为这种文字更容易被刻在石头上。

一些斯堪的纳维亚人选择去新的地方冒险,因为农田的分布主要局限于丹麦南部以及瑞典,那里的居民种植大麦、黑麦和燕麦等谷物,以及豌豆、卷心菜等蔬菜。由于缺乏可耕种的土地,大多数斯堪的纳维亚人还饲养奶牛、公牛、猪、绵羊和山羊。那些生活在北极圈附近的人〔包括今天拉普兰(Lapland)地区的萨米人(Sami)的祖先〕则会捕鱼、放牧驯鹿以及捕猎海象。

北欧人住在小农场里。大多数人结婚较晚,只有在积累了足够多的财富来购买土地后,他们才会结婚,在那之前,他们为已立足的土地所有者工作。持续的土地短缺,再加上改善个人社会地位的机会有限,促使一些北欧人转向了掠夺。一些斯堪的纳维亚人从未参与过抢劫,而另一些人只抢劫过一次——他们获得了足够购买一个农场的战利品,还有一些人终其一生都在劫掠。

这就是"viking"一词的原意:劫掠或从事海盗活动,其名词形式指的是"劫掠者"或"海盗"。事实上,公元1000年的资料显示,很少有人称北欧人是维京人。因此,本书把那些来自现代丹麦、挪威和瑞典的人称为斯堪的纳维亚人或北欧人,并只将"维京人"一词用在那些主动的劫掠者身上。

在大多数书中,维京时代始于公元793年维京人对英格兰东海岸诺森伯兰郡林迪斯法恩(Lindisfarne)修道院的劫掠。但最近在爱沙尼亚萨尔梅(Salme)发掘的一处维京人墓葬表明,维京人甚至在更早的公元700年至公元750年间,就劫掠了此地。

最早的维京船没有帆。造船者们取材于橡树、松树的树干,用斧子和楔子砍伐出木板或边条,把它们稍微重叠一下,然后用一种小铁钉把它们钉在一个弯曲的架子上。当船撞到岩石上时,船体会带上划痕且有一点变形。这些船只既可以划行很长的距离,也可以在浅水区靠岸,所以它们很适合在斯堪的纳维亚半岛内部航行,而在大约公元750年,方帆被引入,这使维京船可以航行更远的距离。(地中海的水手们几千年前就知道帆船了,这项技术很晚才传到斯堪的纳维亚。)

维京人用羊毛或亚麻织成方帆,他们可以转动这些帆,但他们无法使方帆像今天的三角帆那样迎风转动。尽管如此,维京船的现代复制品比人们之前所想象的更能直接迎风航行。

出土的宝藏显示了维京人的冒险程度。斯德哥尔摩以西约32公里的瑞典赫尔格岛(Helgö)出土了一组物品,其中包含一个爱尔兰主教的随从的头骨、一个埃及长柄勺、一把加洛林剑柄、一件地中海银器皿。其中最令人惊讶的是一座小型青铜佛陀雕像,雕像高10厘米，是大约公元500年时在巴基斯坦北部制作而成的。这些货物在帆船发明几个世纪后来到了瑞典。

在基督教到来之前的几个世纪里，北欧人将船只改造成坟墓，将死者与大量物品一起埋葬。这样的埋葬方式揭示了关于维京船构造的很多内容。人们在奥斯陆附近发现了两艘完好无损的船，船上几乎所有的陪葬品都被保存了下来，（但不包括贵重金属，因为它们被偷走了），这两艘船向我们展示了关于造船技术的详细资料。木头埋在地下时通常会被分解，但只要不与氧气接触，像埋在深泥中那样，木头就可以被保存数百年而几乎完好无损。

今天，这两艘船被安置在比格迪（Bygdøy）的维京船厅中，比格迪是一个美丽的郊区，距离奥斯陆海港只有很短的船程。其中，雕刻复杂的奥斯伯格船（Oseburg ship）是用橡木板凿成的，于公元834年被埋葬，船上装着稀有的纺织品，包括进口的丝绸，该船和一辆木制手推车被埋在了一起。一位高级酋长在埋葬这艘船之前，可能把它当作在内陆水域使用的游乐船。

而可追溯到公元890年的戈克斯塔德船（Gokstad ship）上有两只孔雀和两只苍鹰（用来狩猎的长尾鹰）的骨架。在船附近还埋有12匹马和6条狗的尸体，证明了这些动物对死者的重要性。戈克斯塔德船的龙骨（23.24米）是从一棵超24米高的橡树上砍下来的，沿着船底延伸，比奥斯伯格船（21.58米）稍长，适合于远洋航行。戈克斯塔德船是更典型的船——舵上只有一个装饰性的雕刻。在船的外部可以看到16条交叠的船板。

维京人根据他们自己的目的，制造了不同类型的船只。战舰必须又长又窄，而运载货物的船只则更短更宽。在内陆河流上航行时，北欧人改用了轻巧的船只，方便他们在陆上把船从一条河搬运到另一条河上。

公元1000年左右，北欧人的船只体积变得更大，最长的船只超过30米。这些船使得北欧人可以去往更远的水域。当时，在斯堪的纳维亚城镇的垃圾堆中，鳕鱼骨的数量越来越多，这是一种从冰岛进口的鱼，表明远洋航行是多么普遍。

北欧人在公元9世纪70年代乘坐这种船到达冰岛，并在大约公元900年前后到达格陵兰岛。格陵兰岛的第一个永久定居点出现在公元10世纪80年代，当时"红发"埃里克在结束流放后，率领其追随者到达这里。北欧人在格陵兰岛上建立了两个定居点：西部的定居点面积要大于东部的定居点。所有前往北美的人，都是从这两个定居点中的一个出发的。

这两部描述了公元1000年的航行的萨迦——《格陵兰人萨迦》和《"红发"埃里克萨迦》，是在该地区基督化之后才写成的。生活在基督教时代的作者相信自己的祖先是基督徒，但他们继承的故事描述了前基督教时期的行为。故事讲述者在追溯那些明显是异教行为的事件时，加入了基督教倾向的口吻。甚至在对卡尔塞夫尼善良的妻子古德丽德的描述中也是如此：有一次，古德丽德拒绝唱一首前基督教时代的巫师之歌，但她后来被一个拥有特殊能力的"智慧女人"强迫，只得演唱。在这种基督教式的改写中，古德丽德在唱歌之前先进行了抗议。事实上这种歌虽然不是基督教的，但在前基督教时代十分常见。

令历史学家感到无比沮丧的是，他们无法确定萨迦中这些记载所发生的年代。吟诵萨迦的吟游诗人，以及后来的抄写者，都可以加入新的素材。

《格陵兰人萨迦》和《"红发"埃里克萨迦》的内容，有时重叠，有时矛盾。除非发现新的证据，否则我们永远无法确定哪部萨迦出现的时间更早。我们可以得知的是现存最早的手稿的日期。《"红发"埃里克萨迦》是在1264年后不久被人们记录下来的，而《格陵兰人萨迦》在1387年被抄录到了一部更大规模的汇编中。它们很可能是在1200年，也就是它们所描述事件发生的二百年后，首次被创作出来的。

接近真实事件发生日期的史料更有可能是准确的，因而一些历史学家认为所有萨迦中的信息都太晚了，并不可靠。这些学者认为萨迦更能反映的是1200年和1300年的冰岛社会，而非更早以前。比如说，他们认为弗雷迪斯不太可能真的用剑拍打自己的胸部。而吟游诗人或抄写者之所以将这个故事纳入萨迦，一定跟他们创作的时代有关。也许他们的目的是强调弗雷迪斯的勇气，并与其男性同伴的懦弱形成对比。或者是弗雷迪斯的后代想要强调她的辉煌伟绩。

一些研究冰岛文学的学者认为萨迦所载的事件都不曾发生过，因为他们认为任何描述现实世界所发生事件的作品都没有什么文学价值。他们希望突出那些萨迦创作者的创造力，这样他们就可以证明这些萨迦是真正的世界文学作品。

还有一群学者认为文兰萨迦无法告诉我们有关北美的历史。他们断言，这些萨迦根本没有任何历史价值，因为它们只是一些重复描述陌生民族的文学作品。这些否认者认定萨迦的作者根本不知道文兰的位置；他们还坚持认为文兰最有可能位于非洲，因为根据北欧其他资料记载，非洲是单足动物生活的地方。

但如果你接受一种关于逸事"汤"的说法，这些反对意见就不重要了。根据这一说法，吟游诗人通过从已经存在的口头传播的逸事集（汤）中选择不同的故事，进行口头传播，并把故事以最扣人心弦的叙事顺序呈现出来，从而构成了萨迦。这就解释了为什么这两部萨迦在描述卡尔塞夫尼战队与当地人相遇的这一主要事件上是一致的，但呈现的顺序略有不同。

那些质疑文兰萨迦的反对者忘记了两个关键点：文兰萨迦中包含了足够准确的信息，这些信息可以作为指南，指引人们去往整个北美唯一被确认的维京人据点，该地就位于兰塞奥兹牧草地（L'Anse aux Meadows）。正如我们将在下文中所看到的那样，萨迦对原住民及其交易愿望的描述，与雅克·卡蒂亚（Jacques Cartier, 1491—1557）在16世纪30年代第一次来到这个地区时的经历几乎完全吻合。如果我们仔细研究这些萨迦，就会发现它们能告诉我们很多关于公元1000年的北美的故事。

萨迦中出现了"斯克里林人"（skraeling）这个词，这是一个贬义词，意思是"可鄙者"，指代所遇之人。今天，学者们更喜欢将"美洲印第安人"当作一个广泛的用语，即指生活在美洲的所有原住民；美国人称这些人为"美洲原住民"，加拿大人称他们为"第一民族"（the First Nations）。

公元1000年，在北欧人航海的时候，有三个不同的民族居住在北美的东北角。多塞特人（Dorset peoples）自公元前2000年起就生活在格陵兰岛北部和加拿大东部的北极地区。兰塞奥兹牧草地出土过一个多塞特人的物件：一个圆形的皂石物体，顶部略有轻微的凹陷。在20世纪60年代，第一批发掘者认为这个物体是一个用在门上的冰岛石头枢轴，但最近的研究人员认为它具有典型的多塞特特点。这个物件可能表明了北欧人与多塞特人的接触或双方存在着涓流贸易，即一个群体与其邻居进行交易，而这些邻居又与自己的邻居进行交易，以此类推，直到物件到达了兰塞奥兹牧草地。它也可能是北欧人从一个废弃的多塞特遗址捡到的东西。

大约在公元1000年，一群被称为"图勒人"（Thule）的人取代了多塞特人，因为这些人更适应北极的环境。图勒人从阿拉斯加一路迁移到加拿大北部，他们的后代，即今天的格陵兰土著，称自己为因纽特人（Inuit，意为"人"），并拒绝被贴上"爱斯基摩人"（Eskimo，意为"食生肉者"）这一带有贬义的标签。

在北欧人占领前后，有不同的土著群体占领过兰塞奥兹牧草地据点周围的地区，但没有任何考古学证据表明公元1000年时美洲印第安人占领了这一地区。这就是为什么考古学家并不知道，北欧人到底遇到的是哪个群体。最有可能的是，北欧人遇到了第三群土著，他们被称为原始贝奥图克人（the Ancestral Beothuk）或原始因努人（the Ancestral Innu）。贝奥图克人生活在纽芬兰岛，但在19世纪早期就灭绝了；今天，因努人仍然生活在拉布拉多海岸。12世纪和13世纪，这些群体在兰塞奥兹牧草地留下了一些手工艺品。

1500年后，生活在该地区的人组成了瓦巴纳基联盟（Wabanaki Alliance），其中包括米克马克（Mi'kmaq）、佩诺布斯科特（Penobscot）、马里塞特（Maliseet）和帕萨马科迪（Passamaquoddy）等族群。"Wabanaki"是东方阿尔冈昆语中的一个词，意为"黎明之地的人民"，指该地为太阳升起的最东端地区。瓦巴纳基人说着阿尔冈昆语族下的不同语言，在16世纪，他们的贸易网络北起拉布拉多，向南一直延伸到缅因州，向西到达五大湖。他们以捕猎海洋动物为生，尤其是每年从加拿大大陆迁徙到纽芬兰岛的海豹。瓦巴纳基人交易某些商品，比如来自拉布拉多岛北部拉马湾（Ramah Bay）的独特的透明硅酸盐燧石所制成的物品。

我们对瓦巴纳基人的了解大多来自后来的描述，尤其是法国探险家雅克·卡蒂亚的描述，他于1534年7月抵达魁北克。卡蒂亚了解到，沿着海岸，就可以从圣劳伦斯河（St. Lawrence River）航行到沙勒尔湾（Chaleur Bay），若遇河流浅滩之处，则可以在陆地上搬运独木舟。这片土地的肥沃程度给卡蒂亚留下了深刻的印象："（沙勒尔湾）南岸的土地和我们见过的很多地方一样，美丽而富饶，有适宜耕种的美丽田野及草场；而且它就像池塘的水面一样平整。"

卡蒂亚第一次到沙勒尔湾航行时，遇到了两群米克马克美洲印第安人，他们乘坐着"载有四五十人的独木舟"。我们可以确信他们是米克马克人，因为卡蒂亚记录了他们说过的一些短语，这些短语后来被确定为米克马克语言。当第一批米克马克人到达时，"一大群人从船里跳了出来并上了岸，这些人大声嚷嚷，频频向我们做手势，让我们上岸，还递给我们几根裹着毛皮的木棍"。尽管卡蒂亚及其手下认为这群人是友好的，但这些法国人仍拒绝下船登陆。当米克马克人追赶他们时，法国人开了两炮。米克马克人仍选择跟踪他们，这让法国人又开了两响毛瑟枪。直到那时，米克马克人才散去。

第二天，米克马克人回来了，"向我们做手势，表示他们是来和我们做交易的；又拿起几块不值钱的毛皮来，他们用这种皮给自己做衣服。我们也向他们示意，表示我们不希望伤害他们，并派了两个人上岸，给他们一些刀具和其他铁器，还给了他们酋长一顶红帽子"。就像大约五百年前遇见北欧人的斯克里林人一样，米克马克人也渴望红色纺织品。与北欧人不同，法国人愿意交换金属刀，因为他们拥有其他更强大的武器。

法国人送出礼物后，卡蒂亚记载了米克马克人"把一部分人连同他们的一些毛皮送到岸上，双方进行了交易。他们对拥有这些铁器以及其他商品表现出极大的喜悦,他们跳舞,举行许多仪式,用手把盐水浇到头上。他们把所有的东西都拿去做了交换,以至于回去的时候全身赤裸,身上什么也没穿。他们又向我们打手势,说明天会带着更多的毛皮来"。《"红发"埃里克萨迦》中所描述的声响、棍棒、兽皮以及第二天还会回来的承诺,与该记载相重叠,证实了文兰萨迦的可靠性。它还揭示了公元1000年的斯克里林人和1534年的米克马克人之间有着极深的渊源。

当亚利桑那大学的美国文学与文化教授安妮特·科洛德尼(Annette Kolodny)调查居住在加拿大东北部的现代美洲印第安人是否还记得古斯堪的纳维亚语(Norse)时,她发现答案是否定的。她的采访对象之一韦恩·纽维尔(Wayne Newell),是一个生活在美国缅因州印第安乡镇的帕萨马科迪族的长者,他告诉科洛德尼,对于其族人来说,"红色是一种灵魂颜色",而有关斯克里林人的噪声制造者的故事,"让他想起一种系在细绳一端的自制笛子(或者说是哨子),他小时候也当过噪声制造者"。

尽管在萨迦的描述中,毛皮贸易是和平的,但卡尔塞夫尼感觉到了斯克里林人带来的威胁,于是他在其住所周围建起了一道木栅栏,以保护他的妻子古德丽德和他们年幼的儿子史诺里。史诺里是第一个出生在美洲的欧洲人的孩子,以卡尔塞夫尼的副手史诺里命名。在第二个冬天开始的时候,斯克里林人又返回该地进行贸易。当古德丽德和她的儿子坐在栅栏里面的时候,"一个影子出现在门口,然后一个身材矮小的女人走了进来……她脸色苍白，眼睛大得出奇，从来没有人见过这么大的眼睛"。

她问古德丽德："你叫什么名字？"

古德丽德答道："我叫古德丽德，你叫什么名字？"

女人回答："我叫古德丽德。"

这个对话是说得通的，因为不同语言的人经常会互相重复对方的句子。这位来访者之后就神秘地消失了。

后来，一个北欧人杀死了一些偷盗武器的斯克里林人，其余人则逃跑了。卡尔塞夫尼敦促他的手下为下一次袭击做好准备，因为他具有惊人的先见之明（请记住：他是这部萨迦的创作者所纪念的祖先）。

果不其然，三周后，斯克里林人又回来了，并且成群结队地发动攻击，"密集得像源源不断的溪流"。这一次，他们大喊大叫，逆时针挥舞着他们的杆子，并开始投掷物体。两位首领，即卡尔塞夫尼和史诺里，"看到当地人用杆子举起一个巨大的圆形物体，大约有羊肚子那么大，颜色是黑色的，它飞到地面上，落地时发出吓人的声音"。这是一个投石机，装着石头的弹壳从一个木质结构中被发射出来。据19世纪的一份文献记载，阿尔冈昆人使用的一种弩炮，可以击沉一艘船或一艘独木舟，"它会突然落在一群人中间，造成恐慌和死亡"。

事实上，在投石机发射后，卡尔塞夫尼和他的追随者决定放弃营地，向上游进发。雷夫勇敢的妹妹弗雷迪斯总是很快地说出自己的想法，她严厉地斥责他们："你们为什么要害怕这般卑鄙的对手，在我看来，像你们这样的人，能像宰羊一样杀死他们，你们为什么要逃？如果我有武器，我肯定会比你们任何人战斗得更出色。"她怀孕了，行动缓慢，不情愿地跟着卡尔塞夫尼走出了定居点，但不久她便从一具北欧人的尸体上拿起一把剑，转身回去与斯克里林人战斗。

也就是在这时，她用剑猛拍自己的胸部。这是个真实的事件吗？还是说这是一个有天赋的吟游诗人为了荣耀他的祖先而捏造出来的？对我来说，这种行为太不寻常了，它似乎是可信的，但它是否真的发生过，实际上无法确认。

混乱中，有个当地人从一具北欧人的尸体上拿起了一把斧头。他试着砍树，他的每个同伴也都这么做。据萨迦记载，他们认为斧头是"真正的宝物"，但当他的一个同伴试图用斧头砍一块石头时——表明他不熟悉金属工具，斧头断成了两截。于是，这个男人失望地把斧头扔掉了。

在肉搏战中，北欧人的铁制武器带来了一点优势，但肯定不能保证会带来胜利，尤其是当北欧人寡不敌众的时候。毕竟，有两名北欧人在战斗中阵亡，虽然不比当地人的"多人"伤亡，但也足以让卡尔塞夫尼停止了战斗。《"红发"埃里克萨迦》的叙述简明扼要，卡尔塞夫尼的"队伍随后意识到，尽管这片土地为他们提供了一切，但他们将会受到来自其先前居民的持续攻击的威胁。他们准备启程回国"。

据我们所知，萨迦的历史可以追溯到十三四世纪，但有些提及文兰存在的资料，可以追溯到那之前。关于北欧人航海最详细的早期记载是用拉丁文写成的，可以追溯到1076年，当时一位名叫亚当（Adam）的不来梅人，完成了他的《汉堡大主教史》（*History of the Archbishopric of Hamburg*），他是一位德国基督教历史学家。这本书是关于某位主教管辖下的德意志北部地区的历史，描述了斯堪的纳维亚、冰岛和格陵兰岛正在进行的基督化过程。亚当直截了当地描述了一些关于格陵兰岛的可疑事件："那里的人们是来自咸水的绿色人种，这也是该地区得名的原因。"亚当的陈述说明了当时流传的各种错误信息，就像"红发"埃里克为了吸引定居者而声称格陵兰实际上是绿色的。

亚当还记录了他与丹麦国王斯维恩·埃斯特里德松（Svein Estrithson，1046—1074年在位）的对话，埃斯特里德松"还提到了许多人在那片海洋中发现的另一个岛屿。它叫文兰，因为那里的葡萄树生长茂盛，能酿出好酒"[1]。在雷夫第一次航行后不到一个世纪的记录中，有更多的证据表明，北欧人的航行确实发生过。不来梅的亚当继续写道，国王解释"除了那个岛，在那片海洋里找不到别的适合居住的土地，该岛以外的每一个地方都充满了无法穿透的冰层和强烈的黑暗"。因此，文兰标志着丹麦人所知的世界的尽头。

但文兰究竟在哪儿呢？

---

[1] 文兰（Vineland）中的"vine"有葡萄树之意，所以这座生长着葡萄树的岛屿被称为"Vineland"。——编者注

几个世纪以来，不来梅的亚当和文兰萨迦的读者们都想知道，北欧人的航海是否真实存在，如果真的存在，那么雷夫和卡尔塞夫尼究竟去了哪里。分析者仔细研究了《格陵兰人萨迦》中关于雷夫在赫路兰、马克兰和文兰登陆的描述。

关于文兰位置的重要线索是：这片神秘土地的昼长明显长于格陵兰岛的的昼长。"在隆冬时节，"《格陵兰人萨迦》解释道，"太阳在清晨时分已升到高空，下午仍清晰可见。"这些信息表明，文兰处于新泽西和圣劳伦斯湾之间。

1960年，挪威外交官赫尔格·英格斯塔德（Helge Ingstad）和他的妻子、考古学家安妮·斯蒂娜·英格斯塔德（Anne Stine Ingstad）决定考察加拿大海岸，看看能否找到雷夫·埃里克森曾经到过的地方。在沿着加拿大东海岸航行时，他们发现拉布拉多海滩与《格陵兰人萨迦》中对马克兰的描述非常吻合，萨迦是这样记载的："这片土地十分平坦，有森林覆盖，并向海平面缓缓倾斜，他们（雷夫和他的手下）看到了大片白色的沙滩。"

英格斯塔德夫妇认为，像维京人那样，任何人从马克兰或拉布拉多岛向南航行都能到达纽芬兰岛。当他们在岛上最北端的兰塞奥兹牧草地的村庄登陆时，他们询问了当地人关于可能的维京人遗址。一个村民带着他们来到海滩上的一些草堆前，他们发现这些草堆其实是带有木质框架的草皮建筑的废墟。村民们认为那是美洲印第安人废弃的住所。

要想知道谁曾经住在草棚里，只有一个办法——挖掘。英格斯塔德夫妇毫无争议地因这一发现而受到人们的赞誉，而萨迦的一些早期读者此前已认为兰塞奥兹牧草地很可能有维京人的遗址，但他们从未通过发掘来检验自己的理论。在1961年至1968年的八个夏天里，英格斯塔德夫妇发掘了八座建筑。最初，英格斯塔德夫妇并不确定这些建筑是欧洲人的还是美洲印第安人的。

北欧人出现在兰塞奥兹牧草地最有力的证据并不是某一件物品（任何特定物品，都有可能来自土著人所进行的涓流贸易），而是一间附属于某一更大建筑的工作间，里面有矿渣、铁砧、大石块和铁屑，所有这些都是活跃的铁匠铺的迹象。棚屋里还有一个大壁炉，造船工人们用它来烧水，这样他们就可以把木板蒸成合适的形状，然后再把它们钉到船上。在另一个倾斜的房间里，考古学家发现了许多铁钉碎片。

公元1000年，北美出现了一些金属加工活动，但在这片大陆上的其他地方，并没有人在炼铁。所以当考古学家发现有人曾在兰塞奥兹牧草地炼铁时，他们就知道这些人是外来人。

考古学家还发现了一些木质结构的遗迹。这个结构没有被连接到墙上，很可能是一个造船用的架子，就像挪威西部至今仍使用的那些一样。正在建造的船只长度不超过7.6米，这是挪威内河航道上船只的典型长度。位于纽芬兰岛北端的兰塞奥兹牧草地就是那些穿越北大西洋，并回到格陵兰岛的船只的理想修理中心。

其中一处遗迹带有明显的斯堪的纳维亚风格，进而证实这八处建筑的居民绝对是北欧人。遗迹中有一个笔直的青铜别针，末端带有一个指环。安妮·斯蒂娜·英格斯塔德是在1968年最后一个探测季的最后一天,发现了这个别针,这种意外之喜很常见。在她的回忆录中,她描述了这一发现:"我们发出了一声喊叫,因为我们立马就知道,这是没有人可以否认的证据——一枚毫无疑问像北欧维京人时代物品的青铜环头别针。"在脖子上系斗篷时需要用到它,与在爱尔兰和苏格兰出土的公元920年到1050年间的北欧物件相吻合。其他物件也指向了斯堪的纳维亚人的存在:一个用来磨针的石英岩工具,还有一个在纺纱时用来固定羊毛线的锤(称为纺锤轮),但是这些物件对于非专业人士来说,并不像青铜斗篷别针那么富有吸引力。

磨针器和纺锤轮表明该地点有女性,但数量少于男性。主建筑里有一间小卧室,供军团首领及其配偶居住,他们可能还需要几个女人帮忙做家务。旁边有一个大得多的房间,可以容纳随从中的男性,他们没有权利把妻子带来。这就是为什么性别比例如此失衡。

英格斯塔德夫妇确信,兰塞奥兹牧草地就是雷夫斯布迪尔的所在地,而雷夫斯布迪尔是雷夫的手下登陆并最初建造房屋的地方。然而,他们的鉴定存在一个大问题:纽芬兰岛缺乏野生葡萄。

萨迦清楚地说明了雷夫为什么选择文兰这个名字。有一次,雷夫手下一个名叫南方人蒂尔基尔(Tyrkir the Southerner)的日耳曼人,声称自己在探险时取得了一项重要发现。当他告诉雷夫时,他说的是日耳曼语,"他的眼睛东张西望,面部扭曲。其他人根本听不懂他在说什么"。发生了什么事？他喝醉了吗？当蒂尔基尔最终切换到挪威语时，人们终于听懂他说的是他找到了"葡萄藤和葡萄"，他小时候曾在家乡见过，因此认得出。这就是为什么遗传了其父亲商业天赋的雷夫，要将这片新陆地命名为"文兰"的原因。

有意思的是，萨迦指出蒂尔基尔是一个上了年纪的男人，很可能是一个奴隶，他从小就认识雷夫。奴隶抚养孩子是很平常的事，而蒂尔基尔可能就是这样一个奴隶，他先前被带到格陵兰岛来照顾"红发"埃里克的后代。

蒂尔基尔的故事反驳了英格斯塔德夫妇关于雷夫斯布迪尔位于兰塞奥兹牧草地的说法，因为野生葡萄不会长到纽芬兰北部那么远的地方。野生葡萄最北的界限是圣劳伦斯湾的南岸。即使公元1000年的气候比现在暖和一两摄氏度，纽芬兰也不会有野生葡萄茂盛生长。英格斯塔德夫妇提出了一个巧妙的解决方案。他们提出，"Vinland"的"vin"有一个短的"i"元音，意思是"小麦"（wheat），而不是"葡萄"（grapes），他们选择无视蒂尔基尔发现葡萄的说法，将文兰定义为"草甸之地"。

已故的埃里克·沃尔格伦教授（Erik Wahlgren，1911—1990）曾在加州大学洛杉矶分校教授斯堪的纳维亚文学，他对英格斯塔德夫妇的论点进行了富有说服力的反驳。他认为，像"草甸之地"这样的通用名称毫无意义，而"葡萄之地"则会吸引未来的定居者。他的结论是，既然文兰有葡萄，那么兰塞奥兹牧草地就不可能是文兰。

一个相关的问题是：北欧人去了北美的什么地方？《"红发"埃里克萨迦》中指的是斯特拉姆岛（Straum Island）（"溪流岛"或"强流岛"），那里是雷夫斯布迪尔所在的地方，卡尔塞夫尼在那里度过了第一个冬天，南方还有一个更加诱人的陆地，叫作"希望湖"（Hope Lake）或"潮汐湖"（Tidal Lake）。

在兰塞奥兹牧草地上发现的三颗灰胡桃果以及一块来自灰胡桃树树干的扭曲的木头（被称为树瘤），证实了北欧人向南航行了更远的距离，因为当时种植灰胡桃果的北部界限和今天差不多：位于纽芬兰北端以南大约1000公里，在缅因州的北面。灰胡桃果的考古发现与萨迦中提到的野生葡萄相吻合；这两种作物都不生长在纽芬兰，而是长在更远的南方。这些发现表明，北欧人肯定在兰塞奥兹牧草地有定居点，而且他们还深入南方。

没有人知道为什么这两部萨迦只提到了文兰的几个据点。当然，北欧人还去了加拿大东海岸的很多地方，可能还有美国东北部。也许口传萨迦被一讲再讲，一些地名就被删除了，这在口述历史中是很常见的现象。

因为有斗篷别针和其他无可辩驳的考古证据，我们知道兰塞奥兹牧草地有北欧人的遗址。兰塞奥兹牧草地绝对是一个船舶修理点，尽管萨迦并未提及。

我们有充分的理由相信，兰塞奥兹牧草地不是北欧人在美洲的主要营地。与冰岛和格陵兰岛典型的北欧人定居点不同，这

045

里附近没有农田，无法为居民提供食物。该遗址中有一些迹象表明猪曾经存在过，但大部分骨头来自海豹和鲸。更糟糕的是，附近没有放牧的地方，而斯堪的纳维亚人总是带着大群牲畜旅行——还记得萨迦记载了北欧定居者的公牛大声吼叫，吓坏了当地居民的故事吧。

兰塞奥兹牧草地遗址面积很小，再加上遗址中有灰胡桃果的存在，以及萨迦提到的野生葡萄，这表明维京人的主要定居点在南方某处。在仔细研究了所有的证据和海岸线的地理位置之后，沃尔格伦教授认为，雷夫最初的定居点雷夫斯布迪尔位于帕萨马科迪湾，面朝大马南岛（Grand Manan Island），就在缅因州与新不伦瑞克省（New Brunswick）边界的美国一侧。比吉塔·华莱士（Birgitta Wallace）是在兰塞奥兹牧草地工作多年的首席考古学家，他把雷夫斯布迪尔定位在帕萨马科迪湾以北的沙勒尔湾地区，部分原因是《"红发"埃里克萨迦》和卡蒂亚的日记间有着不可思议的相似之处。另一些拒绝指出确切位置的人也认为有证据表明，文兰在缅因州或新斯科舍的某个地方。

为什么北欧人要放弃文兰？萨迦将其归咎于北欧人对袭击的恐惧。萨迦还间接指出，除了木材，北欧人没有发现任何真正有价值的贸易商品。

地图2.2
文兰的可能位置

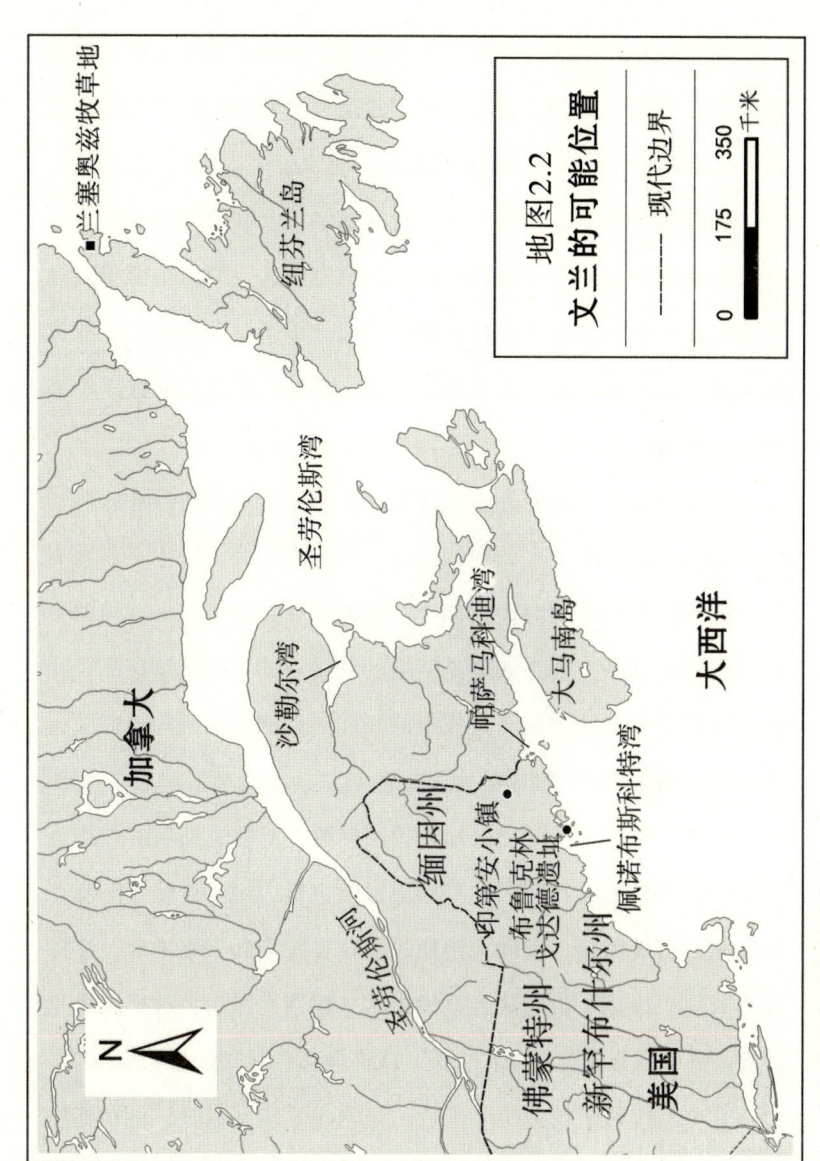

—— 现代边界

0　175　350 千米

兰塞奥兹牧草地
纽芬兰岛
圣劳伦斯湾
加拿大
沙勒尔湾
帕萨马科迪湾
大马南岛
圣劳伦斯河
缅因州
印第安小镇
布鲁克林
文达德遗址
佩诺布斯科特湾
佛蒙特州
新罕布什尔州
美国
大西洋

注：书中地图系原文插附地图

北欧人井然有序地离开了兰塞奥兹牧草地，带走了所有值钱的东西，只留下了少量物品，其中包括一个斗篷别针（可能是意外掉落的），以及多塞特的皂石物件，它太重了，搬不回去。

在回家的路上，北欧人与土著人发生了几次敌对的冲突。有一次，北欧人杀死了五名在海岸附近睡觉的人，原因很简单，这些人人数不多，说明他们肯定是"不法分子"。在马克兰（或拉布拉多），北欧人抓住了两个小男孩，而他们的成年同伴（一男两女）则逃走了。

收养和奴役之间的界限很微妙。卡尔塞夫尼可能打算收养这两个男孩，他和手下人教他们语言。但没有什么能阻止卡尔塞夫尼在回到格陵兰岛的时候把孩子们卖掉，在这种情况下，这两个孩子会变成商品。因为奴隶是斯堪的纳维亚的主要出口商品，我们可以假设卡尔塞夫尼清楚奴隶的利润。但据我们所知，北欧人从未在欧洲出售过美洲印第安人奴隶。

北欧人拆除他们的殖民地并返回格陵兰岛后，斯堪的纳维亚和美洲之间的贸易在有限的基础上继续进行。由于格陵兰岛和冰岛的木材持续短缺，北欧人定期返回拉布拉多岛采集木材。冰岛原本有树，但第一批定居者砍伐树木来建造房屋后，这里就再也没有长出树木来了。即使在今天，冰岛也几乎没有树木生长。

在文兰度过了第一个冬天后，当雷夫乘船回家时，他在格陵兰岛附近的一个暗礁上发现了15个遭遇船难的北欧人，他们很可能是在一场风暴中被吹离了航线。雷夫卸下了从美洲运到格陵的木材,为他们腾出地方。在把他们送到安全的地方之后,他又回到礁石上去取木材,这一行为突出显示了木材的价值。

除了一枚值得注意的北欧硬币,美洲并没有其他有关后来的贸易的考古学证据。戈达德(Goddard)遗址是美国缅因州布鲁克林镇的一个大型夏季定居点,位于佩诺布斯科特湾(Penobscot Bay)附近,在戈达德发现的硬币的主要成分是银,还夹杂着一些铜和铅。这枚硬币是在1065年到1080年间铸造的,当时北欧人已经离开加拿大。

这枚硬币是怎么到达缅因州的戈达德的?很可能是北欧人去巴芬岛(Baffin Island)、拉布拉多岛或纽芬兰岛的某个地方砍伐树木时,把它带过去的。当地人进行着从一个地方到另一个地方的涓流贸易,直到这枚硬币到达戈达德,这是迄今为止最南端的据点,在那里,关于北欧人的考古证据已经显现出来。(著名的明尼苏达州肯辛顿维京符石绝对是伪造的。)

来自格陵兰岛有限的考古证据表明,格陵兰岛和美洲在公元1000年后仍然有联系。在格陵兰岛上发现的两个箭头也来自美洲:一个是由半透明的拉玛燧石制成的,在西部定居点的桑德斯(Sandnes)的北欧人墓地中被发现;另一个是用石英制成的,在东部定居点的布拉塔利德(Brattahlid)被发现,11世纪时索尔芬·卡尔塞夫尼从该地的据点出发前往美洲。毛皮很少能在地下保存下来,尤其是在历经千年后,但在西部定居点南部的据点"沙下农场"(the Farm Beneath the Sand)中,被冰层保存下来的纺织品含有棕熊和野牛的毛皮,这两种动物都生长在北美。这些发现表明，毛皮一定是从美洲出口到格陵兰的。

北欧人决定放弃他们在北美的定居点，这是缘于一个现代性问题：他们遭遇了贸易不平衡。的确，文兰可能向北欧人提供了有用的商品，如木材、稀有的毛皮制品，以及箭头之类的稀有物品，但欧洲大陆提供了更有价值的贸易物品：制成品，特别是剑、匕首和其他金属制品，此外还有必要的面粉和盐。对这些物品的持续需求，促使北欧殖民者决定放弃他们在美洲的定居点，搬回格陵兰岛，他们又在那里住了四百年。

每当北欧人来到一个新地方，他们都会环顾四周，在格陵兰岛时也不例外。探险的冲动把北欧人带到遥远的格陵兰岛北部，尽管他们仍然生活在岛上南部海岸的两个原始社区——东部和西部的定居点。

至少有两支探险队探索了格陵兰岛的北部。我们从一封写于1266年的信件抄本（但现在丢失了）的描述中得知，其中一组人旅行到了北纬75度，那里已是北极圈以北，在那之后，这些人又继续旅行了三天。

14世纪30年代，第二批由三名男子组成的队伍到达位于巴芬湾的金吉克托尔苏瓦克岛（Kingiktorssuaq），该岛位于格陵兰岛西海岸北纬72度处。他们在一块石头上刻了一段如尼文，然后把它放到三堆石冢之上。丹麦探险家在19世纪初发现了这些石头。在加拿大北极地区的巴芬岛发现的一个胸前带有十字架的北欧人海象牙雕像，也可以追溯到这个年代。这个雕像用海象牙制成，身高不足5厘米。这也表明北欧人曾探索过格陵兰岛的北部。

14世纪，北欧人开始放弃他们在格陵兰的定居点，部分原因是随着中世纪温暖期的结束和小冰河期的开始，气候正在变冷。更重要的是，格陵兰岛的图勒居民比北欧人更能适应寒冷的气候，拥有多种北欧人从未采用过的技术。

比如，图勒人会穿着厚厚的毛皮衣服，用可以转动的鱼叉捕猎海豹和鲸。因纽特人还知道冬天时如何在冰上挖洞，捕捉环斑海豹，这是北欧人所不具备的一项重要技能。狗和诸如羽毛或轻骨别针之类的工具，帮助因纽特人探寻在冰下呼吸的海豹。环斑海豹从不迁徙，它们因此是一种全年性的食物来源。因纽特人还将海豹皮缝合并使之膨胀起来，制成可拖曳的浮筒，他们可以借助这种工具捕猎鲸等大型海洋哺乳动物。当猎人用鱼叉叉住鲸时，他们可以一直追踪它，直到其死去。所有这些技术都帮助因纽特人在公元900年至1200年间，沿着北方的路线，从阿拉斯加穿越加拿大的北极地区，然后迁移到格陵兰岛。

格陵兰岛的北欧人人口在1300年时达到顶峰，人数超过两千，此后就开始急剧下降，此时，图勒人正从他们位于格陵兰岛北部的定居点向南迁移。《冰岛编年史》（The Icelandic Annals）收录了冰岛年复一年的历史，其中1379年的条目记载如下："斯克里林人袭击了格陵兰人，杀死了18人，并俘虏了两个男孩。"这里的"斯克里林人"，指的是捕猎海豹的图勒人，而"格陵兰人"指的是北欧人。一对来自赫瓦勒赛教堂（Hvalsey Church）的斯堪的纳维亚夫妇的结婚证书显示，1408年时仍有北欧人在格陵兰岛。两年后，

《冰岛编年史》记录了一个孤零零的冰岛人从格陵兰岛返回的消息。1410年之后,历史记录中再没有提到格陵兰岛上的北欧居民。

这幅素描描绘了一件珍贵的木雕。该木雕被认为是因纽特人的作品,创作于1300年左右,展现了一位在哥伦布之前到达美洲的欧洲传教士。
Amelia Sargent提供

即使北欧人离开了格陵兰岛,有关文兰的知识也从未消失。不来梅的亚当与丹麦国王之间的对话在十三四世纪的一些拉丁文手稿中流传开来,文兰萨迦也逐渐变成了它们现在的形式;而亚当的书通过多份手稿得以保存下来。亚当的记录让我们得以窥见远古人民的信息是如何流传下来的。亚当写下了丹麦国王告诉他的关于文兰的事情,但是在随后的几个世纪里,关于文兰的记载几乎没有引起人们的注意。这仿佛只是对世界边缘一个危险地方的另类描述,就像中世纪的许多其他地方一样。

比起公元1000年前后的其他相遇,北欧人和美洲印第安人之间的相遇,其长期影响较有限。几次谈话,偶尔交换一下货物,也许还发生过几次肉搏——这就是北欧人和美洲印第安人之间的接触程度。

我们知道1492年以后,当美洲印第安人暴露在欧洲人带来的细菌下时,他们大批死亡;人们不禁想知道,在公元1000年左右,美洲印第安人是否也遭遇了类似的命运。这两部萨迦都没有提到土著居民因为与北欧人相遇而生病,但有一次,可能是因为吃了受污染的鲸肉,北欧人神秘地生病了。

事实上,美洲印第安人在1492年之后也没有马上得病。经过数十年,直到16世纪20年代,他们才开始大量死亡。这种短时间的接触——仅仅是北欧人在兰塞奥兹牧草地居住的十年——对北欧人来说可能太短了,不足以将任何疾病传染给北美的土著居民。

到1492年,欧洲人对格陵兰岛和文兰的了解已经日益淡漠。在那一年,教皇在一封信中把格陵兰描述为"世界边缘附近的一个岛屿……由于岛屿四周都是冰层,很少有航船经过那里,只有在8月冰层消退时,人们才能在那里上岸。由于这个原因,人们认为在过去的八十年间,没有船到过那里,也没有主教或牧师到过那里"。

尽管如此,不来梅的亚当的记载,仍然在一小群懂拉丁文的学者中流传。1590年，在哥伦布第一次航行的近一个世纪后，一位名叫西格杜尔·斯蒂芬森（Sigurdur Stefansson）的冰岛教师绘制了一幅地图，支持冰岛声称的在哥伦布之前发现了美洲大陆的说法。

注：书中地图系原文插附地图

  1590年，一位冰岛教师制作了一张地图，显示了公元1000年时维京人对美洲的理解，这是现存最早的北欧人对北美的描绘。
  Royal Danish Library, The Skálholt Map (GKS 2881 kvart)

挪威、不列颠和爱尔兰分别位于斯蒂芬森地图的东部边缘。在地图北部和西部边缘有一个单独的陆地块，包括格陵兰岛、赫勒兰岛（Helleland）（是"Helluland"的错误拼写）、马克兰和斯科拉林岛（Skralinge Land）（斯蒂芬森创造的一个新地名），该陆地块通过一个狭长的入口与文兰海角相连。这种把文兰海角作为一个尖点的描述，为英格斯塔德夫妇在纽芬兰北端寻找北欧人定居点提供了重要的线索。

斯蒂芬森的地图唤起了人们对公元1000年北欧人航行到美洲的记忆，那次航行提出了许多与今天全球化所带来的挑战相同的问题。武器装备的技术差距和战争的爆发，会造成什么后果？贸易不平衡的影响是什么？如果一方拥有更多的人，另一方能做些什么来弥补？最后，为什么人们很难向别人学习，即使对方掌握的是一项明显有用的技能？

当北欧人在美洲遇到美洲印第安人时，他们拥有金属工具的优势。但北欧人决定撤退，也许是因为美洲印第安人的残暴，也许是因为北欧人无法轻易获得他们生存所需的补给。在北欧人逐渐从格陵兰岛撤退时，图勒人正从阿拉斯加迁移过来。北欧人与美洲的印第安人以及与格陵兰岛的图勒人之间的相遇，代表了公元1000年以来较为势均力敌的相遇模式，这与1500年之后的那些相遇大不相同，后来的超级火枪和加农炮几乎总是让欧洲人占据上风。

斯堪的纳维亚人横跨大西洋的航行是极为重要的，因为他们开辟了一条向西的新航道。这条新航道大约是在公元1000年开辟的，当时的北欧人活跃在一大片领土上，从西边的兰塞奥兹牧草地一直延伸到东边的里海。他们开辟了一条通往格陵兰岛极北之地的路线，他们可能还去过更南端的其他目的地。

北欧人航行至美洲的故事，还教给我们一些关于全球化的其他重要的东西：他们的航行并没有"开启"美洲的贸易。正如下一章所述，他们所遇到的美洲印第安人已经在进行长途贸易了。从根本上说，北欧人航行的最为重大的意义，是他们的探险连接起了大西洋两岸已经存在的贸易网络，从而开启了全球化。

第3章
公元1000年的泛美高速公路

公元1000年，美洲最大的城市可能是玛雅人的定居点奇琴伊察，人口约有4万。它位于离海80公里的地方，靠近墨西哥尤卡坦半岛的北海岸。奇琴伊察可以说是公元1000年以来世界上保存最为完好的城市，每天都吸引着成千上万的游客。奇琴伊察最吸引人的是卡斯蒂略金字塔（Castillo），这是一座高达30米的阶梯式金字塔，其四周都有完美平衡的阶梯。每年的3月21日和9月21日，都会有大批的人前来观看这一惊人的工程奇景：下午3点左右，在阳光的照耀下，金字塔北面的阴影会形成一条蛇的形象；在接下去的一个小时里，"蛇"的身体不断伸展，直到碰到阶梯底部石头上的"蛇头"。这是一场一千年前精心设计的"光影秀"。

地图3.1
美洲贸易中心

图例
· 城市
— 河流

0　1000　2000 千米

注：书中地图系原文插附地图

同样令人印象深刻的还有球场。它长约150米，宽约60米，它比一个足球场大得多，其历史可以追溯到大约公元1000年，是中美洲地区——包括墨西哥中部和南部、伯利兹、危地马拉、萨尔瓦多、洪都拉斯、尼加拉瓜、哥斯达黎加和巴拿马——最大的玛雅球场。现代游客通常从球场开始参观，因为球场就在入口处。

球类运动员被分成两组，用他们的髋部、肘部和膝盖弹起一个橡皮球，目的是让球穿过场地两边的一个石环。这种直径20厘米的球是通过收集橡胶树上的液体乳胶，使其凝固，然后被制作而成的。橡胶树原产于美洲。制球者加入牵牛花的汁液，使球中的橡胶更富弹性。西班牙人从未见过像橡胶这样的东西，他们惊叹于这些球的移动是如此之快，如此不可预测。

也许是为了突出球的独特性，玛雅艺术家把它们装饰成头骨的样子。奇琴伊察球场墙上的浮雕中就出现了一个这样的球，该浮雕展示着一个失败队伍的成员被斩首的画面，六条蛇从他的脖子里喷涌而出，而他的头颅则放在地上被当作了球。玛雅诸神需要频繁且大量的鲜血献祭。即使是统治者，也必须在献祭时用黄貂鱼脊椎骨做成的长刺刺穿自己的阴茎。

从球场走一小段路，你就能到达勇士神庙（Temple of the Warriors），神庙外面有200根柱子。它们的正面描绘了一群献礼者和勇士们，这座神庙是1925年至1934年间，由华盛顿特区卡内基研究所的考古学家以柱子上的勇士来命名的。这些考古学家清理了神庙里的瓦砾和树木，用散落在地上的壁画碎片，恢复了多幅壁画，这些壁画已日渐残破。今天，你只能通过黑白图画或由卡内基研究所团队制作的水彩画复制品来观看它们。因为游客不被允许进入奇琴伊察的任何建筑，所以不可能看到原来绘有壁画的墙壁。

勇士神庙的许多壁画描绘了征服的场面。卡内基研究所的学者们用90片不同的碎片中重新拼接出了一幅巨大的壁画，该画描绘了一支军队入侵村庄时的情景。入侵者的皮肤是灰色的；防御者的皮肤是浅色的，上面有黑色的横条纹。他们的盾牌也有所不同，大概是为了帮助观看者区分双方。

我们还不能完全确定奇琴伊察壁画中的入侵者是谁。但根据后来的两条史料（这两条史料都是在与西班牙人接触后被记载下来的），我们得知入侵者很可能是托尔特克人（Toltec）。托尔特克人是从墨西哥中部城市托尔兰〔Tollan，今图拉（Tula）〕——位于墨西哥城西北80公里处——来到奇琴伊察的。根据托尔特克人的记载，公元987年，一位名叫羽蛇神（Feathered Serpent，托尔特克语为"Topiltzin Quetzalcoatl"，托尔特克语属于纳瓦特尔语）的国王离开了图拉，然后乘木筏出发，前往墨西哥湾沿岸。非常巧合的是，玛雅人的记录显示在同一年，一个名叫羽蛇（玛雅语为"K'uk'ulkan"）的人来到了奇琴伊察。这一定是同一个人，他成了奇琴伊察的统治者。

走进勇士神庙，就会看到一幅很不寻常的画。虽然它和上述展示征服村庄的壁画被绘在同一面墙上，但它描绘的人是如此栩栩如生，完全不同于其他壁画中的勇士。

画中的一位受害者有着黄色的头发，浅色的眼睛和苍白的皮肤，他的手臂被反绑在背后。第二个受害者的金色头发上挂满了珠子，这是玛雅绘画中俘虏的常见形象（这两个人都被绘于彩盘上）。还有一个人，头发上也挂着珠子，赤身裸体地漂浮在水面上，就像一条凶恶的鱼，张着嘴巴，在附近徘徊。艺术家使用了玛雅蓝，这是一种将靛蓝和坡缕石黏土用水相混合的颜料。这些不幸的战俘都被扔进水里淹死了。

这些浅肤色、金发的受害者是谁？

他们会不会是被玛雅人抓获的北欧人？

最早研究这些画的学者不这么认为。安·阿克斯泰尔·莫里斯（Ann Axtell Morris）是一位严谨的收藏家，也是卡内基研究所团队的成员，他在20世纪20年代用水彩临摹了整幅壁画，他不确定黄头发人的身份，但怀疑艺术家使用这种颜色方案是为了"强调部落，甚至是种族的不同"。在20世纪40年代的著作中，一位学者提出了一个极端的解释：他提出受害者其实是戴上了带珠子的黄色假发，这样他们的头发就会和玛雅人要祭祀的太阳神的发色相吻合。早在英格斯塔德夫妇在兰塞奥兹牧草地发现北欧人遗址之前，这一代学者就开始做研究了，他们并没有理由认为牺牲的对象可能是斯堪的纳维亚人。

但现在，多亏了兰塞奥兹牧草地的发掘，我们可以确定北欧人在公元1000年的时候就到北美了。英格斯塔德夫妇的发现为勇士神庙的壁画提供了新的解读。这些不同寻常的壁画实际上可能描绘了斯堪的纳维亚人和他们的船只。持这种观点的两位杰出的玛雅学者——考古学家迈克尔·D. 科伊（Michael D. Coe）和艺术史学家玛丽·米勒（Mary Miller）——注意到，没有其他玛雅壁画描绘金发和浅色皮肤的俘虏。

这个时间与北欧人的航行时间完全吻合。在10世纪末和11世纪初，多艘北欧船只从斯堪的纳维亚、冰岛或格陵兰出发，穿越北大西洋，航行到加拿大，可能还有缅因州。这正是这些壁画完成的时间（勇士神庙就建造于公元1000年之后）。

对这个解释持怀疑态度的人指出，玛雅艺术家在不同的画中用不同的颜色来描绘勇士，因此不能把俘虏的金发当作一种艺术范氏。他们还怀疑，在水彩画复制品被绘成之前的漫长时间里，原始颜料的颜色有可能发生了变化。

我们可能也会怀疑画中的勇士不是北欧人，因为在尤卡坦半岛还没有发现过斯堪的纳维亚人的文物。但这种反对观点并不像你想象的那么绝对，原因在于考古记录还远远未完成。我们从书面文献中知道的许多事情，根本没有留下任何考古痕迹。让那些在谷歌上搜索黑斯廷斯战役的人们感到震惊的是，考古学家们可能是到最近才发现1066年发生的这场使英国落入征服者威廉（William the Conqueror）之手的战役的第一个阵亡者。

考虑到今天的考古探测情况，我们不能确定北欧人是否出现在奇琴伊察，只有像来自兰塞奥兹牧草地的青铜别针这样的人工制品，或显示斯堪的纳维亚人DNA的基因证据，才能证明。这样的证据总有一天会浮出水面。但是现在，我们不得不得出结论：维京人可能到达了尤卡坦半岛，这是他们所到达的美洲最南端地区。

如果真的是这样，那么北欧人是如何到达奇琴伊察的？他们肯定会被吹离航线，然后被俘虏。在勇士神庙所呈现的一个战斗场景中，一个金发的受害者站在两艘木制船旁边，一艘船的船首破裂，而另一艘船装饰着盾牌，倾斜下沉。

我们更多的是通过南侧老奇琴伊察（Old Chichén）[1]另一座与众不同的建筑里的一幅壁画来了解这些船只的，这个建筑被叫作"Las Monjas"，意思是"修女"，引申过来就是"修道院"。（西班牙人认为，附近任何拥有大庭院的建筑都必然是修道院，但玛雅人并没有修道院。）修女院建于公元950年以前，里面的壁画可能是稍晚些时候绘制的。其中一幅画上虽没有金发的人，但绘有一艘船，船板都被画得很清楚。在拉斯蒙加斯艺术家笔下，船板是由一段一段的短板拼接而成的，而不是那种有整艘船那么长的船板。尽管许多现有的关于北欧人船只的图画并没有说明这一点，但北欧人船只上的单块船板极少与船身等长。（受限于橡树和松树的大小，北欧人船只上的船板长度在1.5米至5米之间，有的则有约30米长。）

这种船板表明，修女院中展示的船不可能是当地的工艺，因

---

[1] 老奇琴伊察位于奇琴伊察遗址南侧，主要是在公元7世纪至公元10世纪修建的。——编者注

063

为像大多数生活在美洲的人一样，玛雅人用燃烧过、挖空的树干来制造他们的独木舟。只有一类美洲印第安人曾经用木板造船，他们被称为丘马什人（Chumash），丘马什人运用这些木板做成的船，从加利福尼亚的圣巴巴拉航行到海峡群岛。修女院船上的人似乎是玛雅勇士，他们从原来的船主手中夺取了一艘斯堪的纳维亚船。尽管修女院的这幅画受到的关注不及勇士神庙中那幅描绘金发勇士的壁画，但事实上，它轮廓鲜明的线条提供了更有说服力的证据，证明北欧人在奇琴伊察的存在。

　　大风经常使北欧人的船只无法到达目的地。当"红发"埃里克率领着25艘船出发去格陵兰时，只有14艘船到达了目的地；《格陵兰人萨迦》中写道："有些船只被风赶回来，有些船只在海上迷路了。"我们还记得，雷夫·埃里克森把一艘失事船只上的船员带到格陵兰岛，然后回来取走为腾出空间而卸下的美洲木材。一艘北欧人的船可能在风暴中被吹离了航线，被北大西洋环流的洋流拖过大洋，然后停在尤卡坦半岛的海岸上。这可能是一次艰苦的航行，但这样的航行并非不可能，即便在这过程中船体被破坏，船员也无法划船。还记得日本渔船横渡太平洋的旅程吗？那艘船最终载着三名幸存者抵达了华盛顿州。

　　来自非洲的航行者也可能被风吹过大西洋。1588年，一位名叫阿隆索·庞塞（Alonso Ponce）的西班牙修道士沿着尤卡坦半岛海岸旅行，当他到达塞克查坎镇〔Xequechakan，当时读作"shekechakan"，现在读作"Hecelchakan"，位于墨西哥坎佩切州（Campeche）〕时，他问这个镇是如何得名的。当地人解释说："古时候，70名摩洛人（Moros，非洲黑人）乘坐一艘船抵达海岸，这艘船一定经历了一场巨大的风暴。"他们的经验表明，一旦风把船吹到大西洋中部，洋流就会把船一路带到尤卡坦半岛。

当地人继续说："其中有一个人，得到其余人的服从和尊敬，被称为'Xequé'。"当地人解释道，"Xequé"的意思是"首领"或"酋长"，这个词当然是阿拉伯语"sheikh"的变体，鉴于玛雅人不懂阿拉伯语，这是一个令人信服的细节。当摩洛人要求回家时，当地人把他们带到一个靠近"大草原和无人居住的国家"的港口，在玛雅语中，这个词就是"查坎"（chakan）。为庞塞提供信息的这名当地人进一步说道，于是这个小镇就被称为塞克查坎。

庞塞的记载包含了另一个重要的信息。他告诉我们，摩洛人刚到的时候，"印第安人同情他们，保护他们，对他们很好"。一旦当地人告诉摩洛人回家的路后，他们就背叛了当地人的招待者，杀死了他们中的一些人。"印第安人看到了这一切，就通知附近的人，他们带着武器杀死了不幸的摩洛人以及他们的首领。"他们的经验表明，任何在尤卡坦半岛遭遇海难的人，都可能遭遇类似的命运。

如果北欧人到达尤卡坦半岛，那很可能是通过海路。也有可能——尽管可能性要小得多，他们先在其他地方被奴役，然后被徒步带到尤卡坦半岛。让我们从发现维京人硬币的缅因州的戈达德角开始探索可能的路线,然后通过陆路前往奇琴伊察。从缅因州到墨西哥最有可能的路线是通过密西西比河流域。这将是一个漫长而艰难的旅程,没有证据表明有任何人或物完成了整个旅程。尽管如此,我们仍然可以肯定的是,在公元1000年的时候,一个横跨北美的路径延伸网络已经成形,随着全球化的开始,货物、人员和信息沿着这一网络传播。

戈达德角位于缅因州中部海岸的海滩旁。这是一个遗存丰富的考古遗址,有一堆废弃物,被称为贝丘,最深处约有25厘米。1979年,当缅因州的考古学家在那里挖掘时,那里的原始环境已经被破坏了。他们只能通过比较类似的文物或使用碳14测试来确定材料的年代。这个贝丘中最早的材料可以追溯到公元前2000年,但是被发掘的90%的材料——总共25 000件文物——是来自公元1000至1600年。

令人惊讶的是,贝丘中几乎没有海贝,这表明当地人不像大多数沿海居民那样吃很多贝类。大量来自海豹和鲟鱼的骨头,表明它们是当地人的主要食物。来自斑海豹、灰海豹和海貂的共17颗牙齿的横截面揭露了更多信息:这些海豹和海貂是在6月到10月间被杀死的。这些是外来食物吗?显然,每年夏天,美洲印第安人都会在这里尽情享用海豹和海貂。

考古学家在拉布拉多岛北部的拉马湾发现了30件工具和100多片燧石碎片,这些物品随着涓流贸易一直向南流动。(燧石是一种打火石,可以用来生火或制造工具。)除了独特的半透明外观,拉马湾燧石还有其他特性。燧石中高含量的二氧化硅导致其破裂时会产生清晰的、可预见的裂纹,使之成为制造投射物的理想材料,可以附加到箭头、长矛和其他类型的武器上。在远离拉布拉多的地方发现的拉玛燧石,至少可以追溯到公元前2000年,表明这种物品的远途交换很早就开始了。

除了拉马湾燧石,戈达德角遗址还出土了10种其他矿物,包括来自美国东北部和加拿大各地的其他燧石、流纹岩和碧石。这些数量异常庞大的非本地材料——其他同时期遗址中的外来文物要少得多——表明戈达德角是一个重要的贸易点,其所连接的贸易网络从大西洋海岸一直延伸到安大略湖和宾夕法尼亚州。

公元1000年以后,这一地区成为晚期疏林时代[1]的人们的家园,他们春天种植玉米,秋天再回来收获。这些林地居民四处奔走,采集各种各样的植物,并猎杀各种各样的动物,因此一位学者称他们为"流动的农民"。(在沙勒尔湾,用毛皮换取雅克·卡蒂亚的红布的米克马克人,便是林地居民。)

任何群体从东北部进入俄亥俄州,再到密西西比河流域,都会逐渐意识到他们正在离开一个地区,进入另一个地区。当他们靠近密苏里河和密西西比河的汇合处时,他们会注意到当地人经

---

[1] 根据北美考古的分类,疏林时代(Woodland Period)指北美洲中东部地区古印第安人的文化阶段,时间为公元前1000年至公元1000年,晚期疏林时代(Late Woodland Period)指公元500年至公元1000年。——编者注

常吃玉米。对于密西西比河河谷的居民来说，玉米是他们的重要主食，他们集中种植玉米，一年到头都在辛勤耕耘。

小村庄通常由挤在一起的几栋小房子构成，这看起来和东北部的差不多。但在大约公元900年玉米开始被密集种植之后，密西西比河河谷开始出现了更大的定居点，那里有开阔的广场和高高的土丘，土丘上有山脊，有时土丘上还有神庙建筑。

大约在公元1000年，豆类植物进入了密西西比河流域，这进一步促进了人口的增长。（构成美洲印第安人饮食核心的三种作物——玉米、豆类和南瓜——直到1300年才被普遍种植在一起。）当地居民并不仅仅依赖于种植的农作物，如玉米、豆类和藜（一种蔬菜，也被称为"lamb's quarter"）；他们还猎杀鹿和其他动物。

人口增长导致了村庄规模的扩大。最大的定居点之一是位于伊利诺伊州东圣路易斯的卡霍基亚（Cahokia）遗址。1050年，卡霍基亚的定居点急剧扩张，首席考古学家蒂莫西·R.波克塔特（Timothy R. Pauketat）在描述该遗址时，将那一年的变化称为"大爆炸"。"大爆炸"之后，大约有两万人住在城市或附近的郊区，这使得卡霍基亚成为1492年以前建立在今美国国土上的最大的城市综合体，面积达到同时期的奇琴伊察的一半。

卡霍基亚面积最大时为13平方公里至16平方公里。城市的中心矗立着一个巨大的土堆，叫作修士土堆（Monks Mound），有30米高。在南边，居民们用泥土建造了平坦的大广场（Great Plaza），它长365米，宽275米。

修士土堆里有各种各样的食物残渣、破碎的陶器，还有烟草种子，这些都是在建造修士土堆的过程中留下的。这些不同的土堆，成为该地区卡霍基亚考古文化的显著特征。由于土堆太大，单个家庭无法建造，能组织更多的劳动力是卡霍基亚曾经是一座城市的标志之一。

另有200个土堆分布在整个遗址中。它们的顶上最初有脊线，但在1250年卡霍基亚被废弃后的几个世纪里，农民们开始在这些土堆的脊上进行种植，使得许多脊线失去了其特有的轮廓。除了土堆，卡霍基亚遗址还有一个由垂直的木杆组成的宽阔栅栏，六个圆形的天文台，周围有更多的木杆，还有数以千计的住宅。

卡霍基亚最具特色的手工艺品被称为"块石"。这个词现仍在印第安纳州、威斯康星州、北卡罗来纳州和佛罗里达州的不同的美洲印地安语中被沿用，而刘易斯和克拉克[1]是在19世纪初记录了该词。因为19世纪的研究，我们得以知晓这个游戏是怎么玩的。块石大概有冰球大小，是圆形的，一边有凹槽。参与者在地上滚动石头，并投掷2.75米长的长矛，瞄准凹槽以阻止块石滚动。长矛越靠近滚石，参与者得到的分数越高。游戏的赌注很高，失败者有时会丧命。块石游戏不仅是一种消遣，它还创造了统治者和被

---

[1] 1804—1806年，美国陆军上尉梅里韦瑟·刘易斯和少尉威廉·克拉克在杰斐逊总统的要求下进行了一次考察活动，目的是探索密苏里河及其主要支流，以便控制西部地区。——编者注

统治者之间的忠诚。

卡霍基亚显然是一个等级森严的社会。遗址的72号土堆的土方工程里有两具尸体，其中一具尸体被放在两万颗贝壳珠子上面，另一具尸体紧挨着珠子的下面，被置于一个木制的担架上。因为珠子覆盖了一个长约1.8米，形状像一只鸟的区域，考古学家推断，它们一定曾被用来装饰过一件衣服，很可能是一件披风，而且就是躺在珠子上面的那个人穿的。在这两人附近，还埋着七具完整的成年人的尸体，很可能是统治者或其他显赫之人。

72号土堆中有多个万人坑，其中一个坑里有200名受害者。有的坑里有一组4个人，他们的头和手都被砍掉了。另一个坑里有53名女性，其中52人的年龄在15岁到25岁之间，只有一个女性是30多岁的，她会不会是一个年长的人妻？另一个坑里躺着39名受害者，他们遭受过棍棒殴打，可能还被活埋。这些不幸的人是谁？当然，囚犯、奴隶或其他一些下层阶级的成员会最终成为牺牲品。

无论你如何理解这些不同坑里的人的身份，很明显，这两个穿着珠子披风的人的身份要比其他人高。这两个人的陪葬品还包括一根镀铜的大棍、一堆容量为两蒲式耳的云母容器、700支箭、一支粗矛、15块块石，以及几颗直径超过2.5厘米的海螺珠。

其中一些货物，如箭和块石，可以在当地制造，但其他货物是通过长途贸易运抵的。云母是一种能发光的片状矿物，来自北卡罗来纳州的阿巴拉契亚山脉，而铜的来源则是苏必利尔湖。早期的美洲印第安人社会也交易铜和贝壳，但是卡霍基亚人是从墨西哥湾进口了大量的海螺和海螺贝壳。在卡霍基亚以北地区发现了保存完好的陶器，这些陶器带有卡霍基亚陶艺的特点，因为卡霍基亚是往北运送货物的一个转运中心。

起初，考古学家并不认为卡霍基亚贸易网络会拓展到今美国国土以外的地区，但令他们吃惊的是，俄克拉何马州的斯皮罗（Spiro）出土了一件源自墨西哥的物品，是一种用罕见的绿金黑曜石制作而成并用于刮削的工具。黑曜石是一种玻璃状的火山岩，可以制成极好的切割工具，在那些还未使用金属刀具的社会中尤为珍贵。尽管黑曜石锋利，但它易碎且容易被毁坏。X射线光谱仪分析了斯皮罗出土的刮削工具，显示它来自墨西哥的帕丘卡（Pachuca）附近。这种黑曜石非常罕见，就像东北部的拉马湾燧石一样，它的交易范围很广，包括危地马拉和洪都拉斯。

考古学很少告诉我们，一个社会是如何或以何种方式影响另一个社会的。长期以来，学者们一直想知道卡霍基亚人和玛雅人是否有任何直接的联系；毕竟，起源于墨西哥的玉米集约化种植构成了1050年卡霍基亚"大爆炸"的基础，而开放的广场、土堆以及卫星城，这些都与玛雅城市类似。

在仔细检查卡霍基亚的残骸后，人们惊讶地发现：几具被埋在72号土堆里的尸体，他们的前门牙底部有一个至四个缺口，只要掰开嘴就能看到。只有中美洲人是这样改变自己的牙齿的，所以很可能有一些中美洲人访问了卡霍基亚，或者是一些卡霍基亚人访问了玛雅地区，把牙齿弄出缺口，然后返回卡霍基亚。另一个显示卡霍基亚人可能与玛雅人有过接触的迹象是陶器中留有巧克力的痕迹，但考古学家尚未排除现代污染的可能性。

1492年后的资料更能证明卡霍基亚和玛雅地区之间有过广泛接触。19世纪的观察家们记录了不同的美洲印第安人群体的起源神话，其中许多神话声称自己起源于一对男性双胞胎，或是起源于某位统治者及其同父异母的兄弟。这些信仰与玛雅神话中著名的口头史诗《波波尔·乌》（*Popol Vuh*）里的双胞胎英雄相呼应，《波波尔·乌》本身创作于16世纪50年代。位于72号土堆顶部的两具男性尸体似乎是一对孪生统治者，而这个鸟形的珠子披风表明，卡霍基亚的居民认为他们的统治者具有飞行的能力。

卡霍基亚和玛雅世界之间的这些联系指向了一条路线，它沿着密西西比河延伸到格兰德河（Rio Grande），穿过墨西哥湾到达尤卡坦半岛。

查科峡谷的人知道通往奇琴伊察的另一条路线，而查科峡谷是一个与玛雅人关系密切的先进农业社区。该峡谷位于新墨西哥州的四角地。古普韦布洛人（Ancestral Puebloans）与卡霍基亚人生活在同一时代，他们建造了三个被联合国教科文组织列入世界文化遗产的定居点，分别位于梅萨维德（Mesa Verde）、查科峡谷和柴里峡谷（Canyon de Chelly）。游客们蜂拥而至，原因很简单，这些峡谷的岩壁高达300米以上，它们都非常美丽。

这些遗址包含着许多未解之谜。每个人都承认，古普韦布洛人的道路系统是工程学上的奇迹，但没有人知道为什么原始的普韦布洛人会这样设计它。从查科峡谷向北和向南，有两条各9米宽的公路，分别通往约50公里远的地方。在地面上，这些道路并不总是能被清晰地看出，但在航拍照片中，这些道路总是能被辨认出来。无论这些道路是遇到了山丘还是大岩石，都会径直从上面越过去。令人不解的是，建造者们并没有清除这些障碍。相反，他们建造了坡道、台阶和楼梯，作为道路的一部分。垂直的升降是如此突然，以至于我们很难想象这些道路是为了运输而建造的。它们有什么象征意义吗？它们是否反映了一种信仰，即在进行仪式时必须走直线？

古普韦布洛人掌握了精确切割石头的建筑技术。在柴里峡谷，他们使用与玛雅人相同的技术来建造墙壁，并用石膏进行覆盖。建筑工人们把大块的砂岩嵌入泥制的灰浆中，再用精心挑选的扁平岩石覆盖着墙的两面，这就是所谓的"芯板结构"式建筑。

查科峡谷有许多大房子，里面住着数百个居民，有巨大的"基瓦"（kivas，意为圆形的地下储藏室）和宽阔的广场。它的总人口只有几千人，远远少于卡霍基亚的两万人。查科最大的房子是普韦布洛邦尼托（Pueblo Bonito），根据年轮年代学显示该房子始建于公元860年，废弃于1128年。那一年之后，古普韦布洛人移居他处。

普韦布洛邦尼托建筑群拥有800个不同的房间，包含数层的多重石头结构。学者们争论大房子的用途：它们是用来做交易的吗？或是统治者及其家属的住处？无论答案是什么，它们都是为了给人留下深刻印象而设计的，我们今天仍然为之震撼。

骨骼分析显示，查科峡谷是来自不同地区的人们的家园。一群人住在像普韦布洛邦尼托的大房子里，而另一群人住在小房子构成的社区里，这些小房子的建筑风格完全不同。当地居民也有不同的埋葬方式。看上去最有可能的是，这个地方是土著居民以及来自科罗拉多西南部移民的家园，这些移民是在公元9世纪晚期或10世纪初搬到这里的。人们在普韦布洛邦尼托发现了一具骨架，上面有被刻意修饰过的牙齿，这表明有来自玛雅地区的访客的存在。[1]在全球化中，人们的迁移通常伴随着最初的贸易商品交换。随着贸易的增长，商人们搬到了他们新客户居住的地方，并在那里建立了外国人的社区。

这些古普韦布洛人是贸易能手，他们有大量的绿松石，是玛雅人所爱之物。他们用绿松石换取羽毛鲜艳的热带鸟类，比如鹦鹉和金刚鹦鹉，现存的壁毯上都装饰着这些鸟类鲜艳的红色羽毛。有时他们只带回羽毛，有时他们也会把活鸟运过来，再拔下这些活鸟的羽毛。古普韦布洛人非常尊重金刚鹦鹉，会为它们举行正式的葬礼。然而，出土的金刚鹦鹉的骨骼表明，这些鸟营养不良，没有得到足够的阳光照晒，这一迹象表明，尽管古普韦布洛人很尊重这些鸟，但仍然把它们关在笼子里。

2009年，调查人员在查科峡谷发现了另一种来自中美洲的令人吃惊的舶来品：巧克力。考古学家在一个废物堆里发现了一

---

[1] 玛雅人十分注重牙齿整形，他们会对牙齿进行打磨、彩绘或局部穿孔，是一种独特的装饰习俗。——编者注

些公元1000年至1125年的陶罐碎片。由于不知道巧克力的原始成分，科学家们用高效液相色谱法鉴别出了巧克力的化学特征——可可碱。巧克力被这些陶瓷碎片吸收，说明巧克力在干燥前是液态的。（大约在公元前1900年，可可树首先在厄瓜多尔被人工种植。）巧克力的加工是一个复杂的、多步骤的过程：一旦种植者打开可可豆的豆荚，他们就必须让种子发芽（否则它们尝起来就不像巧克力了），再在阳光下曝晒一两个星期，烘烤它们（出于同样的原因），然后去掉无用的外壳。

虽然好时巧克力资助了这项研究，但玛雅人食用的巧克力（并出口到查科地区，那里的罐子里发现有巧克力）尝起来一点也不像好时的。玛雅人把巧克力当饮料，喝时不加糖，而是用辣椒调味；他们把巧克力从一个杯子倒到另一个杯子，然后再倒回来，产生大量泡沫，就像印度火车站里的茶贩子那样。巧克力有兴奋作用，在仪式中被广泛使用。考古学家认为，来自玛雅地区的宗教仪式专家携带可可豆北上，这样他们就可以教授古普韦布洛人如何准备巧克力饮料，这是非常合情合理的推断。一旦交易达到一定规模，就得有人来管理，这些外来的仪式专家可以教当地人如何制作巧克力饮品。

考古出土的巧克力、金刚鹦鹉和其他热带鸟类表明，查科与3000多公里外的奇琴伊察之间有贸易通道。当然，一些前往玛雅中心的人所走的路程要短得多。大约在公元1000年，托尔特克人从墨西哥城西北约50英里的图拉迁移到奇琴伊察，他们有的选择乘船横渡墨西哥湾，有的选择从陆路旅行。

地图3.2
玛雅世界

所有地名均为现代地名
------ 现代边界

墨西哥湾
瑟里托斯岛
坎昆
奇琴伊察
科巴
玛雅潘
埃塞尔查坎
卡巴
尤卡坦半岛
墨西哥
加勒比海
伯利兹
瓜纳哈岛
危地马拉
莫塔瓜河
洪都拉斯
萨尔瓦多
太平洋
尼加拉瓜

注：书中地图系原文插附地图

我们之所以知道他们的旅程，是因为这些人到达后，奇琴伊察城市的建筑发生了变化。两种截然不同的建筑风格并存于此：早期的风格可以追溯到公元950年之前，后来的风格可以追溯到那之后。在新移民到来以前，南侧老奇琴伊察最典型的墙体建造方法是芯板结构，就像查科的一样。老奇琴伊察的建筑与该地区其他玛雅城市的建筑具有相同的特点，与此不同的是，北侧新奇琴伊察的建筑，如勇士神庙，则展现了托尔特克建筑的强大影响力。

学者们称这种风格为"国际化"。这种国际化风格包含了许多来自图拉的元素，比如带有柱子的建筑和分成条的壁画。有趣的是，托尔特克人家乡图拉的建筑也吸收了玛雅元素，表明这两个城市之间的影响是双向的。奇琴伊察的新雕塑还包括查克穆尔（Chacmool）雕塑[1]，这些斜倚着的雕塑人物的腹部充当了浅盘，以盛放供奉给众神的祭品。

大约有50处用玛雅语言写就的铭文显示老奇琴伊察建于公元864年至公元897年间。然后，铭文戛然而止，就像南方玛雅中心地带的那些铭文一样。

奇琴伊察玛雅语铭文的终结，适逢公元800年至公元925年间整个玛雅地区危机的出现，这段时期被称为"古典时期的终结"。玛雅地区各王国的统治者们总是在互相争斗，但那时战斗的激烈程度急剧升级。玉米的系统种植耗尽了土壤中的氮，导致

---

[1] 中美洲的一种雕塑形态。这种雕像多为人形，呈半躺状，并以手肘支撑上半身，雕像腹部之上可放置托盘和碗。——编者注

了土壤肥力的全面下降，而与此同时，城市人口数增长到了危险的高水平。从大约公元900年开始，持续的干旱袭击了这个地区，居民要么逃离，要么死亡，整个地区的城市陷入一片混乱。

奇琴伊察的建设放缓与玛雅中心地带的衰落同时发生，但在那之后，这座城市出现了反弹。像卡斯蒂略金字塔和勇士神庙这样的大型建筑，就建于公元950年到1100年间。

气候变化能解释奇琴伊察的崩溃和重生吗？正如我们所看到的那样，公元900年标志着卡霍基亚文明和查科文明的人口增长的开始，一些人把这些增长与中世纪的气候异常联系起来，这种异常的温度期发生在欧洲，从公元950年左右一直持续到1250年。当欧洲经历中世纪温暖期时，学者们还不知道美洲可能经历了什么类型的气候变化。但位于美洲热带低地中心地带的玛雅社会的崩溃，以及公元900年至公元950年期间奇琴伊察的建筑活动的中断，都表明当时存在着一段长期的少雨期。

当奇琴伊察走出困境时，统治者发动了一场大规模的建设运动。就像查科的居民一样，玛雅人建造了一个精心设计的道路系统，这些笔直的道路略高于周围地面，不可能只是为了交通而建。玛雅人从不将轮子用于旅行，尽管他们知道它，并制造了一些带轮子的玩具。有些人想知道这是不是因为低地的热带森林地形不适合轮式交通，但是生活在类似地区（比如东南亚）的人们仍大量使用了轮式交通工具。不管是出于什么原因，玛雅人的道路显然是为了方便步行。

一条274米长的白色石灰岩碎石路连接着新奇琴伊察和城市北部的一个坑池。尤卡坦半岛的玛雅语把这样的道路叫作"萨克贝"（sakbeh），意思是"白色的路"，其引申义就是银河。玛雅人认为，银河系将地球与祖先和众神居住的王国连接起来，而长距离的步行会使宗教仪式更有效。最长的白色萨克贝路之一是从科巴（Coba）出发的，穿越尤卡坦丛林，全长100多公里。奇怪的是，这条路终点在奇琴伊察西南19公里处，而不在城市本身。

大约6500万年前，一颗小行星撞击墨西哥湾，形成了整个尤卡坦半岛的地质结构。（撞击使大气层被大量的火山灰覆盖，地球上的许多动物，包括所有的恐龙，都灭绝了。）撞击产生的墨西哥湾冲击波，使巨大的海浪涌向尤卡坦半岛的石灰岩地层。因此，该地区有数百万的地下隧道和水池。当地下隧道的顶部坍塌时，就会形成充满水的灰岩坑，称为天然井，它们彼此相连，形成了长达数百英里的网状结构。

奇琴伊察的圣井呈巨大的椭圆状，最宽处直径有57米。对这个灰岩坑最早的描述来自主教迭戈·德·兰达（Diego de Landa），他是16世纪中叶早期西班牙修道士中最善于观察的人之一。（他还损毁了数百本玛雅书籍，只有四本留存至今。）兰达报告说，玛雅人将献祭的人类扔进这个圣井里，希望能带来雨水，"他们还扔进许多其他的宝石以及他们非常珍视的东西"，因为玛雅人相信，这座圣井和地下洞穴是通往神圣世界的入口。

大约三百年后，兰达的报告引起了一位有抱负的考古学家爱德华·赫伯特·汤普森（Edward Herbert Thompson）的注意。1885年，汤普森第一次来到这个地方；1904年，他又带着足够的资金回到这里，来挖掘这个圣井。挖掘出来的第一具骸骨证实了兰达关于活人祭祀的报道。其中一些骨骼来自年轻的女性（体格检查无法确定其是不是处女），另一些则来自成年男性和儿童。在这个圣井里发现的许多玉石和金属物品都已被砍成碎片，据推测，它们是在祭祀仪式中被破坏的，然后再被扔掉。

在挖掘了三年以后，汤普森还试图找到那些从挖泥机的金属斗齿中滑过的小物体。他休整了一下，去学习如何潜水，然后回到奇琴伊察，在那里，他安装了一个抽水机，为自己提供空气。然后，汤普森全副武装，跳进水里，往下钻进一层又一层的淤泥中。淤泥如此之厚，即便使用了潜水手电筒，他都看不见任何东西。有一次，汤普森在上浮的时候忘记调整阀门。这使他永久性失聪，此后他再也没有潜过水。

尽管存在争议（他的技术肯定不符合现代科学挖掘的标准），汤普森的挖掘工作仍收回了大量的材料，现在保存在哈佛大学。由于水中缺乏氧气，圣井能很好地保存一些材料，比如纺织品碎片、柯巴脂树脂和橡胶，而这些材料在大多数情况下都会腐烂。（这种缺氧的环境也使得埋在地下的维京人船上的纺织品和鸟类羽毛保存完好。）玛雅人焚烧柯巴脂树脂，散发出令人愉悦的香味，而焚烧橡胶则会产生一种黑暗、刺鼻的烟雾。两种味道都提升了仪式的感官体验。

从圣井中发现的这些东西的重要性,不在于证明玛雅人曾用活人祭祀——即便这对汤普森来说是个新闻,但在今天已经众所周知了——而在于它们揭示了奇琴伊察与其他地方的贸易关系。除了证实玛雅人与北部查科峡谷居民有交流外,这些发现还使人们有可能精准确定玛雅人何时开始与南方的邻居进行贸易往来。

公元900年以前,玛雅人还没有用金属制造过任何奢侈品。他们最有价值的商品都是用来自危地马拉摩塔瓜河谷(Motagua River Valley)的富有光泽的碧玉(严格来说是翡翠)制成的。玛雅人还珍视金刚鹦鹉羽毛、绿咬鹃羽毛以及海菊贝的深色调。当时最重要的贸易商品被绘制在墨西哥卡卡斯特(Cacaxtla)一座庙宇里的一幅画上,该画创作于公元700年至公元800年间,描绘的是一位掌管商业的神祇,画中有海龟壳、书籍、纺织品、橡胶和盐,这些都是玛雅人在尤卡坦海岸收获的。

在玛雅传说中,"商业神L"(他的名字还没有被破译,但他的名字是以"L"开头的)是"玉米神"(Maize God)的敌人,玉米神会在夏季带着雨水回来,一年一回归的他总是会打败商业神L。据说商业神L会在晚上旅行,这是因为夜晚是一个更凉爽的旅行时间吗?是为了逃避小偷吗?是为了避免人们的评头论足吗?所有这些似乎都是可能的,因为它们都符合这位神的阴暗形象。玛雅统治者把自己与农业联系在一起,认为农业是纯洁的。他们避免把自己描绘成从事商业活动的人,尽管实际上,他们非常珍视来自外国的商品,并亲自参加长途贸易旅行。

如果我们能把圣井中的发现更新到这幅商业神L的画像上，那么我们就必须添上金属制品，因为玛雅人在公元900年后开始从哥斯达黎加、巴拿马和哥伦比亚进口黄金和铜制品。

像奇琴伊察或卡霍基亚这样规模的大城市，从未在中美洲出现过。中美洲的居民住在最多有1000人的村庄里，他们靠捕鱼和狩猎当地动物为生，偶尔也种植木薯、棕榈和玉米等作物。他们还从事贸易，把原产于热带雨林的硬木树制成巨大的独木舟，在太平洋和加勒比海岸航行。

奇琴伊察的圣井里有用铜和金制成的小金属铃铛，还有精心装饰的金圆盘，玛雅艺术家在上面描绘了被挖去心脏的祭祀牺牲者。圣井中发现的货物最南来自哥伦比亚。在南美洲更南的地方制作出来的物品中，没有一件最终出现在圣井或墨西哥的其他地方，这表明在1492年之前，安第斯文明和玛雅文明之间没有直接的贸易往来。

虽然没有实物贸易，但金属加工工匠们把制造这些货物的技术，从南美洲沿太平洋海岸向北一直带到墨西哥西部。安第斯山脉地区有着悠久的冶金传统。大约从公元前2000年开始，秘鲁的安第斯金属工匠从在河床发现的岩石中提取了矿石——先是金，然后是铜，最后是银。（他们从未炼铁。）他们在几千年的时间里改进了金属加工技术，学会了如何敲打、折叠和焊接金属片，以及给金属片打孔。安第斯冶金学家设法把他们的技术传授给其他人，而后者最终把这些技术传授给尤卡坦的工匠，这些工匠制作了圣井里的金属制品。

金属工匠也带来了失蜡铸造技术,它同样起源于安第斯山脉;金属工匠首先用蜂蜡制作他们想要的物品模型,然后在蜂蜡周围制作一个黏土模具,并进行烧制,再将熔化的金属倒入模具中。蜡受热熔化,所以才有"失蜡"的说法。当地人使用失蜡技术制作小铃铛,其中许多是在奇琴伊察的圣井中发现的。铃铛约占墨西哥西部金属制品的60%。当地居民十分珍视铃铛,因为只要统治者佩戴铃铛行走,铃铛就会叮当作响,发出一种高贵的声音。这种专门知识的交流构成了(用今天的术语来说)知识产权的国际贸易。

相较于世界其他地区经历全球化的方式,安第斯山脉和墨西哥之间的技术(而非商品)交流令人费解。因为在大多数情况下,商品沿着一条新路径的移动,几乎总是先于制造它们的工艺专家的流动。

然而,一旦考虑到安第斯社会将某些金属的使用限制在特定的社会群体内,那么,安第斯技术(而不是实物)的传播就说得通了。社会上层的人——包括统治者、他们的亲戚、高级祭司——拥有用金、银、铜制品和合金制品,而社会中最贫穷的人根本无法拥有任何金属物品。流动的金属工匠可以传授如何加工金属的知识,但他们并不拥有金银制成的高质量产品。只有皇室成员才能把这样的礼物送到北方,而且他们似乎并不知道玛雅人的存在。

尽管与墨西哥的远方"邻居"缺乏直接联系,但安第斯人在他们的家乡进行了广泛的贸易活动。秘鲁北部的居民尝试用铜和砷的混合物来制作第一批青铜制品,而其青铜制品的第一次常规使用是在公元850年或公元900年左右。那时,安第斯人学会了如何从矿石中提取不同的金属。他们用通风炉将燃料和矿石一起加热,产生一种含铜的熔渣,这种熔渣可以与金、银、锡、砷混合,制成不同类型的青铜。正如西班牙观察家在16世纪所报道的那样,这些青铜合金有着不同的色调、味道和气味。

公元1000年左右,几种不同的考古学文化并存于包括今秘鲁、玻利维亚、智利北部和阿根廷在内的安第斯地区。砷青铜的频繁使用,使安第斯社会有别于世界上其他那些使用金属的社会。砷青铜与青铜相比有一定的优势:它不易破裂,硬度更高,且生锈更慢。砷在加工过程中会释放出有毒的气体,但一旦金属成型,就不会造成危险了。(今天几乎没有人再使用含砷的青铜,因为含砷蒸汽具有危险性。)

安第斯人用砷青铜制成的一种独特的斧形产品,充当了象征性的货币。有时他们把全新的、现实世界中使用的那种斧头用于交易;有时他们会从薄铜片上切下斧形的小块,再把它们捆成一叠。墨西哥西部也出土了类似的斧形货币,它们来自1200年左右,也是由砷青铜制成并被捆绑在一起的。有一种斧形货币是在安第斯山脉流通的,另一种则在墨西哥流通。这两种货币并不可互兑,安第斯山脉的金属工匠一定把如何制作斧形钱币的知识传到了北方。

砷青铜制品也见于秘鲁中部，那里是瓦里（Wari）考古文化的核心。公元1000年左右，瓦里人控制了安第斯山脉最大的领土。瓦里文明出现在印加文明之前，两者有许多共同的习俗。瓦里人是第一个使用"奇普"（quipu）[1]进行记录的族群，他们用彩色的线缠绕绳子，以显示数量或商品；但这种记法目前仍不能被破译。安第斯人并没有文字系统，美洲唯一的土著书写系统出现在墨西哥。

瓦里人和印加人都使用了复杂的道路网络。与玛雅人的白色道路不同，瓦里人的这些道路并没有仪式功用，而是沿着地形地势而铺设，连接着主要的定居点，这种设计考虑到了生活在不同海拔的人们需要相互依赖以获取食物，这是一个特别重要的功能。

在西班牙人到来之前，安第斯人已经建立了一个广泛的贸易网络，他们从哥伦比亚进口绿松石和祖母绿，从智利进口天青石，从亚马孙河的支流马拉农河（the Marañón River）进口金块。尽管他们的金属加工技术传到了北方，但他们从未与玛雅人直接交易。

和以往一样，地理因素也发挥了作用。巴拿马茂密的丛林对那些陆路旅行者来说是一个主要的地理障碍；即使在今天，它也是拉丁美洲唯一没有高速公路经过的地方。从巴拿马到哥伦比亚的货物，几乎都是通过集装箱船来运输的。在安第斯山脉，大羊

---

[1] 是一种结绳记事的方式，古代印加人也采用这一方式，现已失传。——编者注

驼商队驮着许多商品穿过高原，那里有充足的新鲜牧草。美洲驼可以翻山越岭，最远可一直到达秘鲁海岸，但由于海平面上没有草原，它们不能沿着海岸长时间旅行。沿着海岸行进的唯一方法便是乘船。

但是向北的海上旅行也不容易。一项计算机模拟发现，从厄瓜多尔向北航行到墨西哥西部需要两个月的时间，而返程则需要五个月的时间。由于洋流的影响，返程时需要在海洋深处（从海岸看是看不见的）航行整整一个月。洋流也给那些乘坐无帆独木舟旅行的人带来了真正的挑战，这种独木舟是当地人在与欧洲人接触之前唯一使用的一种船。

当旅行者乘独木舟沿着太平洋海岸向北行进时，他们也会在靠近奇琴伊察的加勒比海岸进出。距离奇琴伊察90公里的港口瑟里托斯岛（Isla Cerritos）位于尤卡坦半岛的北海岸。该港口大约在公元900年投入使用，是一个微型的奇琴伊察，拥有广场、球场、柱廊和庙宇建筑。考古学家已经发现了黑曜石、带有金属光泽的陶瓷器皿、绿松石、玉石、铜和黄金饰品，这些都是通过航运而来的。瑟里托斯岛将奇琴伊察与墨西哥北部和西部、美国西南部，以及巴拿马和哥斯达黎加连接起来，它的规模表明了海洋贸易对尤卡坦半岛的玛雅居民的重要性。

奇琴伊察在1100年左右开始衰落，这是建造大型纪念碑的最后一年，1200年后，这座城市就被废弃了。考古学家并不确定原因，但怀疑是旱灾造成的。人们继续在圣井里祭拜。13世纪20年代，一群伊察人（Itza）从尤卡坦半岛西海岸迁移到奇琴伊察，并以他们的名字命名了这座城市，意思是"伊察的井口"。

在离开奇琴伊察后，伊察人在13世纪晚期搬到了玛雅潘城（Mayapán），他们杀死了玛雅潘的所有统治者，除了一位当时在洪都拉斯西部进行贸易探险的王子。这条信息来自西班牙主教兰达，显示了贸易的重要性。因为兰达的信息表明王子们亲自参加贸易探险，而不是仅把贸易委托给商人。我们再回想一下，玛雅人崇拜神秘的商业神L，其实是他们尊重商业的标志。

玛雅潘城不是奇琴伊察。这座城市既没有球场，也没有街道，在6.5平方公里的土地上，拥挤地居住着大约1.5万人。它的一个优点是即使在被围困的时候，灰岩坑也能为这座城内的居民提供可靠的水源。

1325年后，一股新的力量——阿兹特克人（Aztecs）——出现在墨西哥北部，而墨西哥的政治中心也从尤卡坦半岛转移到阿兹特克帝国首都特诺奇蒂特兰（Tenochtitlan），就在今天的墨西哥城外。整个墨西哥的道路系统重新定位，从而为这个新的中心服务。阿兹特克人在15世纪统一了墨西哥，他们的大部分领土（但不包括尤卡坦半岛）在其首都被征服以及国王蒙特祖玛（Montezuma）被杀后，落入了西班牙人的手中。

16世纪，当西班牙人到达尤卡坦半岛时，他们遇到了十二三个交战的部落，西班牙人必须打败这些部落，才能宣称对整个玛雅地区拥有主权。而这场征服，耗费了西班牙人几个世纪的时间。即使在西班牙人的统治下,玛雅人仍然生活在尤卡坦半岛和热带低地,这里至今仍是他们的家园,他们还说着多种起源于古典玛雅语的语言。20世纪70年代,玛雅方言口语的破译取得了重大突破,当时的语言学家意识到,玛雅方言口语的词汇和语法可以帮助他们理解纪念碑上的碑文,这是破解玛雅文明的关键突破之一。

在玛雅人离开奇琴伊察后的几个世纪里,海洋对他们仍然很重要。1502年,克里斯托弗·哥伦布和他的儿子费迪南德,还有他的船员们在洪都拉斯以北70公里的瓜纳哈岛(Guanaja)附近遇到了一只玛雅独木舟。在费迪南德为父亲而写的传记中,他描述了父亲看到的情景:"独木舟是由一根树干做成的,就像其他印第安独木舟一样。"这艘独木舟由25名桨手划动,有威尼斯战舰那么长,大约有20米。玛雅人挖空了巨大的象耳树树干来制作独木舟。除了船员,独木舟还载着妇女、儿童、他们的财产、不同的货物以及包括根茎、谷物、玉米酒在内的食物。费迪南德没有记录玛雅独木舟的目的地,但它可能是沿着海岸航行,或在前往古巴或另一个加勒比岛屿的途中。

哥伦布意识到了这艘巨型独木舟的意义,这艘独木舟"在一瞬间,揭示出那个国家的所有物产"。他没收了"最昂贵和最漂亮的东西",包括刺绣和彩绘的棉衣、木剑、削铁如泥的燧石(可能是黑曜石)刀以及铜铃铛。

西班牙人并不了解他们所看到的一切,有些船员错把铜当成了金。哥伦布不认识可可豆——他称它们为杏仁,但他确实注意到船员们是如何小心翼翼地处理它们的:"当它们和其他货物一起被带上船时,有些掉在了地板上,所有的印第安人都蹲下来捡,好像他们失去了什么很有价值的东西。"哥伦布是一个敏锐的观察者,意识到了每颗可可豆都是珍贵的。

哥伦布所列举的独木舟上的货物之一是一种"类似于其他印第安人使用的石头制成的小斧头,尽管这些斧头是用优质的铜做的"。这是墨西哥的斧形钱币,在哥伦布时代还在流通。

费迪南德的精彩叙述提醒我们一个常常被遗忘的重要问题:远在西班牙人到来之前,美洲原住民就已经构建了一个复杂的道路网络。公元1000年,该网络以奇琴伊察为中心,向北延伸到查科峡谷和卡霍基亚,向南延伸到哥伦比亚。这个网络是灵活多变的。当新的城市出现时,就像在公元1000年之后的奇琴伊察或在1050年之后的卡霍基亚那样,当地人就会开辟新的道路或发现连接新中心的海上通道。

1492年,当哥伦布到达时,奇琴伊察已不再是美洲贸易网络的中心;阿兹特克人的首都特诺奇蒂特兰取代了它。哥伦布没有建立一个新的泛美公路系统。他只是通过增加一条新的跨大西洋航线,简单地将美洲和欧洲的已有航线连接起来。当北欧人从他们的斯堪的纳维亚故乡来到东欧时,他们创造了一个全新的道路系统,下一章将会解释。

第4章
欧洲奴隶

雷夫·埃里克森及其他前往美洲的人,并不是唯一离开一个地区前往另一个地区的北欧人。公元1000年左右,一些斯堪的纳维亚人转而向东航行,越过波罗的海,在东欧开辟了新的道路,这些道路带来了更深远的影响。我们今天知道这些人是罗斯人(Rus),他们是流浪者,俄罗斯正是以此命名的。他们大多是男性,与当地妇女通婚,建立长期定居点,还学习斯拉夫语,最终完全融入当地社会。罗斯人在东欧找到了稳定的毛皮和奴隶供应,他们将自己定位为中间商,并通过向拜占庭和中亚的穆斯林消费者销售皮草和奴隶,获得了巨额利润。

尽管罗斯人运回的金银改变了他们斯堪的纳维亚故乡的经济,但这些金银对东欧的改变更大。在10世纪,罗斯人形成了一个贸易联盟,控制了一大片聚居着不同部落的地区。公元988年或公元989年，这一联盟的首领、罗斯的弗拉基米尔大公决定皈依拜占庭东正教，这就重新绘制了基督教世界的版图，将东欧和俄罗斯也囊括在内。（当时基督教的两个主要分支是拜占庭东正教和罗马天主教，新教在16世纪20年代宗教改革后形成。）在弗拉基米尔大公皈依时，基督教世界实际还尚未完全形成，直到1204年第四次十字军东征后，罗马才取代君士坦丁堡，成为基督教世界的中心。全球化的一个关键发展是思想传播和随之形成的新的宗教势力范围，这深刻地影响了每个人，甚至那些待在家里的人。

第一批来到东欧的斯堪的纳维亚移民所崇拜的传统神祇——威力无比的雷神托尔、雷神之父战神奥丁以及生育女神弗雷雅，与前往美洲的其他北欧人所信奉的一样。当时的人把这些移民称为"Rus"，这个词来源于芬兰语中的"瑞典"一词，意思是"划船"或"划船的人"。早期的斯堪的纳维亚学者把罗斯人描绘成纯粹的斯堪的纳维亚人，而1989年以前的苏联学者则把罗斯人描绘成斯拉夫人，但罗斯人本身并不是一个单一的种族。他们是各种北方民族的混合体，如挪威人、盎格鲁-撒克逊人、法兰克人和斯拉夫人，他们联合起来组成战队，但很快就解散了。

就像北欧人向西航行到美洲一样，罗斯人的首领们为了掠夺而向东航行，相对于土著居民，他们拥有组织优势，有时还会充分利用这一优势。生活在东欧森林里的人们捕鱼、狩猎，并四处旅行，以寻找某些特定植物，包括那些他们春天种下，秋天再回来收获的植物。他们以小群体的形式出行，生活非常简单。一些罗斯人的小群体——特别是在北部伏尔加河流域一带的，会与当地人混居在一起，用和平的方式与之进行毛皮交换。而在其他地方，罗斯人通过武力获得毛皮和奴隶。规模更大的罗斯人群体经常会在与当地人发生冲突时击败对方，然后开始收取"贡品"，这是保护费的委婉说法。通常情况下，当地人每年会向其罗斯领主进献一到两次毛皮和奴隶。

罗斯人到达东欧河谷，这与十七八世纪欧洲殖民者在北美的定居类似，尽管后者享有更大的技术优势。这两次相遇产生了不同的结果：欧洲殖民者最终创造了一个使美洲印第安人流离失所的社会，而罗斯人则与土著人通婚，并接受了他们的语言和风俗。

到公元8世纪晚期和公元9世纪初，罗斯领主们已经从毛皮贸易和奴隶贸易中赚到了足够的钱，他们开始把赚到的钱寄回斯堪的纳维亚。从东欧贸易中获利的首领们所建造的规划完好的城镇，在瑞典、挪威和丹麦兴起。第一批城市的兴起是为了发展他们与东欧的贸易。海泽比（Hedeby）（位于今丹麦和德国的边境）是当时最大的城市，人口在1000至1500之间。位于丹麦西海岸的里贝（Ribe）规模并不大，至今仍然存在，是斯堪的纳维亚最古老的城市。

地图 4.1 罗斯的世界

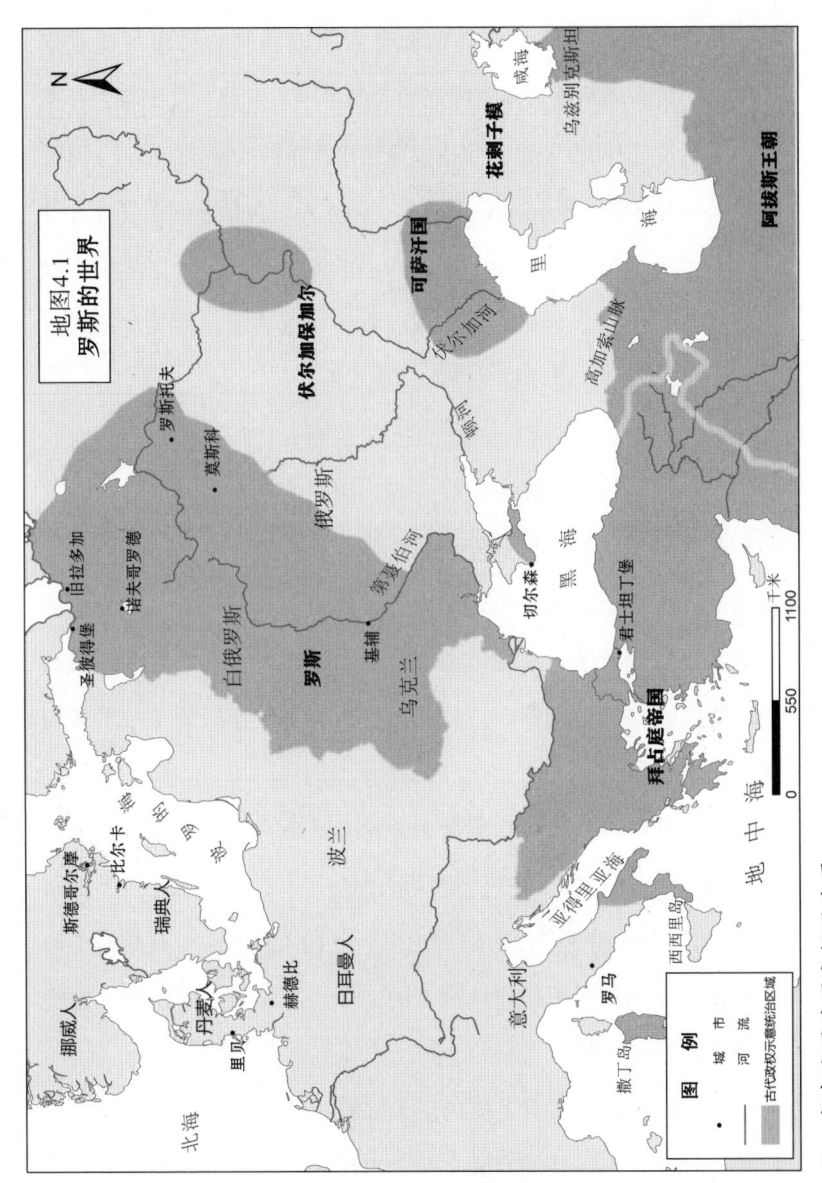

注：书中地图系原文插附地图

位于瑞典东海岸、距离斯德哥尔摩以西约32公里的比尔卡（Birka）成为那些进入东欧国家的人的主要出发地，从那里，罗斯人向东行进了160多公里，到达俄罗斯洛瓦季河（Lovat River）河畔的城市旧拉多加（Staraya Ladoga）。它的人口包括不同的群体：芬兰人、波罗的海人、斯拉夫人和斯堪的纳维亚人。考古学家在农田旁发现了松鼠、紫崖燕和海狸的骨头，这表明早期的罗斯人在从事农耕的同时，也捕捉动物以获取皮毛。

同时出土的骨头和鹿角梳证实了罗斯人在旧拉多加的存在。有穆斯林描述称，罗斯人很少洗澡，但男人和女人都经常梳头。在旧拉多加及其邻近城镇发现的梳子几乎一模一样，这表明一群斯堪的纳维亚工匠从一个定居点迁移到另一个定居点，为当地的罗斯居民雕刻梳子。和安第斯山脉的金属工匠一样，这些斯堪的纳维亚人在得知他们家乡以外的发展机会后，便搬到了一个新的地区从事贸易。

在贸易的最初阶段，罗斯人并没有试图占领某个地区。例如在白湖（White Lake）附近，罗斯人建造了一个小的定居点，里面只有6间至10间房子，没有防御工事。罗斯人进入东欧只是为了追逐利润，而不是出于任何统治者的命令。随着时间的推移，这些人的社群逐渐壮大。

由于欧洲和中东对毛皮的巨大需求，罗斯人进入了东欧。曾记录了丹麦国王讲述的有关文兰之事的历史学家不来梅的亚当，抱怨日耳曼人对"奇怪毛皮"的渴望："这种气味给我们的世界灌输了一种致命的'傲慢毒药'……不管是对是错,我们对貂皮长袍的追求不亚于对最幸福之事的追求。"一位公元10世纪的巴格达人指出,即使是那些气候更温暖地区的统治者,也会积攒数千件毛皮长袍。

欧洲和中东对奴隶的需求也很大,特别是在当时最大的两个城市——拜占庭帝国首都君士坦丁堡,以及位于今伊拉克的、阿拔斯哈里发帝国首都巴格达。君士坦丁堡和巴格达的居民用他们的财富购买奴隶,这些奴隶几乎都是在对邻国的袭击中抓来的。

在公元10世纪初,一位名叫伊本·鲁斯塔(Ibn Rusta)的穆斯林观察者注意到,罗斯人"善待他们的奴隶,并把奴隶打扮得很漂亮,因为对罗斯人来说,奴隶是一种商品"。不来梅的亚当谈到了储存在丹麦西兰岛上的黄金,那是斯堪的纳维亚海盗从奴隶贸易中积累起来的,他说道:"维京人不信任彼此,一旦其中一个人抓到另一个人,就会毫不留情地把他卖为奴隶。"来自东欧的奴隶如此之多,以至于在11世纪的某个时候,希腊语中"斯拉夫"(sklabos)一词的含义,从最初的"斯拉夫"转变为更广义的"奴隶"(slave),无论这个人是不是斯拉夫血统。

由于从奴隶和毛皮贸易中获利,罗斯领主们拥有了越来越多的追随者,他们为追随者提供食物、衣服和劫掠来的一部分战利品,以此作为回报。新领土为雄心勃勃的人提供了崛起的机会。如果他们发了财,就能吸引自己的随从,从而成为首领。

罗斯人主要是乘坐轻便的有桨独木舟进入东欧的。东欧的河流都流经相对平坦的地带,河流之间没有高山阻隔,因而,在遇到河流枯竭或过于湍急之时,人们就可以轻易地把船只推上陆地来搬运。

第聂伯河(the Dnieper)是唯一连续的航道,但它有危险的急流。基辅(Kiev)附近是最危险的地段之一,而罗斯人必须经过这里才能到达黑海。这条河62公里的航程中,有33米的落差。一位拜占庭的观察者指出,罗斯人在航行至某个特别难以继续行进之处时,不得不带领他们"戴着锁链的奴隶"在陆地上行走9公里多的路程,然后继续乘船航行。

最早关于罗斯人的书面描述来自伊本·胡尔达兹比赫,他是一位波斯官员,他认为罗斯人是生活在萨卡里巴人(Saqaliba)所居之地的金发民族之一。萨卡里巴人是阿拉伯语中对北欧和东欧民族的统称。(阿拉伯语中有多个关于"奴隶"的词,"Saqaliba"是其中某个单词的语源。)"他们从萨卡里巴人所达的最遥远之地,运送海狸皮、黑狐皮和宝剑到'罗姆人的海域'(the Sea of Rum)",即黑海。罗斯人运来的毛皮中,以毛皮密度大的海狸皮、狐狸皮价格最高。

伊本·胡尔达兹比赫没有提到奴隶,但他提到了罗斯人所用的剑的先进程度。这些剑对罗斯人捕获奴隶以及从东欧居民那里获取毛皮至关重要,它们在市场上的价格也很高。

考古学家发掘出来的罗斯人的剑分为两类:一种是由当地含许多杂质的铁冶炼而成;另一种则由钢制成,而这些钢是由熔炉或小型密闭模具生产出来的。一些阿拉伯语资料描述了从铁中炼钢的复杂技术,还揭示出世界闻名的大马士革钢实际上不是在叙利亚制造的。而罗斯人通常是从包括阿富汗在内的其他地方进口用以冶钢的熔炉的。

一批含碳量最高、质量最好的剑上面刻有"+ULFBRH+T+"的字样,因而被称为"乌尔伯特"剑(Ulfberht),这很可能是源于制造它们的铁匠的名字,但"U"的前面、"H"和"T"之间、"T"之后都出现了"+",没有人能成功地解释这种做法。大约有100把乌尔伯特剑留存至今,但其质量参差不齐;有些剑的含碳量高,剑刃很锋利,而有些剑的含碳量低,剑刃很钝。公元1000年以后,铸剑师们继续生产剑,剑上的字母仍然是"Ulfberht"和"+"的组合,但拼错字母的情况更多了,这清楚地表明乌尔伯特这一有价值的品牌正在被盗用。

罗斯人带着钢剑和匕首,沿着东欧的不同河流向南前进,直到他们到达黑海。从那里,他们开辟了通往今塞瓦斯托波尔(Sevastopol)的新陆路路线,当时的塞瓦斯托波尔被称为切尔森(Cherson)。沿第聂伯河而下的旅行大约要20天。

公元10世纪初,切尔森是拜占庭帝国的主要前哨,街道四通八达,城墙雄伟壮观。居住在北方草原上的牧民牵着他们的马、羊来到切尔森的市场上,拜占庭商人则在那里出售丝绸、玻璃器皿、釉陶器、金属器皿、葡萄酒和橄榄油,而渔夫会出售当天的渔获,森林居民出售毛皮、蜂蜜和蜂蜡。蜂蜡制成的蜡烛为中世纪世界提供了最高质量的照明；油比较便宜，但燃时会发出一种难闻的气味，就像牛脂蜡烛一样。

这类市场是销售毛皮和奴隶的最佳地点。切尔森正好位于罗斯人前往君士坦丁堡的必经路上，这趟路程横跨黑海，需要六天时间。向巴格达前进的罗斯人团队选择了两条路线：从黑海沿陆路穿过可萨人（Khazars）的领土到达里海，或者沿着伏尔加河向南到达重要的贸易中心伊蒂尔（Itil）。

伊本·胡尔达兹比赫在他的《道里邦国志》中解释道，因为阿拔斯法律允许"圣经的子民"，即基督徒和犹太人，比其他非穆斯林群体缴纳更低的税，所以罗斯人自称基督徒。这表明至少有一些罗斯人知道基督教，但还没有皈依。

关于罗斯人传统宗教风俗的最详细信息来自一位亲历者写于公元922年的游记。阿拔斯哈里发为响应保加尔（Bulgar）统治者的要求，派了解伊斯兰教知识的伊本·法德兰（Ibn Fadlan）出使该国。在伏尔加中部的一个小镇上，伊本·法德兰遇到了一队罗斯商人，他们正在火化他们的首领和他的"女奴"同伴。伊本·法德兰详细描述了罗斯人在为"他们的这位伟人"举行的葬礼上所发生的群体性行为和活人祭祀，这段描述因其令人不寒而栗的生动刻画而出名。

已故首领的家人要求有人殉葬，一名女奴同意了。（法德兰没有解释原因。）葬礼的时间到了，女奴喝了一杯酒。然后，"六个人进了帐篷。他们都和那个女奴发生了性关系"。法德兰没有对此进行评判，他客观地报告他所看到的。也许他没有意识到，他是在观察一种宗教的生育仪式，在这种仪式中，信奉北欧战神奥丁和生育女神弗雷雅的人通过性行为祈求族群的繁衍。

然后，一个"又黑又胖，既不年轻也不年老"的女祭司帮助准备了火葬船。伊本·法德兰称她为"死亡天使"，并总结了她的职责："她的职责是缝制首领的衣服，将他收拾停当；而杀死女奴的也是她。"四名男子把女孩放在死者旁边，把她按倒在地："死亡天使在女孩的脖子上系了一根绳子，两端交叉，再交由两个男人来拉动。然后死亡天使拿着一把宽刃匕首向前走去，开始在女孩的肋骨间插进插出，而两个男人则用绳子勒着她，直到她死亡。"

已故首领的至亲点燃了火葬柴堆，他们把船和首领以及女奴的尸体放在上面。斯堪的纳维亚葬礼的风俗多种多样。在上述例子中，罗斯人焚毁了一艘满载祭品的船只；但考古学家也发现过一些船只，船上的祭品完好无损。

罗斯商人向他们的神祇寻求帮助，让其生意兴旺发达。伊本·法德兰写道，当一名商人到达伊蒂尔交易点（这里离伏尔加河汇入里海的河口处很近）时，捐了一笔钱。然后，他跪倒在一尊巨大的木质神像前，神像周围是许多小雕像，并祈祷道："主啊，我从远方长途跋涉而来，带着如此多的女奴和数量庞大的黑貂皮。我希望你赐给我一个富商，他有许多第纳尔（dinars）和迪拉姆（dirhams），我想让他从我这里买什么，他就会买什么，我定任何价格他都不会讨价还价。"第纳尔是金币，迪拉姆是银币。两种钱币都可以被熔化，制成臂章和项圈。根据伊本·法德兰的记录，每积累一万枚迪拉姆银币，罗斯首领们就会给他们的妻子一个银项圈。

硬币可以揭示大量关于过去的信息，特别是关于当时的东欧和斯堪的纳维亚等鲜有书面记录的社会。如果不是因为硬币，我们根本就不会意识到，大量财富从君士坦丁堡和伊斯兰世界转移至罗斯人手中，用于购买进口的毛皮和奴隶。在北欧和东欧出现了数百处宝库，其中一些藏有超过一万枚硬币。罗斯人把陶罐、玻璃罐、金属罐或桦树皮当作临时的安全储藏容器，再把银币置于其中，埋在地下，不知是出于什么原因，他们留下了许多这样的地下储藏品，直到考古学家把它们发掘出来。

埋藏于斯堪的纳维亚的数量最为庞大的一批硬币是在瑞典的哥特兰岛（Gotland）出土的，其埋藏时间约在公元870年后。哥特兰岛位于波罗的海，在斯德哥尔摩以南约200公里处。考古学家在1999年发现了一个宝库，其中有14 295枚硬币，年代从公元539年到公元871年，还有486枚由熔化的硬币制成的臂章。首领们用硬币和臂章奖励其追随者。这些银器共重67公斤。宝库中有些硬币完好无损，而另一些则被切成了碎片。

一旦银被熔化，就不再是硬币的形状，之后确定一件物品价值的唯一方法就是称重。为了做到这一点，罗斯人采用了一种来自伊斯兰世界的新工具，即天平。天平在斯堪的纳维亚和东欧各地都已出现过，这是早期技术转移的可信证据。新出现的天平并没有取代工人的位置，因为在斯堪的纳维亚，以前并没有人做给银称重的工作。事实证明，天平非常受欢迎，因为它们可以为人们提供一种新的、急需的服务，就像今天的手机一样。

随着时间的推移，罗斯人逐渐不再用熔化的硬币来制作臂章。哥特兰岛另一处宝库（被埋于公元991年以后），反映出人们对硬币的依赖与日俱增。这处宝库中没有臂章，而是包含了1911枚银币：其中1298枚刻有阿拉伯文，591枚来自日耳曼，11枚来自伏尔加保加尔（Volga Bulgar），6枚来自英格兰，3枚来自拜占庭，2枚来自波希米亚。这些硬币提供了有关罗斯人主要贸易伙伴的珍贵信息，而这些信息是无法从文献中获得的。对罗斯人来说，伊斯兰世界远比西欧重要。公元950年左右，从中亚分离出来的萨曼帝国（the Samanid Empire）取代了阿拔斯王朝，成为质地最纯的银币制造者。

从伊斯兰世界到斯堪的纳维亚、到罗斯人居住区的财富转移量有多大？我们先来看看铸造于公元670年至1090年间且出土数量惊人的迪拉姆银币：瑞典出土了8万枚，波兰出土了3.7万枚，俄罗斯、白俄罗斯和乌克兰出土了20.7万枚。最近的一项调查显示，铸造于公元9世纪到10世纪的伊斯兰银币出土总数为40万枚。当然，这些只是考古学家发现的硬币；原来埋在地下的硬币数量肯定要比这高出许多倍，据说可达100万枚，只是后来有许多的硬币被熔化或者丢失了。

100万枚硬币能买到多少奴隶？在11世纪，这些硬币能购买10万名奴隶，或者说大约每年能买1000名奴隶。

在公元10世纪后期，伊斯兰世界开始出现全区域的白银短缺。因此，经罗斯人出售毛皮和奴隶而流入斯堪的纳维亚的白银逐渐减少，少数规模较小的宝库中有银币，这些银币是在公元10世纪末或11世纪初铸造的，但没有一枚铸造于1013年以后。

在斯堪的纳维亚半岛出土的硬币中，也有英格兰硬币。这是一个重要的提醒，提醒人们在公元793年，不列颠群岛遭受第一次攻击后，北欧人继续对其进行了几个世纪的掠夺。按照北欧人一贯的做法，每当他们征服不列颠群岛的某个地方，他们就要求收取保护费。北欧人控制了英格兰中部的大片地区，并在一个名为"丹麦区"（Danelaw）的区域实行丹麦的法律。

从公元9世纪中叶到11世纪60年代的两个世纪中，无论是北欧人还是英格兰人都没有对不列颠群岛获得过持久的控制权，除了挪威国王克努特大帝（Cnut the Great）曾一度几乎统一了丹麦、挪威和英格兰。1016年，他打败了英国人，并于1018年从他的英国臣民那里榨取了82 500镑重的银币，以此来奖励其追随者。（当时的磅比现在的磅要轻，因此这些银币也就是3万多公斤。）1028年，克努特获得"英格兰全境、丹麦全境、挪威全境和瑞典部分国境的国王"的头衔。但自1035年他过世后，英格兰的王位又回到了"忏悔者"爱德华（Edward the Confessor）手中，且英格兰与丹麦、挪威分治。

瑞典哥特兰岛的某个宝库出土过西班牙铸造的24枚硬币，这证实了维京人曾在地中海活动，地中海是他们在欧洲活动的最南端。考古学家们非常巧妙地解释了北欧人在南方留下的少量证据。例如，大西洋马德拉岛（Madeira）的一个据点出土过老鼠骨头，其日期可以追溯到公元900年到1036年间。由于这些老鼠的DNA更接近斯堪的纳维亚和德国的老鼠的DNA，考古学家得出结论，斯堪的纳维亚人比15世纪的葡萄牙人更早到达马德拉岛。

文字史料也记录了北欧人到西西里岛的航行，他们在公元900年左右到达西西里。北欧人后代罗杰二世（1130—1154年在位）在12世纪时以诺曼人国王的身份统治该岛，并以向基督教和穆斯林艺术家、学者提供财政支持而闻名。在罗杰的宫廷，伊德里斯绘制了一幅直径为2米的非洲-欧亚大陆圆形银质地图。

在钱币出口的高峰期，一些向南航行的罗斯人最终来到了君士坦丁堡以充当雇佣兵。他们是"瓦良格人"（Varangians），这是一个古老的挪威语词汇，始现于公元950年，意为"信誓旦旦的人"，引申开来就是指斯堪的纳维亚人。拜占庭皇帝拥有一支单独的瓦良格人卫队，他们以勇猛著称。这些瓦良格卫队中的其中两人可能在圣索菲亚大教堂的阳台上用古挪威文进行涂鸦（一些专家怀疑其真实性）。

其他斯堪的纳维亚人只是冒险家和财富的追求者。

其中一位是典型的军阀首领，名叫"远行者"英格瓦尔（Ingvar the Far Traveler），他是自己萨迦中的英雄，这个故事讲述了他与龙、与巨人的多次战斗。英格瓦尔和他的同伴们沿着第聂伯河航行，越过黑海，穿过高加索山脉，最后到达里海。他渴望建立自己的王国，在这篇萨迦中，他只有20岁，这表明年轻人可以在军阀混战的社会中崛起。

最终，英格瓦尔病倒了，他手下一半的人也病倒了，25岁时，英格瓦尔死于中亚某地，很可能是今乌兹别克斯坦的花剌子模（Khwārazm）地区。这是北欧人到达的最东端。英格瓦尔在死前，要求其追随者"把我的尸体带回瑞典"，这一请求解释了为何瑞典中部有26座他的追随者的符石坟墓。

公元1000年左右，被一群掠夺者割据的欧洲世界慢慢被征税的君主国所取代。国王奖赏其臣民以土地，而不是战利品。早期的一个例子是征服者威廉，他的祖先在公元10世纪初作为海盗来到法兰克王国，开始征收保护费，并最终成为英格兰的诺曼人国王，这些事件在闻名全球的贝叶挂毯上都有描绘。

1066年威廉对英格兰的入侵，标志着维京时代的结束。威廉政府在英格兰实行了改革，而事实上，同样的改革也发生在斯堪的纳维亚的许多土地上，统治者用专门的土地奖励其追随者，而农业收入使新的土地所有者有可能为其土地缴纳税款。

当为罗斯人选择基督教为国教的弗拉基米尔大公掌权之时，罗斯人的领土上也发生了类似的转变。早期时代的各方混战，让位于由某一具备领导能力的部落中的多位成员来共同统领的新的统治结构。在这里，我们不需要从硬币中梳理出到底发生过什么事情，因为我们可以查阅一部详细的资料，即《往年纪事》（*The Russian Primary Chronicle*），它记录了罗斯王公们的编年史。此书撰写于1050年至1113年间。

公元860年至公元862年的条目解释了第一批罗斯王公是如何掌权的。生活在东欧的斯堪的纳维亚人"远渡重洋来到瓦良格罗斯（Varangian Rus）"，并邀请了三兄弟来统治他们。兄弟们建立了留里克王朝（Rurikid Dynasty）。需要注意的是，《往年纪事》明确地将来自大洋彼岸的新霸主定义为外来者。留里克王朝的建立并没有终结各方混战的时代，王位的继承和以前一样混乱不堪，并充满争议。留里克王朝的每任统治者死后，都会爆发一场混战，直到胜利者出现。

克雷莫纳的利乌特普兰德（Liudprand of Cremona，920—972）是一位尖酸刻薄的意大利使节，我们从他那里得知，罗斯人在公元941年组建了一支强大的海军。公元941年，当罗斯人进攻君士坦丁堡时，被德意志国王奥托派往君士坦丁堡的利乌特普兰德并不在这座城市里，但他的继父告诉他，于公元912年掌权的罗斯人领袖伊戈尔大公（Prince Igor）率领着一支拥有千艘战船的舰队。

为了保卫首都，拜占庭皇帝改装了15艘战舰，使它们能够发射拜占庭最强大的武器——希腊火（Greek fire）。几个世纪以来，拜占庭人都对其成分加以保密。希腊火中含有石油，就像现代的凝固汽油弹一样，即使在与水接触后仍能够燃烧。由于拜占庭舰队喷射希腊火，罗斯人只能跳船游向岸边，以求活命。

君士坦丁堡给克雷莫纳的利乌特普兰德留下了深刻的印象，他将君士坦丁堡视作他那个时代最先进的城市（他从未到访巴格达)。这座城市的奇迹包括安置在君士坦丁七世（Emperor Constantine VII，公元913—959年在位）宝座周围的机械鸟和狮子。不同种类的鸟唱着不同的旋律，镀金的狮子"似乎在守护着他（君士坦丁），它们用尾巴拍打着地面，发出一声咆哮，嘴巴张开，舌头若隐若现"。利乌特普兰德对国王的宝座特别着迷，这个宝座还可以通过一个隐藏的装置（可能是滑轮）升到天花板上。

公元945年，罗斯人与拜占庭签订了一项条约。罗斯人的领袖伊戈尔仍然需要和他的亲戚们商量，这表明他还没有成为成熟的君主。因为罗斯人首领与他人分享权力，历史学家称他们为"王公（prince）"而不是"国王（king）"。条约还表明，一些罗斯人已经受洗成为基督徒，不再只是为了获得税收减免而伪装成基督徒。

伊戈尔的公国不同于当时的农业君主国，如法兰克王国，因为罗斯王公的官员只够对商业征税，而腾不出人手对农业征税。对商业征税只需要在所有交通枢纽派驻官员，这是一项相对简单的任务，而对农业征税则需要一个规模更大、更成熟的官僚机构。

在对拜占庭的进攻中，罗斯人总体上是成功的，尽管他们战败于君士坦丁堡，且没能控制第聂伯河流域。公元945年，驻扎在基辅东部的德列夫利安人（Derevlians）奋起反抗罗斯人，拒绝缴纳贡品，并杀死了伊戈尔。为了给丈夫报仇，伊戈尔的遗孀奥尔加（Olga）领导了一场成功的军事行动，奴役或杀害了所有幸存者，并摧毁了他们的首都，在乌克兰西部今克罗斯滕（Korosten）的挖掘工作已经证实了这一点。

奥尔加还改变了罗斯人征集贡品的方式。她没有让罗斯官员每年冬天去各个部落征收不同的产品，而是命令罗斯人的臣民前往当地的贸易站。在那里，他们直接向她的官员缴纳毛皮和其他林产品，这是加强罗斯君主制的重要一步，因为它使王公的收入来源合法化了。

奥尔加是第一批改信基督教的罗斯人之一。公元945年至公元961年，伊戈尔的儿子斯维亚托斯拉夫（Sviatoslav）年纪还太小，无法独立统治，在担任摄政王期间，奥尔加选择在君士坦丁堡接受洗礼。据《往年纪事》记载，拜占庭皇帝君士坦丁向她求婚，她巧妙地拒绝了："您亲自给我洗礼，称我为您的女儿，您怎么能娶我呢？因为在基督徒中，那是不合法的，你们自己也该知道。"君士坦丁很快就承认失败，显然他并没有因此而生气："奥尔加，你比我聪明。"这两人可能没有说过这些话，但奥尔加确实皈依了拜占庭式的基督教，而且她肯定没有嫁给君士坦丁。

当奥尔加请求君士坦丁派遣传教士到罗斯来教导他们基督教教义时，他拒绝了。然后她询问德意志国王奥托一世，对方也没有给予实质性回应。这一顺序表明，罗斯人首先是向拜占庭人寻求帮助，然后才是奥托王朝。奥尔加摄政期间，基辅的一些臣民已经是基督徒了，就像公元10世纪中叶妇女的坟墓所显示的那样：那些妇女被埋葬时，脖子上挂着十字架。当她的儿子斯维亚托斯拉夫一世在公元963年开始亲政时，奥尔加辞去了摄政王的职务，而这位国王拒绝皈依基督教。

诺夫哥罗德（Novgorod）和基辅成为斯维亚托斯拉夫王国中最重要的两个城市。北部的诺夫哥罗德很容易防守；第一座城堡（或称要塞）的城墙于公元1000年左右修建。在南部，坐落在第聂伯河西侧高岸上的基辅成为南北贸易的枢纽；到公元1000年，那里已经居住了数千人。

和他之前的许多军事领袖一样，斯维亚托斯拉夫留下了其死后由哪个儿子继任的指示。他明确规定弗拉基米尔——一个奴隶女孩的孩子，应该统治诺夫哥罗德，而弗拉基米尔同父异母的兄弟伊阿波洛克（Iaropolk）应该接管基辅。尽管如此，他所计划的和平继承并没有发生，这是常有之事。他的儿子们爆发了一场权力的斗争。公元980年，经过八年的战斗，弗拉基米尔和一支斯堪的纳维亚雇佣军侵入基辅，杀死了他的兄弟，控制了这座城市。

那时，弗拉基米尔的处境仍岌岌可危，于是他开始考虑改信基督教，这是他从祖母奥尔加那里学来的。作为一个无自由的奴隶之子，他渴望合法性，他需要摆脱谋杀兄弟的恶名。弗拉基米尔还面临着其他难题。他掌权时恰逢金融危机，因为公元1000年后全欧洲的白银都出现了短缺。弗拉基米尔面临着来自奴隶贸易收入的下降，而这曾是罗斯人主要的收入来源。

为了获得支持，弗拉基米尔为六位传统的罗斯神祇立了塑像，其中包括闪电之神佩伦（Perun）。然而，弗拉基米尔意识到，由于他的臣民没有共同的信仰体系，缺乏共同的身份，这削弱了他对他们的控制。政治对手可以通过将支持者团结在一个弗拉基米尔并不信奉的神祇周围,来轻易挑战弗拉基米尔的统治。

弗拉基米尔开始寻找一种能够赢得其所有臣民忠诚的核心宗教。一旦他选择了正确的宗教,并要求他的臣民皈依,他就可以禁止崇拜其他神祇,并阻止对其政府的任何挑战。

弗拉基米尔并不是特例,其他君主也一直派遣使者去了解他们邻国的宗教风俗。在君主们选择某种宗教作为自己的国教时,他们对其教义往往所知甚少,也许仅限于传教士告诉他们的那些。尽管如此,这些统治者还是花费了相当多的精力,来思考他们自己及其臣民应该信仰哪种宗教。

他们会因为做出了正确的选择而获益良多。除了崇拜更强大的神祇以及加入更大规模的教会,他们还希望与支持同一信仰的其他统治者结盟。越来越多的接触导致了公元1000年前后宗教皈依的集中化,并形成了大型的宗教大区,这些大区甚至与今天的贸易和防务组织有着惊人的相似。

根据《往年纪事》记载,公元986年,弗拉基米尔接待了来自四个邻国的使者:信犹太教的可萨人、属于穆斯林的保加尔人、日耳曼奥托王朝的罗马天主教信奉者,以及君士坦丁堡的拜占庭基督徒。

弗拉基米尔对犹太教略知一二,他在回应可萨人的使者时透露了这一点,可萨人可能在一百年前就改信犹太教了。可萨人控制着顿河上游和伏尔加河下游之间的大片土地。很明显,犹太教为可萨人提供了一个介于拜占庭帝国的基督教和阿拔斯哈里发的伊斯兰教之间的中间地带，因为基督教和伊斯兰教的教义都承认犹太教是合法的宗教。然而，犹太教仍然是一个奇怪的选择。附近没有强大的犹太盟友（尽管伊拉克北部、也门和北非的一些早期统治者已经改信犹太教）。事实上，当时的欧亚大陆上并没有犹太国家。

可萨人实行双君主制。一位被称为"别乞"（Beg）的国王负责政府的日常事务，而另一位被称为"可汗"（Kaghan）的统治者则任仪式首领。某位别乞可能在公元800年到公元810年间的某个时候皈依了犹太教，但这种皈依并没有影响到他的臣民。

公元837年至公元838年间，当某位可汗皈依犹太教时，可萨人的铸币厂发行了三种新的硬币。摩西迪拉姆（Moses dirhams）是这些硬币中最知名的，尽管只有七枚留存至今。它们由银制成，镌刻着阿拉伯语，几乎与阿拔斯王朝发行的迪拉姆硬币一模一样。唯一的区别是摩西迪拉姆硬币上刻着"摩西是神的使者"，而非"穆罕默德是神的使者"。

可萨人改信犹太教的过程是渐进的，而且只是部分的；而波斯地理学家伊本·法基赫（Ibn al-Faqih）在公元902年或公元903年写道："可萨人都是犹太教徒，但他们是最近才被犹太化的。"考古学家至今仍未找到可萨平民信仰犹太教的证据。在成千上万带有各种涂鸦和图画的泥砖上面，他们并未发现烛台或其他犹太符号。

历史学家有时会遇到这种情况，文字史料说了一件事，但缺乏考古学证据来证明它。如果书面记录是正确的，那么可萨人在公元70年古以色列神庙被毁到1948年现代以色列建国之间，建立了最大的犹太国家。

可萨人非常善于观察，《往年纪事》的作者写道，一群可萨人在公元986年左右试图将弗拉基米尔转变为犹太教徒，他们提出了以下观点：犹太教的教义包括"包皮环切，不吃猪肉或野兔肉，遵守安息日"。禁食野兔肉并不是典型的犹太教饮食规定，但可以肯定的是可萨人不吃兔肉。考古学家发现了许多用野兔脚做的生育护身符，表明可萨人崇拜野兔。

可萨人的使者解释说，作为犹太教徒，他们不住在耶路撒冷的故土，因为"神向我们的祖先发怒，又因我们的罪孽而把我们分散在外邦中"。这时，弗拉基米尔断然拒绝了他们的提议："如果上帝爱你们和你们的信仰，你们就不会被流放到异国他乡。你们希望我们也接受这样的命运吗？"弗拉基米尔的回答表明，他知道耶路撒冷不是由犹太人统治的〔当时控制这座城市的埃及法蒂玛王朝（Fatimid Dynasty）是什叶派穆斯林〕。

弗拉基米尔不想皈依那些式微的宗教。他在寻找一个比自己势力更强大的盟友。在接下来的一年里，当弗拉基米尔派代表造访各个国家，而这些国家的使者也敦促弗拉基米尔接受他们的宗教信仰时，他甚至没有派人去可萨人那里。

下一个候选者伏尔加保加尔人，他们的势力要强大得多。公元986年，保加尔人的使者向弗拉基米尔解释说，穆罕默德"指示他们行割礼，不吃猪肉，不喝酒"。保加尔使者继续说道，穆罕默德承诺会给每个死后的男性信徒"70名美丽的女子。信徒可以选择一位美丽的女子,而穆罕默德将赐予她所有女人的魅力,她会成为这个人的妻子。穆罕默德保证人的欲望都可以得到满足"。阿拉伯语词汇中"美丽的女子",其字面意思是指拥有明亮眼白与漆黑瞳孔的女子,人们认为只有最美丽的处女才具有这种特征。

《往年纪事》的亲基督教的作者,有意将天堂的性愉悦描述为一种羞耻。他补充说,伏尔加保加尔人"还说了其他一些假话,出于我的谦卑,这些话不能被记录下来"。当保加尔使节敦促弗拉基米尔皈依伊斯兰教时,罗斯王公断然拒绝了,并解释说:"喝酒是罗斯人的乐趣。没有这种快乐,我们就无法生存。"

从《往年纪事》中,我们可以清楚地看到:无论是信奉犹太教的可萨人,还是穆斯林保加尔人,都没有足够的力量来为皈依的弗拉基米尔提供真正的好处。

第三个代表团来自信奉罗马基督教的日耳曼奥托帝国。他们控制了意大利的部分地区,包括罗马,还任命了教皇。日耳曼人传达了教皇的观点:"你们的国家和我们的国家一样,但你们的信仰和我们的不同。"这段被截断的对话一定是后来才被插入《往年纪事》里的,因为它暗示了罗马教会和君士坦丁堡教会之间的裂痕。事实上,在公元986年,罗马和君士坦丁堡的两个基督教会仍然是统一的。

《往年纪事》并没有准确地呈现该事件真实的情况。很明显,关于弗拉基米尔皈依的记载被分割开来,散乱地收录在这部编年史的不同年份里。关于日耳曼的罗马基督徒的叙述，很有可能是后来的补充，且该书对东正教、伊斯兰教和犹太教的这种过于齐整的三分式记载也引人怀疑。

然而，即便整个故事都是为解释所发生之事——除了近邻拜占庭，弗拉基米尔又能接受谁的宗教呢？——而虚构的，它仍然显示了公元1000年后所流传的宗教信息，而当时也是《往年纪事》成书之时。我们确实得到了来自伊斯兰史料的外部证实：一位名叫"弗拉基米尔"的罗斯统治者派了四名亲戚去见花剌子模的统治者，询问有关伊斯兰教的信息。这一欧洲之外的史料表明，弗拉基米尔积极地寻求有关邻国的各种信仰体系的信息，因为他正纠结要皈依哪一种信仰。

《往年纪事》花费了较多的篇幅来记叙拜占庭教会的教义，有位学者对创世记、耶稣受难和审判日作了详细阐释。他的阐释被称为"哲学家的演讲"，显然是后来才被编者添加到文本中的。这就强调了一个重要现实：倘若基督教文本没有被翻译成斯拉夫语，所有新的宗教教义都必须通过口头来传达。在听完这段演讲并询问几个问题后，弗拉基米尔回答道："我还要再等一会儿。"他再次推迟了对王国宗教的选择。

公元987年，在与贵族和城市长老商议过后，弗拉基米尔派遣了一支由10名顾问组成的队伍，首先前往伏尔加保加尔，然后去了德意志，最后去了君士坦丁堡。他们拒绝了保加尔人的伊斯兰教和日耳曼人的罗马基督教。

君士坦丁堡完全征服了这些顾问。在参观完圣索菲亚大教堂后，他们报告说："我们不知道自己是在天堂还是在人间。因为人间没有这样的辉煌，也没有这样的美丽，我们都不知道该如何形容它。我们只知道上帝住在这些人中间，他们的仪式比其他国家的仪式更合理。我们不能忘记那种美。"尽管他们一致建议选择拜占庭的基督教，但弗拉基米尔仍犹豫不决。

《往年纪事》将弗拉基米尔皈依拜占庭基督教的决定，描述为一系列的四个事件。第一个事件是他的军队在切尔森击败了巴尔达斯·福卡斯（Bardas Phokas）的军队，后者是拜占庭皇位的继承者；第二个事件是他失明了；第三个事件是他接受了洗礼，恢复了视力；第四个，也是最后一个事件，他迎娶了拜占庭统治者巴兹尔二世（Basil II）的妹妹安娜。

同时代的拜占庭和日耳曼观察者，都不认为弗拉基米尔皈依基督教是一件大事；对他们来说，这只是拜占庭人和罗斯人之间的一件小事。

然而，从我们今天的角度来看，弗拉基米尔的皈依是基督教世界形成的关键一步。弗拉基米尔的王国有500万人口，面积超过100万平方公里，是法兰西国土面积的两倍。弗拉基米尔选择基督教，意味着东欧转投拜占庭——而非耶路撒冷、罗马或麦加。罗斯人虽与西欧保持着紧密的经济和文化联系，但他们只有一个宗教中心，那就是拜占庭。

每当像弗拉基米尔这样的统治者决定皈依一种新宗教时，不同宗教大区的边界就会发生变化。下文中的图表列出了一些在公元1000年左右为自己王国选择了某种宗教的统治者。大多数情况下，统治者们都选择与一个或几个邻国为伍；与他们共享这种新信仰的人民会成为其军事盟友和主要贸易伙伴。虽然他们继续与其他信仰的统治者保持联系，但他们与同宗教信徒们的关系会更密切，并且他们通常相信世界被划分成了不同的宗教大区。

地缘不再是人们自我身份认同的唯一依据。人们（包括所有待在家里的人）开始将自己的家乡当作是宗教大区的一部分，进而开始认同更大的群体，这是全球化的关键一步。

公元1000年左右的宗教皈依

年份	民族	统治者	皈依的宗教
公元10世纪初	可萨人	名字不详	犹太教
公元10世纪初	伏尔加保加尔人	名字不详	伊斯兰教
公元955年	喀喇汗人（Karakhanids）	萨图克·博格拉汗（Satuq Bugra Khan）	伊斯兰教
公元约960年	丹麦人	哈拉尔，绰号"蓝牙"（Harald Bluetooth）	罗马基督教
公元985年	塞尔柱人（Seljuks）	塞尔柱·伊本·杜卡克（Seljuk ibn Duqaq）	伊斯兰教
公元988—989年	罗斯人	弗拉基米尔	拜占庭基督教

公元10世纪90年代	挪威人	奥拉夫·特里格维松（Olav Tryggvason）奥拉夫·哈拉尔松（Olav Haraldsson）	罗马基督教
公元991年	波兰人	梅什科一世（Mieszko I）	罗马基督教
公元999—1000年	冰岛人	阿尔庭（Althing Assembly）	罗马基督教
公元1000年之后	加纳人（Ghanaians）	名字不详	伊斯兰教

史料来源：安德斯·温罗斯（Anders Winroth）《斯堪的纳维亚半岛的转变：北欧重塑过程中的维京人、商人和传教士》（*Conversion of Scandinavia: Vikings, Merchants, and Missionaries in the Remarking of Northern Europe*, 2012），第112—118页，第162—163页。安德烈亚斯·卡普洛尼（Andreas Kaplony）《土耳其人的皈依》（"The Conversion of the Turks"）一文，收入《中亚伊斯兰化》（*Islamisation de l'Asie Centrale*），第319—338页；芭芭拉·H.罗森温（Barbara H. Rosenwein）《中世纪简史》（*A Short History of the Middle Ages*），第86页；彼得·金（Peter B. Golden）《卡拉哈尼人和早期伊斯兰教》（"The Karakhanids and Early Islam"）一文，收入《剑桥早期内亚史》（*The Cambridge History of Early Inner Asia*），第362页。

这些宗教皈依并不都是皈依到基督教。在弗拉基米尔统治之地的东边，是靠近咸海的突厥乌古斯部落（the Turkic Oghuz tribe）的领土。当伊本·法德兰在公元921至公元922年穿越他们的土地时，他注意到乌古斯人认为腾格里（Tengri）就是长生天，并经常向萨满求教。他还注意到天气异常寒冷，这是该地区气候变冷的一个迹象，而此时的欧洲将进入中世纪暖期。到了公元10世纪末，许多乌古斯人定居在咸海以东，他们的领袖塞尔柱·伊本·杜卡克在那里皈依了伊斯兰教。有史料记载称，塞尔柱人对这种转变的解释是："如果不采纳我们所希望（生活）的国家的民众信仰，不与这些人达成协议（或遵守他们的风俗）……我们将成为一个渺小而孤独的民族。"

塞尔柱的追随者采用他的名字作为部落名，他们后来就被称为塞尔柱人。虽然关于这个民族早期历史的资料很少，但塞尔柱·伊本·杜卡克似乎已经皈依了伊斯兰教，因为他和弗拉基米尔一样，想变得更强大。在他于公元1000年左右皈依伊斯兰教之时，他的部落只是中亚众多部落中的一个，但到了11世纪中叶，在塞尔柱的孙子们的领导下，塞尔柱王朝成为世界上主要的伊斯兰强国之一。

一些斯堪的纳维亚的统治者在这个时候改信了基督教。和弗拉基米尔一样，绰号"蓝牙"的丹麦国王哈拉尔也是作为非基督徒被抚养长大的。公元10世纪60年代，他统一了丹麦，并暂时控制了挪威。他认识到基督教一神论的力量是他新王国的统一力量，他决定皈依。（英特尔和爱立信的工程师将他们的新技术称为"蓝牙"，因为它将电脑和手机连接在一起，就像哈拉尔统一了丹麦和挪威一样。）

H　　　　　B

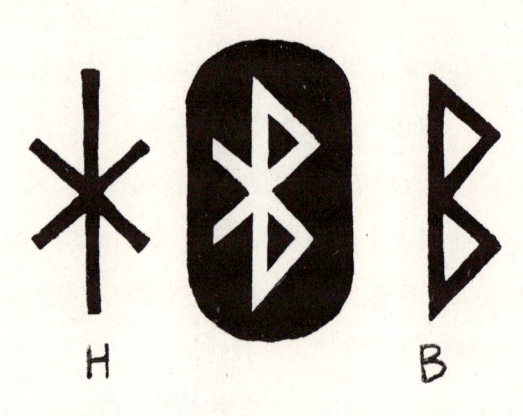

工程师将"Harald"和"Bluetooth"中首字母"H""B"对应的如尼文字母组合在一起,创造了蓝牙标志。

一旦某个统治者皈依了一个主要宗教,他便能接触到那些可以协助治理国家的神职人员。这些神职人员能读会写,还会计算,可以帮助像弗拉基米尔这样的君主获得更大的控制权。这些技能在公元1000年左右变得越来越重要,特别是因为统治者需要有文化的官员来帮助他们起草文件,以及计算要征收的税款。

弗拉基米尔在公元988年或公元989年受洗,不久后,他的臣民在第聂伯河接受了大规模的洗礼。在弗拉基米尔皈依后的第一个世纪里,只有皇室和贵族才会在教堂内举行婚礼。在主教区之外的罗斯地区,普通民众接受新宗教教义的速度较慢。他们每年只与政府官员接触一两次,即在他们上缴毛皮贡品的时候。那些集体受洗的人并没有接受任何宗教指导,继续崇拜传统神祇。

弗拉基米尔任命主教到他王国的不同地区。基辅相当于一个大主教的教区,直接处于君士坦丁堡的宗主教之下。第聂伯河中部地区是新宗教的核心地区，新宗教在基辅周围250公里的范围内最为活跃。

一些基督教的风俗极富吸引力。弗拉基米尔挖出了两个兄弟奥列格（Oleg）和伊阿波洛克的尸体，想要为之施行洗礼。他们曾与弗拉基米尔争夺王位。这不是标准的基督教崇拜——事实上，教会禁止这样做。但弗拉基米尔选择了对自己及臣民有意义的方式来纪念死者。

弗拉基米尔的洗礼只是基督化过程的第一步，这一过程通常需要几个世纪才能完成。在每一个其统治者皈依了新宗教的国家中，情况都是如此。弗拉基米尔的臣民必须放弃他们的前基督教时期的风俗，吸收新宗教的教义，并接受主教和神职人员的宗教领导，这样才能成为真正的基督徒。在12世纪，规模较小的要塞城镇和晚近被征服的地区皈依了；到13世纪，一个完整的教区网络形成了。大批拜占庭工匠来到罗斯公国各地建造新的教堂，最终，所有的民众都接受了基督教的教义。这就是公元1000年全球化的作用：一旦一个统治者改变了信仰，即使是那些仍然留在自己农田里的臣民，也必须在远离其家乡的教堂里参加宗教仪式。

在弗拉基米尔皈依时，拜占庭教会比罗马的梵蒂冈教会势力强大得多。但在仅仅两个世纪中，罗马教会就取代了拜占庭教会，成为基督教世界最强大的教会，教皇的影响力也远远超过了君士坦丁堡的拜占庭教会宗主教。在公元1000年到1200年间，西欧经历了一次大规模的经济增长；而与此同时，拜占庭帝国一直在丧失领土。这些变化改变了梵蒂冈和君士坦丁堡之间的关系。罗马成为基督教会的中心后,至今失去这个地位。

公元4世纪,在得到罗马皇帝的承认后,基督教会在五个城市设立了中心:安条克(Antioch)、亚历山大、耶路撒冷、君士坦丁堡和罗马。前四个城市的高级神职人员都有同样的宗主教头衔;罗马主教则被称为教皇。由于四位宗主教和罗马教皇的等级相同,因此并没有某个人来出任基督教会的领袖。

在亚历山大、安条克和耶路撒冷于公元7世纪三四十年代被穆斯林统治之后,他们的宗主教继续领导着众多基督教信徒。然而,由于罗马教皇和君士坦丁堡宗主教掌管着非穆斯林地区的基督教教堂,他们成了最具影响力的两位基督教神职人员。在弗拉基米尔皈依东正教时,罗马教会和拜占庭教会的某些风俗有所不同。东正教的礼拜仪式是用希腊语念的,罗马教会则用拉丁语念;东正教的神职人员习惯于留胡子,罗马的神职人员则不然;东正教教徒在领圣餐时吃发酵的面包,罗马教会的会众则吃未经发酵的面包。

1053年,意大利南部的诺曼统治者(他们的祖先是北欧人)袭击了拜占庭帝国,教皇觉得这是一个提升自己地位的机会,于是反击诺曼人,但最终被俘。人们可能会认为,拥有一个共同的敌人,即诺曼人,会将罗马和拜占庭联系在一起,但事实恰恰相反。

1054年获释后,教皇给君士坦丁堡的宗主教发了两封信(其中一封长达1.7万字)。教皇反对罗马和君士坦丁堡地位平等的观点,坚持认为罗马教会实际上是其他子教会(即耶路撒冷、安条克、亚历山大和君士坦丁堡的教会）的母教会）。随着双方强硬派之间的口水战升级，教皇将东正教的宗主教逐出教会，而作为报复，这位宗主教也把教皇的使者驱逐出教。尽管存在激烈的争论，但当时的观察家们并不认为1054年的决裂是永久性的。

这两个教会之间发生冲突的时候，正是拜占庭帝国领土大量流失之际。1071年，塞尔柱人在今土耳其东部的曼兹克尔特（Manzikert）战役中击败了拜占庭人，并继续征服了位于安纳托利亚（Anatolia）的拜占庭帝国的诸多产粮地。同一年，诺曼人在意大利东海岸城市巴里（Bari）取得的胜利，具有同样的毁灭性意义，这导致拜占庭丧失了意大利南部的所有领土。

即便如此，此时君士坦丁堡的东正教会仍然是基督教世界的中心。因为罗马教会陷入了冲突：德意志国王亨利四世（Henry IV）强烈反对教皇格里高利七世（Pope Gregory VII）试图增加自己权威的做法，于是，亨利四世于1084年入侵罗马，用一位新的教皇取而代之，历史学家称其为"伪教皇"。

基督教世界的中心从君士坦丁堡转移到罗马，花了120年（1084—1204）时间。这一转变发生在罗斯的领导者们尚未卷入西欧事务之时。这些事件是如此复杂，参与者是如此之多，所以我们最好抓住两个关键，来了解到底发生了什么事。首先，我们来看看君士坦丁堡，看看是什么让这座城市的居民对居住在那里的意大利侨民如此愤怒。然后我们会转向更广阔的领域，来看看十字军如何促进了罗马的强大，如何造成君士坦丁堡的几近毁灭。

121

君士坦丁堡的意大利社区的历史，展现了全球化的另一个方面：相当数量的外国人来到一个城市做生意，建立家庭（通常与当地妇女结合），并深深地敌视他们周围的每个人。麻烦始于1081年，也就是拜占庭人败于曼兹克尔特战役的十年后，拜占庭的皇帝请求君士坦丁堡的威尼斯商人帮助对抗阿尔巴尼亚（Albania）的诺曼人。

当时，几个意大利共和国非常繁荣，拥有强大的军队，而威尼斯人是最富有的。作为援助拜占庭的回报，拜占庭皇帝允许威尼斯商人有权在帝国几乎所有的地方进行贸易。此外，他完全免除了威尼斯人的商业税。

后来，拜占庭皇帝意识到，威尼斯人被赋予了太多的特权，但每当皇帝试图削减这些特权时，威尼斯人就会发动进攻，迫使皇帝让步。为了将自己的皇权凌驾于威尼斯人之上，皇帝让比萨和热那亚的商人在君士坦丁堡拥有自己的住宅区，就在威尼斯人的住宅区旁边。他还给予这些人税收优惠，但并不像对威尼斯人那样慷慨。

威尼斯商人与坚持在自由贸易区享受税收优惠政策的现代商人没什么两样。他们建立的贸易企业，比拜占庭人手下的任何企业规模都更大。随着君士坦丁堡的威尼斯侨民的人口接近一万，在1148年，拜占庭皇帝曼努埃尔（Manuel）将城中一个更大的区域授予了他们。

很快，享有特权的威尼斯人与愤怒的当地人之间爆发了频繁的街头斗殴。1149年，在科孚岛（Corfu）发生的一场集市小冲突升级成了一场大战。当拜占庭海军设法赶走威尼斯人时,威尼斯人前往邻近岛屿的一个港口,在那里,他们夺取了皇帝的战舰。登船后,他们举行了一个模拟加冕仪式,由一个埃塞俄比亚人扮演皇帝。这一滑稽短剧有明显的种族含义:拜占庭皇帝曼努埃尔的深肤色是众所周知的。

随着比萨人、热那亚人和威尼斯人之间的紧张关系升级,局势继续恶化。1171年,威尼斯人在热那亚社区横冲直撞。作为报复,拜占庭皇帝逮捕了城里所有的威尼斯人(包括妇女还有儿童),并没收了他们的财产。

紧张局势持续发酵,1182年,冲突爆发了。当时城里大约有六万名意大利人,大部分来自比萨和热那亚(威尼斯人要么在十年前就已逃离,要么被关在监狱里)。在皇帝及其皇位竞争者的斗争过程中,一群当地居民发生暴动,并杀死了数千名意大利人,这就是后来所谓的"拉丁大屠杀"。

尽管这座城市的居民和外籍人士都是基督徒,但东正教会的神职人员鼓励其追随者将目标对准说意大利语的天主教神职人员。当群众在君士坦丁堡砍掉教皇代表的头颅后,他们把头颅绑在一条狗的尾巴上,让狗拖着它穿过街道。拜占庭人将4000名幸存的意大利人当作奴隶,卖给了塞尔柱突厥人。"拉丁大屠杀"标志着君士坦丁堡居民与外国商人之间,以及拜占庭与罗马教会之间的关系的新低谷。

这些事件表明早期全球化的力量如何迅速地改变了人们的

生活,既创造了繁荣,但也带来了深刻的怨恨。在短短一个世纪的时间里,君士坦丁堡的意大利社区人口数量迅速发展到六万。意大利商人利用税收优惠积累了比任何拜占庭商人都多得多的财富。他们傲慢的行为使君士坦丁堡居民对其十分疏远,尽管双方都是基督教友,但愤怒的居民最终还是杀了他们。"拉丁大屠杀"是穷人攻击富人的典型例子,我们甚至可以把这些富人称为"群体中最富有的那1%"。

然而,真正摧毁君士坦丁堡的是外部因素,十字军东征与引发"拉丁大屠杀"的那些事件是同时发生的。罗马教会和拜占庭教会自1054年起就一直不和,但当一位名为乌尔班二世(Urban II)的新教皇于1088年掌权后,他联系了拜占庭皇帝,尝试促成妥协。他希望将自己的地位置于伪教皇之上。拜占庭皇帝阿列克修斯一世(Alexios I)表示赞同,他任命了一个委员会,由分别来自两个教会的神职人员组成,以讨论彼此的分歧。

因此在1095年,当拜占庭皇帝请求教皇乌尔班二世帮助对抗穆斯林敌人时,教皇答应了。教皇还前往法国的克莱蒙(Clermont),敦促一群教会领袖派遣军队,从穆斯林塞尔柱人手中夺回耶路撒冷,恢复基督教对这座城市的统治。

那些响应教皇号召的人并没有形成一支强大的、号令严明的军队。其中一个支队名为平民十字军,由普通男女组成,他们经陆路一路来到君士坦丁堡。在穿越德意志地区莱茵河流域的途中,他们以居住在美因茨、科隆、斯派尔(Speyer)和沃尔姆斯

（Worms）的犹太人为攻击目标，展开了一场反犹太主义的大屠杀，并强迫他们皈依自己的宗教。

第一次十字军东征中离开欧洲的五万人里，只有一万人到达耶路撒冷；而在这一万人里，只有1500人（其中很多人是贵族）拥有骑士的全副盔甲，能够参与战争。尽管这支队伍存在不足，但他们还是取得了胜利。征服耶路撒冷，是西欧各强国，尤其是教皇乌尔班二世赢得的一个重要的象征性胜利。

在基督教统治耶路撒冷的88年里，欧洲军队努力维持对耶路撒冷周边地区的控制。当一股地区性穆斯林势力占领了圣城东北的埃德萨（Edessa）时，欧洲人于1147年发动了第二次十字军东征。但他们这次没能收复任何失地。十字军也被证明无力抵抗一位非凡的将军萨拉丁（Saladin）的崛起，他推翻了埃及的法蒂玛王朝，建立了一个新的王朝，并与塞尔柱人结盟。1187年，萨拉丁的军队重新占领了耶路撒冷。

由于耶路撒冷的陷落，欧洲人发动了第三次十字军东征。英法军队〔包括"狮心王"理查（Richard the Lionheart）〕绕过君士坦丁堡，前往耶路撒冷，但他们未能夺回该城。

1201年，教皇英诺森三世（Pope Innocent III）发起了第四次十字军东征，在这次东征期间，西欧和拜占庭的关系跌至冰点。麻烦始于第四次十字军东征的首领向威尼斯人借了一笔自己无法偿还的贷款，于是他们决定洗劫君士坦丁堡。十字军战士破坏了圣索菲亚大教堂的祭坛，并把宝石和贵金属分给了军队。

地图 4.2 十字军东征

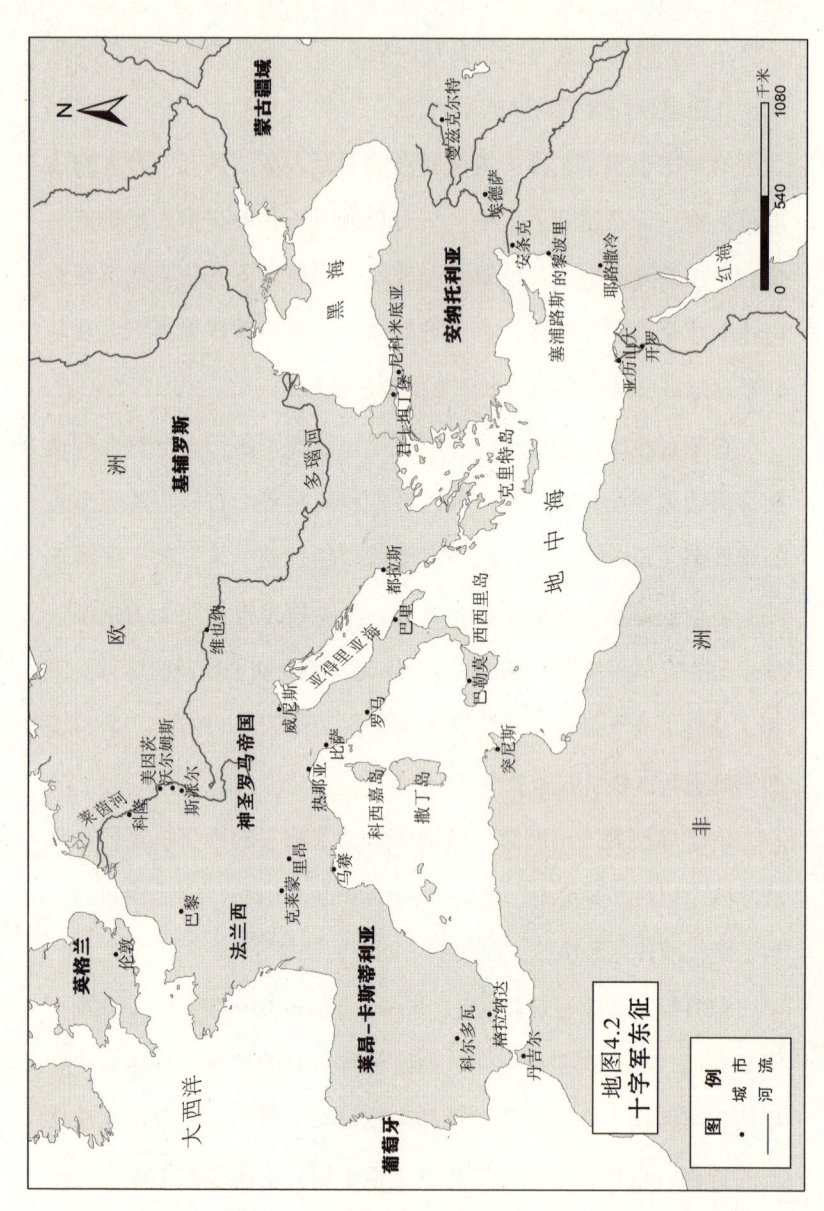

注：书中地图系原文插页附地图

在1204年洗劫君士坦丁堡之后，十字军没有继续向耶路撒冷进军。他们用一个西方人取代了拜占庭皇帝，建立了一个名为"拉丁帝国"（the Latin Empire）的新政府，一直持续到1261年。拜占庭帝国再也没有恢复昔日的实力。到了15世纪初，它能控制的只剩下一座君士坦丁堡城，而该城最终在1453年落入奥斯曼土耳其的穆斯林军队之手。君士坦丁堡的陷落重新划定了基督教和伊斯兰教的领土边界：信奉基督教的统治者们控制着地中海北岸地区，穆斯林统治者们则控制地中海南岸和圣城。这一边界延续至今。

今天东正教和罗马基督教在欧洲的势力划分，很大程度上是因为弗拉基米尔决定改信拜占庭基督教，以及随后几个世纪中罗马教会的兴起。在下一章中，我们将看到公元1000年到1200年间伊斯兰世界的扩张。

地图5.1
非洲贸易路线

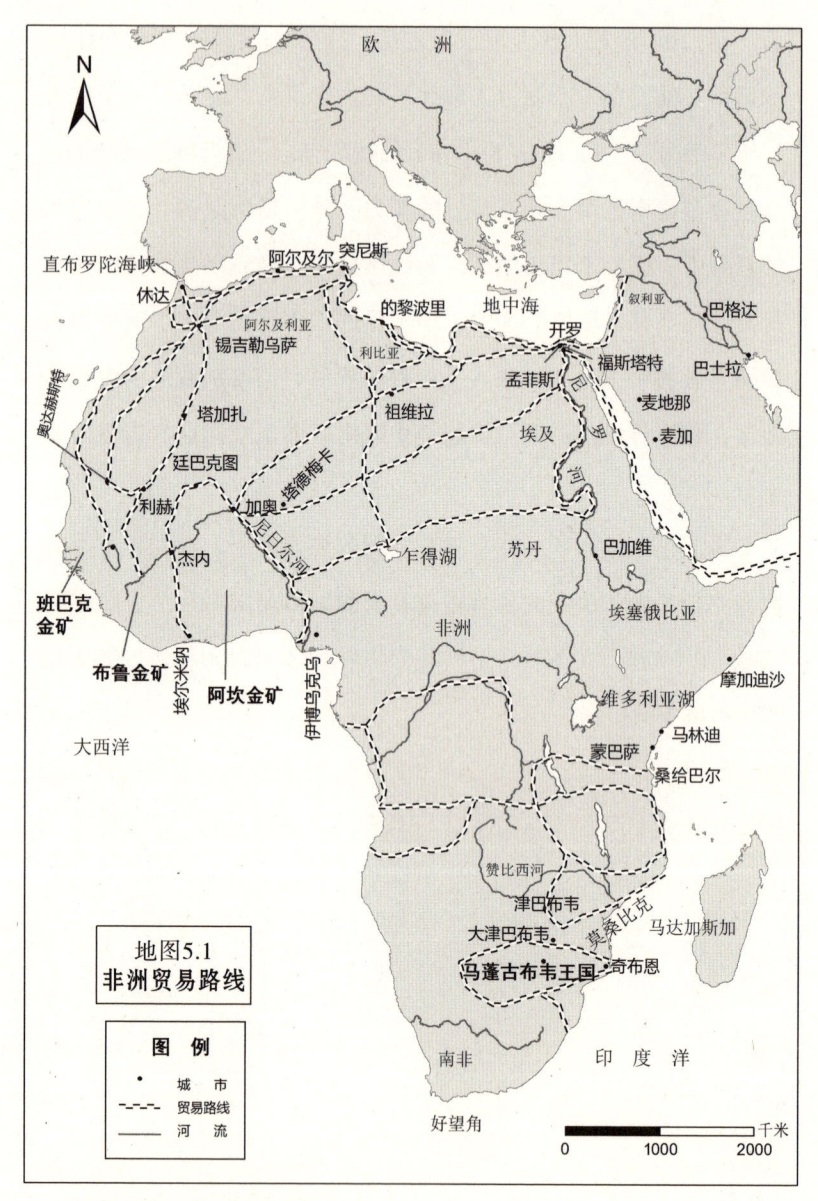

图例
· 城市
-- 贸易路线
— 河流

注：书中地图系原文插附地图

第5章

世界上最富有的人

在公元1000年，一个有钱有势的邻居就能为那些足够聪明的人提供商机，这在今天也是如此。与东欧的罗斯人一样，东非、西非的统治者及商人发现了和生活在巴格达及伊斯兰世界其他主要城市的消费者做买卖的好处，这些消费者会购买大量的奴隶和黄金。非洲人用获得的利润进口玻璃珠，中国和伊朗产的陶瓷，以及丝绸和棉纺织品。

与非洲以外地区的新联系也给非洲自身带来了深远的宗教变革。随着非洲统治者、商人和普通民众接受了伊斯兰教，这种新宗教沿着东非海岸向南传播，并传到西非的塞内加尔河及尼日尔河流域。伊斯兰化不只是穆斯林移民定居非洲的简单产物。它的形成是由于本土非洲人（通常是商人）选择把自己与更大范围的伊斯兰世界联系起来，而他们的决定也将当地居民置于全球化的力量之下。

在西非发现的最早的文字记载来自贸易城镇塔德麦加（Tadmekka），时间是1011年。它是用阿拉伯语书写的，并用尖锐的金属工具刻在一块大石头上，上面写着："哈桑的儿子麦哈麻丁写了这封信，他信奉万物非主，唯有真主，穆罕默德是真主的使者。"这种信仰的标准宣言，是伊斯兰教的首要宗旨。

另一处铭文位于通往小镇的悬崖边上。它解释说，塔德麦加是以麦加的名字命名的[1]："塔德麦加镇将会有一个市场，该市场的水准会像麦加的一样高。"塔德麦加有许多阿拉伯语的铭文，这一点非同寻常，有些铭文被刻在巨石上，有些则被刻在墓碑上。这些阿拉伯文字刻成的铭文表明作者是当地居民，而不是外国人。这种类型的铭文，标志着伊斯兰教在公元1000年左右扩展到了西非和东非，拥有广大的新领土。当地人认同伊斯兰教，而与此同时，整个非洲-欧亚大陆的人们正在皈依世界性宗教中的某一个。

来自塔德麦加的铭文有力地提醒人们，在把非洲人和其他大陆联系在一起的贸易中，非洲人自身就是一个至关重要的角色，即便许多现存的资料都是由外来者撰写的。虽然更早时代的历史学家们认为是阿拉伯人把商业和社会进步带到非洲，但现代的历史学家断然拒绝这种观点，因为该观点忽视了非洲人的主动性。

---

[1] 塔德麦加意为"类似麦加""和麦加一样"。——编者注

非洲人在非洲与伊斯兰世界日益活跃的贸易中发挥了关键作用。在1492年以前进入欧洲和亚洲的黄金,大约有三分之二是来自西非的。在公元800年到1800年间,离开非洲来到伊斯兰世界的奴隶是如此之多,其数量足以与乘船横跨大西洋的奴隶的总数相匹敌。

尽管非洲奴隶贸易早在罗马时代就开始了,但直到公元10世纪中叶,我们才清楚地知道它是如何运作的。这些信息出现在一本水手故事集里,这本故事集被认为是一位名叫布祖格(Buzurg)的波斯人撰写的,故事发生在波斯湾。其中一个故事讲述了一系列令人难以置信的事件,这些事件一定是虚构的。然而,因为故事的背景是基于真实的生活,我们还是能够从中了解到很多关于奴隶定价、市场位置和皈依伊斯兰教的信息。

故事开始时,一艘来自阿曼港的船被吹离了航线,驶往莫桑比克中部的东非港口索法拉。随着故事的展开,叙述者解释道:"当我看到这个地方时,就知道我们已经到了吃人的津芝人(Zanj,东非居民,汉文史书作"僧祇人")的土地。是的,我们一踏上这个地方,就觉得自己死定了。"但出乎意料的是,当地的国王热情地欢迎外国商人,允许他们买卖货物而不付任何关税。在他们完成交易后,船长送给国王大量的礼物,以感谢他为奴隶贸易所提供的便利。

但后来的故事发生了意想不到的转变。当国王上船向商人告别时,叙述者心想:"在阿曼的拍卖会上,这个国王可以卖30第纳尔，而他的七个同伴可以卖160第纳尔。而这些人背上的衣服价值20第纳尔。（一项现代研究显示，在公元800年至1100年间，一个奴隶的平均价格大约是20金第纳尔至30第纳尔，正是这则故事给出的价格区间。）船长命令船员立即起航，这样他就可以在阿曼的奴隶市场上卖掉国王和他的同伴。

船长把国王及其随从当成奴隶进行估价的行为令现代读者不寒而栗，他可能同时还在估算一堆象牙或黄金的价值，这些象牙或黄金也是东非常见的出口商品。船长对出卖他的人类同胞或背叛帮助他购买奴隶的统治者并没有任何负罪感。

是的，以现代人的价值标准来看，我们很容易去谴责那些从奴隶贸易中获利的人——如阿曼船长以及被绑架前的非洲国王。但我们必须认识到，在前工业时代，对劳动力的持续需求，意味着奴隶贸易几乎无处不在。直到18世纪50年代，第一批反对奴隶制的废奴主义者才开始大声疾呼。在人类历史的大部分时间里，奴隶买卖都是一宗大生意。

当船抵达阿曼时，船长在奴隶市场上卖掉了之前的国王，两人似乎永远不再有交集。

几年后，船长的船在同一个东非港口靠岸，当地人用独木舟再次将船上的船员带到统治者那里。船长担心自己会因为绑架国王而受到惩罚，但当他到达宫廷时，他震惊地看到在阿曼奴隶市场上被卖掉的国王。令船长更惊讶的是，国王对船长和他的船员很友好，允许他们进行自由贸易。

在船离开之前，国王解释了发生的事情。船在阿曼靠岸后，他被卖到离巴格达最近的港口巴士拉，在那里，他的主人允许他学习伊斯兰教义。第二次他被卖到了巴格达。在那里，他掌握了阿拉伯语口语，完成了对《古兰经》的学习，然后逃离并加入了一群前往麦加的中亚朝觐者。完成朝圣后，他从麦加到了开罗，然后沿着尼罗河向南回到了自己的王国。回到家后，他才知道，尽管自己离开了很长时间，但没有人取代他的位置，他又重新成为国王。（是的，这绝对是一个虚构故事！）

国王原谅了船长，敦促他回去做生意，并在下次来的时候带上穆斯林商人。不过，国王还是选择在陆地上道别，最后还说了一句讽刺的话："我可不想再上你的船了。"

这个故事的寓意是允许你参与奴隶贸易，但你应该诚实地对待其他参与奴隶贸易的人，尤其当他们碰巧是穆斯林时。

作为一个来自非洲的奴隶，国王能够学习《古兰经》，学习阿拉伯语，并参加麦加朝觐。这里的虚构与现实生活相吻合。非洲的奴隶贸易贩子确实把奴隶从撒哈拉以南的非洲内陆运到东非海岸的港口，然后卖给外国奴隶贩子，再由他们把奴隶运到中东。巴格达以北125公里处有一个奴隶市场，有一则罕见的史料称该市场有一个露天广场，广场上的道路四通八达："那里的房屋都是高层建筑，有供奴隶居住的房间以及出售奴隶的商店。"

这位虚构的国王的家乡索法拉港，是东非海岸上季风可以吹到的最南端的港口。从那里再往南，货物只能通过陆路或乘坐小船沿海岸运输，这就是为什么很少有贸易城镇坐落在那里的原因。

从公元900年开始，在津巴布韦的林波波河（the Limpopo River）流域出现了几个定居点，这些定居点就在索法拉港的正西方，与南非接壤。每个城镇的规模都比此前有所扩大；马蓬古布韦（Mapungubwe）的人口数达到了5000，当地居民以养牛和种地为生。有经济能力的人使用铜、金饰品和铁制工具，而最穷的人只能使用石头和骨制工具。

这些地区之所以繁荣昌盛，是因为当地人可以沿着林波波河来到该河以东约640公里的沿海港口基布因港（Chibuene），港口连接着与印度洋的贸易。在那里，他们用奴隶、黄金、象牙和兽皮交换各种进口商品，包括从开罗运来的小玻璃珠子，他们把这些珠子当货币用，熔化后就能制成更大的珠子。起初，只有少数人参与这种进出口贸易，但随着时间的推移，贸易的影响有所扩大，更多的当地工人开始向远方的消费者提供黄金，并感受到了全球化的影响。

东非海岸最大的黄金产地是大津巴布韦（Great Zimbabwe），就在索法拉和赞比西河以南的内陆。大津巴布韦现存遗址包含了许多在公元1000年到1300年间用切割的花岗岩块建造的建筑物，其中有栋建筑呈直径达89米的椭圆状。城墙有5米厚，近10米高。这是1500年前撒哈拉以南非洲地区建造的最大的石头建筑，它证明了黄金贸易带来的财富。遗址中还有八尊石雕像，上面雕有一种长着老鹰身体、人的嘴唇和脚趾的生物；也许这些雕像描绘的是在死者和生者之间飞来飞去的信使。

大津巴布韦每年生产一吨黄金。它成了一个拥有一万人口的繁华城市，从绿色的中国青瓷容器的碎片和带有文字的伊朗盘子就可以看出，它是沿海贸易的主要中心。遗址中还有数万颗珠子，这表明推动这种贸易的是非洲对进口商品的需求，而不仅仅是外部世界对非洲黄金和奴隶的需求。

正如那个被卖为奴隶的国王的故事所显示的，穆斯林欢迎所有的皈依者，不论社会地位高低，安拉眼中的众人都是平等的，奴隶也可拥有平等地位。在伊斯兰世界，男性奴隶负责搬运货物和划船，但他们也管理商店，甚至管理其主人的私人图书馆。奴隶贩子还会阉割年轻的男孩，因为被阉割的奴隶可作为女性处所的管理员，是非常抢手的，尽管《古兰经》禁止这种做法。男性奴隶，特别是那些来自中亚的男性奴隶，也在效力于不同军事力量的军队中服役。

大量的男性奴隶还在伊拉克南部靠近巴士拉的非军事地带工作，在那里，有600名至900名奴隶费力地排干沼泽里的水，除去表层的硝酸盐和硝石外壳，以便使底下的土壤可用于耕种。公元7世纪90年代，那里发生过两次短暂的暴动，而公元9世纪70年代发生的一次暴动则持续了十多年。叛乱分子对阿拔斯帝国的统治提出了重大挑战，部分原因是叛军人数众多，而另一部分原因则在于向叛军所占领的疟疾肆虐地区派遣军队是十分困难的。

公元9世纪70年代的叛乱被称为"津芝人叛乱"（Zanj

Rebellion），数以万计的奴隶参与其中，其中大部分奴隶来自东非。（阿拉伯语"zanj"指代东非地区及其居民。）奴隶们的领袖是一位来自伊朗的受过良好教育的学者。奴隶们奋起反抗残酷的工作条件，在中央政府的艰难镇压之前，他们享受了15年的自治生活。公元900年后，就没有发生更多的奴隶叛乱了，这可能是因为奴隶主不再把过重的任务分配给这些缺乏监督且数量极大的奴隶了。

我们可以从一位名叫伊本·布特兰（Ibn Butlan）的基督教医生所写的奴隶购买手册中了解伊斯兰世界的奴隶制度。作为卫生和微生物学方面的专家，伊本·布特兰能够阅读叙利亚语、希腊语及其母语阿拉伯语。他是一位巴格达居民，甚至还写过一部讽刺剧，讽刺那些未经训练的庸医。他写于11世纪50年代的这部手册，目的在于用他的世界地理和人体解剖学知识，帮助读者购买最好的奴隶。他的读者能够近距离地观察潜在的奴隶，并判断出他们的出生地。

伊本·布特兰赞同伊斯兰教的观点（该观点继承自古希腊），即环境深刻地影响着人体的机能。在他看来，最好的奴隶来自东方（印度、阿富汗和巴基斯坦），他们很少生病，体格健壮，性情温和。来自西方（叙利亚、埃及和北非）的奴隶健康状况不佳，因为他们那里的气候条件恶劣，食物稀缺。来自北方的男性奴隶——包括罗斯人和其他斯拉夫人——身体强壮，寿命长，但是北方的女性奴隶不能生育，因为他认为她们没有月经。南方的斯拉夫人与北方的斯拉夫人不同，南方的斯拉夫人寿命很短，因为他们小时候营养不良，经常腹泻。

这类看法往往会产生刻板印象，伊本·布特兰的手册就是如此。有一处，他引用了一句谚语："如果一个津芝奴隶从天上掉到地上，他能表现出来的唯一品质也就是节奏感了。"

与古罗马或美洲南部的法律体系不同，伊斯兰法律为奴隶提供了多条解放的途径。穆斯林法学家在基本原则问题上保持一致，但在许多细节上存在分歧。穆斯林被允许拥有非穆斯林奴隶和已经被奴役的穆斯林奴隶，但他们不能奴役自由的穆斯林（尽管他们有时就是这么做的）。

虽然奴隶制很普遍，但自穆罕默德时代以来，穆斯林领导人一直鼓励解放奴隶。伊斯兰法律允许奴隶主与他们的女性奴隶发生性关系，但要求他们承认由此产生的后代都是自己的合法子女。奴隶主在死前必须释放孩子们的母亲，如果他早前没这么做的话。这些鼓励解放奴隶的措施的总体效果是：奴隶数量需要不断地被补充。这就是伊斯兰世界长时间且大量进口奴隶的原因。

伊斯兰世界的奴隶的三个主要来源是非洲、东欧和中亚。显然，那些被带离家乡，并在中东奴隶市场上被出售的男人、妇女和儿童，最直接地受到全球奴隶贸易的影响。但留在家里的人也会受到同胞离去的影响。许多接触了穆斯林奴隶贩子的人都皈依了伊斯兰教，这为伊斯兰教在西非和东非的传播做出了贡献。

在巴格达甚至整个伊斯兰世界，女性奴隶的数量都超过男性奴隶，伊本·布特兰也把更多的笔墨留给了女性奴隶，而不是男性奴隶。他概括了她们的外貌、气味和生育能力。他还指出哪些群体适合签订临时婚姻合同。这是一种合法的变通方法，允许男人在和妓女共处时迎娶对方，哪怕他们只共处了几个小时，完事后就可离婚。这种精心设计的变通是必要的，因为伊斯兰法律规定只有已婚人士或主人及其女奴之间才能发生性关系。

在对今苏丹和埃塞俄比亚之间的巴卡维（Bagawi）边境地区的妇女的讨论中，伊本·布特兰提到了一个令人吃惊的细节。她们是很好的临时婚姻奴隶，只要"她们在年轻的时候就被买进，但并没有人动过她们，因为她们的家乡会实行割礼。借助剃刀，外阴顶部的外部皮肤就会完全被割除，直到露出骨头"。在描述奴隶家乡发生的女性割礼时，伊本·布特兰还声称奴隶贩子会对男性奴隶进行深度的伤害性手术，切除他们的膝盖骨，这样他们就不会逃跑了。

伊本·布特兰赞扬了某些奴隶群体令人中意的特点，他们愿意为主人服务，有能力成为好父母。但他在手册的结尾警告道："总结一下，亚美尼亚奴隶是最糟糕的白人，就像津芝是最糟糕的黑人一样。"伊本·布特兰提醒我们，全球化常常导致更大范围的信息流通，但并非所有的信息都是准确的。虚假信息也可以传播到很远的地方。

伊本·布特兰的书提供了其他史料所没有的信息，讲述了进入巴格达的奴隶的地理来源，而巴格达是公元1000年整个伊斯兰世界的主要奴隶集散地。他列举了非洲的奴隶来源地,如乍得湖(Lake Chad)地区、埃塞俄比亚东北部、埃塞俄比亚中部、今苏丹的努比亚(Nubia)地区、北非和东非。奴隶也来自非洲以外的地方,如印度、巴基斯坦、阿富汗、里海地区、今土耳其地区、亚美尼亚和阿拉伯半岛。几乎所有的奴隶来源地都在阿拔斯帝国边界附近的非穆斯林土地上,这很合理。一旦奴隶贩子得到奴隶,他们会将其就近卖掉。

1500年以前,跨撒哈拉沙漠的奴隶贸易规模巨大,但我们很难得知确切的数字,因为相关史料并不像记录跨大西洋奴隶贸易的史料那样丰富。在运送奴隶到美洲的船只上,奴隶会被列在货物清单或者乘客名单上,历史学家已经能够计算出从16世纪早期奴隶贸易开始到1833年大英帝国废除奴隶贸易期间,共有1250万奴隶横渡大西洋。

但要估计徒步穿越撒哈拉沙漠的奴隶人数是极其困难的。从西非出发到地中海,这是公元1000年使用最为频繁的穿越撒哈拉沙漠的奴隶贸易路线。祖威拉(Zuwila)是今利比亚的一个城镇,位于撒哈拉沙漠的北部边缘,最早期的道路就是连接着祖威拉与乍得湖地区[1]的。直到公元300年左右,北非人才开始使用包括四轮车在内的轮式交通工具穿越撒哈拉沙漠。在公元300年到公元600年间,骆驼被驯化了。随着驼运的引入,骆驼商队可由多条路

---

[1] 乍得湖位于撒哈拉沙漠南缘。——编者注

径穿越沙漠，因为骆驼本身并不仰赖道路。

几乎没有资料能给出穿越撒哈拉沙漠的奴隶的数量。偶尔会有亲历者提供某次奴隶运送的数字。例如在1353年，著名的旅行家伊本·巴图塔（Ibn Battuta）在返回摩洛哥的途中，发现有600名女奴乘坐大篷车穿越撒哈拉沙漠。这么大的团体一起旅行增加了风险。因为奴隶贩子只给予最低限度的食水配给，即使是最轻微的事故，也可能会导致多人死亡。所有穿越沙漠的奴隶中，有五分之一可能会在途中死去。

芝加哥大学的拉尔夫·A. 奥斯汀教授（Ralph A. Austen）将这些零碎的信息拼凑在一起，估计在公元650年到1600年间，每年大约有5500名奴隶穿越撒哈拉沙漠，前往北非和中东。在公元900年到1100年伊斯兰奴隶贸易的高峰期，这个数字可能达到了每年8700人。奥斯汀参与的最近一项研究显示在公元650年至1900年间，撒哈拉以南非洲地区被拐卖的奴隶总数为1175万，略低于1500年至1850年间穿越大西洋的1250万名奴隶的总数。

公元7世纪时，哈里发的军队征服了北非，这使得贩卖奴隶正规化，并增加了卖给非洲以外买家的奴隶的数量。一份早期的阿拉伯资料显示，在祖威拉出售的奴隶是"用一小块红布买来的"。如今，红布对我们来说可能再普通不过了，但它对那些不熟悉彩色布料的人，却有着巨大的吸引力，无论是在北非还是北美（想想斯克里林人是如何热切地从北欧人手中换取红布的吧）。

穿越西非的路线，是奴隶们前往北非和开罗的主要通道。在公元9世纪，商队开辟了一条穿越撒哈拉沙漠的新路线，该路线连接了位于今摩洛哥的撒哈拉沙漠北部边缘的西吉尔马萨镇（Sijilmasa）与尼日尔河流域。阿拉伯地理学家称，位于"一片荒芜的平原"上的西吉尔马萨最初是商人们在一年的特定时间里进行聚会的小地方。随着时间的推移，"它变成了一个城镇"，因为它的统治者通过向商人征税而获利。归功于全球化，小聚落变成了规模更大的城镇，最终成为城市。

随着连接西吉尔马萨镇的道路的开通，说阿拉伯语的商人和传教士越来越频繁地穿过撒哈拉沙漠，进入沙漠以南的非洲。结果，许多地方统治者改信伊斯兰教。

一位阿拉伯地理学家描述了塞内加尔河谷上游马拉尔国（Malal）的国王皈依的原因。在一次扩日持久的旱灾中，国王献祭了所有的牛，但直到这些牛都死了，雨还是没下。当国王哀叹这一情况时，一位穆斯林来访者答道："王啊！如果你相信先知穆罕默德的使命（安拉保佑他，赐予他平安），接受了伊斯兰教所有的宗教法律，我将祝福你脱离困境，愿安拉的仁慈能保卫你国家所有的人民。"听到这些，国王于是"接受了伊斯兰教，成为一名虔诚的穆斯林"，而来访者"让他背诵《古兰经》中的一些简单章节，并教授他宗教义务和修行方式"。

这名穆斯林来访者要求国王等到下一个星期五，即伊斯兰安息日。这两个人一直祷告到天亮，直到"安拉使倾盆大雨降临在他们身上"。于是，国王下令销毁王国里所有的神像，并驱逐所有的"巫师"。国王后来被称为"穆斯林",他的后代和王国的贵族也都皈依了伊斯兰教。然而,这个主要为了展示伊斯兰教力量的故事还记载"他王国的普通民众仍然是多神论者",这是一个发人深省的细节。

这位对西非早期伊斯兰教做出了最翔实的描述的阿拉伯地理学家巴克里(al-Bakri),实际上从未到访过非洲。巴克里以西班牙的科尔多瓦为基地,收集了从非洲回来的旅行者及商人的原话。他还引用了瓦拉克(al-Warraq)在公元955年写的一份原件现已佚失的资料。巴克里所记录的信息以当时的标准来看是非常即时的。他在书中提到了一位国王的名字,这位国王于1063年登上了加纳的王位,而他完成这本著作的时间仅仅在五年之后。

巴克里的书是描写"道里和邦国"的绝佳例子,它记载了公元1000年时被开发的族群和地区(特别是新的商业道路沿线)。巴克里的书仿照了波斯学者伊本·胡尔达兹比赫的著作,这位用阿拉伯语进行写作的学者曾在公元9世纪时担任伊朗杰贝勒省(Jabal)的邮政和情报主管。(他后来可能以邮驿大臣的身份搬到了阿拔斯首都巴格达。)

伊本·胡尔达兹比赫生活在巴克里之前的两个世纪,见证了阿拔斯哈里发帝国的鼎盛时期。阿拔斯帝国从北非一直延伸到中亚,它的疆土是如此之大,以至于官员们并不总是能知道通往每个地方的最直接的路线。但如果出现紧急情况或暴动,他们就必须迅速采取行动,派遣军队。伊本·胡尔达兹比赫的工作是为哈里发和他的官员提供最新的地理信息。

伊本·胡尔达兹比赫对自己发现的信息进行了组织，以提供"一个概要，该概要能阐明世界上的诸多道路和国度，对它们进行描述，还要记录下它们之间的距离；还要记下关于耕地和荒地的信息，以及这些地区之间的距离；还要有关于通往世界边远地区的中转地的信息"。因为胡尔达兹比赫知道旅程开始前须明确从一个地点到另一个地点的确切距离，他的"道里"因而提供了从一个城镇到下一个城镇的旅行时间。"邦国"指的是他提供的关于每个地方的信息：当地的物产、居民以及他们的风俗和信仰。

这本关于"道里"和"邦国"的书描述了生活在世界不同地方的人们，相较于公元1000年以来的其他资料，该书提供了更多关于非洲-欧亚大陆人民的信息。这就是为什么我经常引用阿拉伯观察者的话。他们提供了关于罗斯人的关键信息，可补充《往年纪事》；而他们对非洲人的观察甚至更为重要，因为在15世纪晚期以前，很少有资料描述撒哈拉以南的非洲。

在伊本·胡尔达兹比赫的时代，巴格达是世界上最伟大的知识中心之一；唯一可能与其匹敌的是唐朝的都城长安，长安也有学校、图书馆以及受过教育的精英，但中国学者几乎完全专注于中国古文经典，而这些经典可以追溯到距此一千多年以前。相比之下，阿拉伯语是一门相对较新的语言，在公元632年穆罕默德去世以前，几乎没有阿拉伯语文本。

由于对其他社会的文化知识有着浓厚的兴趣，公元754年至公元775年在位的阿拔斯帝国第二任哈里发曼苏尔（Mansur）出资将希腊文、拉丁文、梵文和波斯文的书籍翻译成阿拉伯文，内容涉及地理学、医学、数学、物理学和逻辑学。大约在公元800年后，巴格达的工厂开始大量使用中国的制造技术来生产纸张，这是技术传播的另一个早期例子。巴格达的学者们不仅仅是翻译文本，他们还做了大量的注解，并超越了希腊学者的发现。这些巴格达学者所作的努力使得古典世界的知识得以保存。文艺复兴时期意大利的翻译家们之所以能够复原某些古希腊语文本，其实是因为这些文本的阿拉伯语版本被保存了下来。

得益于翻译活动，巴克里的书可以吸引一群受过教育并想了解世界的读者。胡尔达兹比赫的《道里邦国志》为巴克里提供了一个很好的范例来编辑自己的信息。和胡尔达兹比赫一样，巴克里也没有声称去过自己笔下的那些地方。

巴克里解释说，由于马拉尔国王皈依了伊斯兰教，他得以继续统治自己的王国。在早期，伊斯兰世界被统一在单一统治者之下时，任何一个皈依伊斯兰教的国王都必须接受在位的哈里发作为其精神和政治领袖。"哈里发"一词的意思是"继任者"，它指的是穆罕默德之后的伊斯兰共同体的领导人。

当穆罕默德于公元632年去世时，没有人知道谁是他的继任者，因为穆罕默德的儿子们都没有活到成年。只有他的女儿法蒂玛（Fatima）比他活得长，作为一个女人，她不能领导这个新的共同体。逊尼派认为，穆斯林应该从穆罕默德的古莱什部落

（Quraysh）中选出新的领导人；而什叶派则认为，穆罕默德的堂弟、法蒂玛的丈夫阿里（Ali）及其后代拥有特殊的统治权。

另一个更小的支派叫哈瓦利吉派（Kharijites），他们在公元7世纪五六十年代脱离了穆斯林社会。该派信徒相信，穆斯林的领袖只能根据其虔诚的行为来选择，他们接受穆罕默德和前两任哈里发的统治，但不接受第三任哈里发以及后来成为第四任哈里发的阿里的统治。

哈瓦利吉派的一个分支是伊巴底斯派（Ibadis），比起哈瓦利吉派，他们更愿意与其他穆斯林达成妥协。说服马拉尔国王改信伊斯兰教的人，可能是一位伊巴底斯派教徒。该派教徒多是成功的商人，他们是第一批到的黎波里（Tripoli）南部旅行的宣教者，他们建立了贸易网络，并积极地尝试改变非洲人的信仰。

在穆罕默德死后的最初几年，哈里发的军队征服了中东和北非的大片领土。今天仍有许多人认为，军队强迫被征服的民族皈依，但这其实是一种刻板印象，历史并非如此。穆斯林比非穆斯林缴纳更低的税，大多数统治者并不希望其新征服土地上的居民皈依。他们需要非穆斯林来支付更高的税。例如在伊朗，经过几个世纪的时间，大多数人才皈依伊斯兰教。在穆斯林统治的头两个世纪，即从公元622年到公元822年，有40%的伊朗人皈依；到公元1000年，大约80%的人皈依了伊斯兰教。公元1000年以后，伊斯兰教从伊朗扩展到非洲和中亚。

由于被掠夺来的部分战利品会用作对军队的奖赏，在这种激励下,伊斯兰军队极为成功地征服了新的土地,但哈里发们并没能成功地建立起可持久地从其臣民身上榨取出财富的统治结构。阿拔斯王朝的统治者任命总督来统治大的省份,有时通过授予他们大块的领土,让他们有了事实上的独立。在这样的安排下,总督获得了在自己的领土上以任意方式收税的权利,只要他把每年的一部分收入送给哈里发。但如果总督做不到这一点,哈里发除了派兵以外,就没有什么办法了。但派兵并不总是可行的,尤其是当哈里发需要他的军队去对抗另一位总督时。当一个哈里发死后,他的儿子们——有时还有他的兄弟们——就会展开一场混战,直到有人能击败所有的竞争者。

艾哈迈德·伊本·图伦(Ahmad Ibn Tulun)是最早脱离阿拔斯王朝的总督之一,他的父亲是一位突厥奴隶士兵,但他是自由人。阿拔斯王朝由于无法吸引足够多的士兵,故而从中亚招募了数千名突厥士兵,有些是花钱雇来的雇佣兵,有些是花钱买来的军事奴隶。进入军队后,这两个群体都获得了薪水,而且都能升到高位。

伊本·图伦是一名雇佣新兵,在伊拉克长大,后来作为一名下级军官被派驻埃及。最终,他成为福斯塔特(Fustat,也就是今天开罗的前身)的总督,他接管了整个埃及的税收工作。他所建的清真寺至今仍然是开罗最受欢迎的旅游景点之一,因为它有雄伟的庭院和非凡的尖塔。伊本·图伦从未定期上缴税收收入(今天的开罗居民仍乐于讲述一千多年前他如何欺骗哈里发的故事），但哈里发无力对他采取行动。

伊本·图伦权力的一个关键来源是军队，他招募来的军队忠于他，而不是哈里发。除了2.4万名来自中亚的突厥军事奴隶，军队中还有4.2万名来自尼罗河南部和西非的奴隶及自由人。"希腊人"（对居住在拜占庭地区的人的总称）也曾在他的军队中服役。伊本·图伦一直统治着埃及，直到公元884年去世，他的儿子继承了他的位置。而在公元905年，阿拔斯王朝暂时恢复了对埃及的控制。

但到了公元945年，阿拔斯哈里发失去了对整个帝国的控制。来自白益（Buyid）部落的三兄弟组建了他们自己强大的军队，接管了包括巴格达在内的阿拔斯中心地带最重要的城市。哈里发任命其中一个人为"元帅之元帅"，将所有的军事权力交给他，而这位白益统治者将哈里发囚禁在巴格达的宫殿里。

1055年，塞尔柱人占领了巴格达，取代白益人继续掌控有名无实的哈里发。直到1258年，蒙古人入侵巴格达，杀死了最后一位阿拔斯哈里发。哈里发们既没有自己的军队，也没有实权。无论是谁俘虏了哈里发，都能成为巴格达事实上的统治者。除巴格达外的前阿拔斯统治下的各个地区，继续由拥有自治权的总督管辖。

这些后阿拔斯时代的统治者——包括白益、塞尔柱和其他朝代——都是穆斯林，但有一个例外，这个人试图复兴古老的波斯琐罗亚斯德教，但失败了。

"穆斯林联邦"（Muslim commonwealth）一词，是由著名的英国伊斯兰历史学家休·肯尼迪（Hugh Kennedy）提出的，它概括了公元945年后阿拔斯王朝的政治和宗教状况。和今天的英联邦君主一样，哈里发没有政治或军事权威，但他仍然是穆斯林的象征性领袖，伊斯兰世界的所有祈祷者都会在周五的礼拜上提到他。作为联邦首脑，哈里发可以介入逊尼派和什叶派穆斯林之间的争端。

尽管在政治上存在分歧，但生活在不同地区的穆斯林都信仰着伊斯兰教，接受穆罕默德的权威，阅读阿拉伯语的《古兰经》，并在可能的情况下前往麦加朝觐。巴格达仍然是最重要的学问之城。

此时，开罗正在崛起为一个大城市，这标志着北非历史上的一个转折点。尼罗河三角洲地处战略要地，似乎是埃及首都的天然选择。但除了孟菲斯（Memphis），过去的首都都位于开罗以南很远的地方。伊斯兰教的传播和非洲各地新贸易路线的建立，促进了开罗的繁荣。这些商路，无论是陆路还是海路，都汇聚在尼罗河和地中海的交汇处。满载西非货物的商队和船只沿着地中海沿岸航行，而沿东非海岸向北航行的货物则经波斯湾港口，再由陆路运到开罗。

公元969年，以穆罕默德的女儿法蒂玛命名的什叶派王朝法蒂玛王朝，从他们位于今阿尔及利亚的原基地迁至福斯塔特，开罗正式建立。在那里，他们建造了一座全新的城市，名为"al-Qahira"，意为"胜利者"，这也是英文单词"Cairo"（即开罗）的来源。最早的法蒂玛城墙至今仍被部分保存着，而福斯塔特则成了与吉萨

（Giza）隔尼罗河而望的地区的名字。

去开罗的游客可以沿着一条街道行走，这条街道贯通了两扇位于相对城墙上的城门。沿途你可以看到一座建于公元1000年的清真寺，由当时在位的法蒂玛哈里发哈基姆（al-Hakim）建造，他以发布古怪的命令而臭名昭著，比如禁止几种受欢迎的蔬菜，禁止鞋匠为女性做鞋子，使女性只能待在室内。许多人认为他破坏了耶路撒冷的圣墓教堂（Church of the Holy Sepulcher），但一位四十年后访问过该教堂的穆斯林称哈基姆的破坏其实很小。穆罕默德在公元622年时迁往麦地那（标志着伊斯兰历的开始），这一事件的四百周年纪念日正好是在哈基姆统治的时期，于是，他特意颁布了大量的法令，为可能到来的审判日做准备，穆斯林期待审判日，因为在这一天，死去之人能从等待和折磨中解脱出来。1021年，哈基姆出发去往沙漠，但再也没有回来，他的尸体也没有被找到。他的妹妹成了新国王（哈基姆之子）的摄政王，法蒂玛王朝的统治得以延续。

同一条开罗街道上还有一处单独的建筑群，或称维卡拉（wikala），里面有旅店、清真寺、仓库、多层工作坊以及供商人云集的市场，大多是奴隶交易市场。与早期王朝接受阿拔斯哈里发的名义领导不同，法蒂玛王朝声称自己拥有哈里发的头衔，肯定自己有权领导整个伊斯兰社会。尽管法蒂玛王朝只控制了埃及。

在什叶派法蒂玛王朝统治下的开罗，生活着大量的基督徒和犹太人。靠近今开罗科普特博物馆（Coptic Museum）的本·以斯拉犹太教堂（Ben Ezra Synagogue）保存着大量带着希伯来字母的纸（希伯来文被认为是上帝的语言），这些纸被存于一个名为"吉尼萨"（geniza）的仓库里，这里至今已存有20多万张碎纸片。

这些吉尼萨资料显示犹太人也畜奴，但他们的一些做法与穆斯林不同。伊斯兰法律允许男主人与他们的女奴同居，而犹太法律禁止男主人与女奴住在同一所房子里，除非有女性亲属同住。这些从吉尼萨中随机保存下来的材料让我们得以一窥当时真实的日常生活，而不是法律规定的应有的样子。朋友们会为买到了男奴而互相祝贺，就像庆祝儿子的出生一样；当女奴死去时，奴隶主还会收到友人写的慰问信。

开罗在法蒂玛王朝的统治下繁荣起来。公元1000年，它成为非洲最大的城市，人口约50万。

从离开罗最近的埃及港口亚历山大出发，人们可以穿过地中海到达西西里岛和意大利，而大批来自意大利阿马尔菲（Amalfi）海岸（那不勒斯附近）的商人则选择在开罗安家落户。他们交易的主要商品之一是象牙，这些象牙来自东非和西非。出自十一二世纪的许多雕刻精美的象牙盒子和物品被保存至今。

就像十字军东征时君士坦丁堡的威尼斯人一样，在开罗的意大利阿马尔菲共和国的商人们也住在自己的街区里。公元10世纪60年代，当拜占庭帝国战胜塞浦路斯和克里特岛的穆斯林统治者的消息传到开罗时，当地发生了几起针对基督徒的民间暴力事件。这座城市的穆斯林居民认同非法蒂玛王朝的穆斯林国家，只是因为他们有共同的宗教身份，这表明由于全球化，原来的地方性身份已经扩大成为更大范围的区域性身份认同。

公元996年，开罗居民发动了针对阿马尔菲商人的暴动。最直接的原因是5月5日发生的一场大火，这场火烧毁了法蒂玛海军新建的16艘军舰。当地人指责阿马尔菲商人造成了这次破坏，于是烧毁了他们的房屋和仓库，杀死了100多名意大利人。这次暴乱发生在第一次十字军东征（1096年）的整整一个世纪之前，表明开罗的穆斯林居民和君士坦丁堡的基督徒居民一样，憎恨富有的外国商人。

公元1000年，除奴隶外，非洲经开罗出口的商品还包括象牙、铜、青铜，而最诱人的是黄金。那个时代的一个重大挑战是如何确定黄金的来源——不仅要了解金矿的位置，还要确定谁控制着金矿，谁出售矿上生产的黄金。一旦了解了其中的门道，就可以挑战经营黄金交易的中间人，而中间人会尽其所能阻止外人知晓他们是如何运作的。他们保守这个秘密已经好几个世纪。

加纳的一位国王拥有许多黄金，以至于巴克里将相当大的叙述篇幅都花在了他的黄金储量上。这位国王戴着一顶饰有黄金的帽子，他的10个侍从挥舞着金盾和金剑。其宫廷里的年轻贵族们把金子编到辫子里。他的马穿着绣金的衣服，护卫犬的脖子上戴着"镶有许多金属球的金银项圈"。巴克里本人也痴迷黄金。按照巴克里的记载，国王垄断了黄金的生产，他的臣民只被允许收集金粉，而国王有权得到所有的金块，而且他还拥有一块"大得像大石头"的黄金。

巴克里说，加纳国王的国土"由位于平原上的两个城镇组成。其中一个镇是穆斯林居住的。它规模很大，有12座清真寺，其中有一座是供星期五祷告使用的"。这个小镇的居民包括那些呼吁祈祷的人，也包括法律专家和学者。尽管他的部分民众和许多大臣接受了伊斯兰教，但国王本人并不接受。国王的军队中有20万士兵。由于国王统治着一大片领土，他需要有文化的穆斯林来充实他的官僚机构，就像弗拉基米尔和其他欧洲新君主需要有文化的基督教神职人员来充实他们的官僚机构一样。

另一个大约在12公里外的城镇是国王的城镇，在那里，"巫师和掌管宗教仪式的人"都是有影响力的人物。（这里只有一座向游客开放的清真寺。）当地宗教信徒对待死者的方式与那些穆斯林不同。穆斯林会在没有任何陪葬品的情况下把尸体埋在地下，而当地宗教的信奉者会把国王同他的床、地毯、靠垫、武器、盛满食物和饮料的盘子和杯子一起埋葬，甚至还有"为他提供食物的人"的尸体。尽管巴克里的记载似乎不太可靠，但考古学家在尼日尔河地区发现了一些国王的坟墓，他们的随从也被埋葬在墓中。

加纳王国的首都到底位于哪里呢？最有可能的是毛里塔尼亚的昆比萨利赫（Koumbi Saleh）城。在那里，20世纪初的发掘者们发掘出了一些阿拉伯语碑刻和部分清真寺遗迹，这表明穆斯林对该城的占领以及当时一般商品——尤其是珠子和玻璃砝码——的频繁交易。这里可能就是巴克里描述的那个穆斯林城镇,而考古学家认为,这个王国可能有多个首都,国王会季节性地访问这些首都,这在非洲是一种常见的现象。

巴克里认为加纳国王的黄金源自吉亚鲁(Ghiyaru),这是位于塞内加尔河对岸班巴克(Bambuk)金矿的一个贸易站。但他对谁开采黄金或控制黄金交易只字未提。根据巴克里的记载,这个贸易站"距离尼罗河24公里,里面有很多穆斯林"。

当然,尼罗河根本没有流经西非。但由于托勒密(Ptolemy)相信尼罗河连接了非洲所有的定居点,巴克里遵从了这位希腊地理学家的说法,把多条河流都称为尼罗河。尽管巴克里不知道塞内加尔河和尼日尔河的名字,但他对这些河流的流向略知一二,并准确地描述了加奥(Gao)附近的尼日尔河河湾。

加纳国王有一项不寻常的税收政策,巴克里对此做了记录:"国王会对运到这个国家的每头驴所载的盐征收一枚金第纳尔,而运出同等数量的盐时会征收两枚。"这项对盐进口的低税收政策激励了来自撒哈拉沙漠南部边缘的塔哈扎(Taghaza)小镇的商人,他们的骆驼商队把大块儿的盐运到加纳(加纳自己不产盐),并在那里出售。我们可能想知道,如果国王想鼓励盐的进口,他为什么要对盐征税,虽然他肯定是需要税收的。

加纳国王创新的收税方式,使他得以从商品流通中获益,而商品流通是西非统治者的主要收入来源。只要统治者控制着他们城市的大门,雇用一些市场监管者,他们就可以通过贸易征税来获利。

对进入王国的不同商品的征税税率也各不相同：虽然大多数商品的税率为10%，但为了鼓励进口，铜的税率仅为5%。加纳不产铜，但住在尼日利亚东部伊博乌克乌（Igbo-Ukwu）附近的居民却生产铜。他们把锡（或者是铅和锡）加入铜中，制成两种青铜。

伊博乌克乌的青铜制品可追溯到公元1000年左右，这些器皿上描绘了人物、昆虫、鸟类和蛇。尽管它们的制造者可能使用生长在当地灌木上的乳胶——而不是蜡——来制作模具，并将熔化的青铜浇筑其中，但这些令人惊奇的青铜制品仍是用失蜡法工艺所造。伊博乌克乌一些最有趣的青铜器上装饰着来自开罗的小玻璃珠，和东非海岸马蓬古布韦的那些玻璃珠很类似，这表明西非和东非的买家都购买了大量的进口玻璃珠。

马蓬古布韦有两处主要的文物遗址。皇家墓葬中有三根象牙、铜脚链及其他物品，还有一些铁器。一个独立的皇家仓库存放着超过10万颗的进口玻璃珠和玛瑙珠（很可能来自印度），以及多个形状不一、大小不一的青铜器皿。这些物品的原材料——包括铜、锡和铅——来自尼日尔河流域的各个地方，证明了纵横于西非的新贸易路线。

货物在该地区的运转使当地人民及其统治者受益。古城杰内考古遗址位于今杰内东南3公里处，其规模表明杰内和廷巴克图两座城市之间的整个尼日尔河流域的财富之巨。作为一个主要的黄金转口港，古城杰内有很多废弃的陶器沉积层。其中一个沉积层有8米深，里面有150万件陶器碎片，年代从公元前300年到公元1400年。只有大量的人口才能产生出这些器皿。公元1000年左右，在人们很难迁徙或放牧的雨季，杰内的人口数可达两万。我们知道，这个城市的居民来自许多不同的地方，因为他们的丧葬方式有40多种。就像在查科峡谷一样，不同的丧葬方式意味着有不同的人群生活在一起，这是早期全球化的另一个标志。

沉积层面上有一块表面刻有阿拉伯文字的屋顶瓦片，其时间可追溯到公元900年左右。（今天，当地人仍在他们的屋顶上贴类似的瓷砖，上面写着相同的阿拉伯语短语。）陶器碎片远在沉积层表面以下，表明这些外来者并不是西非贸易的发起者；贸易早在外来者到来的一千多年前就已进行了。

正如巴克里在描述奥达戈斯特（Awdaghust）时所说的那样，跨越非洲及伊斯兰世界其他地区的货物中也包括农作物。奥达戈斯特即今毛里塔尼亚的泰格达乌斯特（Tegdaoust），是撒哈拉以南的一个重要的黄金贸易城镇。当地人种植小麦、高粱和黄瓜，也生产"枣和葡萄干"，他们是"从遥远的伊斯兰地区"引入这些作物的。枣原产于靠近波斯湾的伊拉克南部，然后从那里进入非洲；而高粱的传播路径与之相反，它是从西非进入伊斯兰腹地的。在印度人掌握了将蔗糖加工成糖晶体的技术后，糖进入了伊拉克，并从伊拉克传到埃及，在那里，它深受人们的欢迎。糖在11世纪时传遍了欧洲。由于价格昂贵，它通常被少量地用作香料，而不是甜味剂。来自遥远国度的新食品影响着每一个人，而不仅仅是那些直接参与贸易的人。

在1054年穆拉比德王朝（Almoravids）征服西非后，像奥达戈斯特这样主要的商业和农业中心继续蓬勃发展。穆拉比德王朝的建立者是生活在撒哈拉沙漠北部的柏柏尔（Berber）部落的一员。从麦加朝觐归来后，他决心提高本国社会对伊斯兰法律的遵守程度，于是他聘请了一位曾在摩洛哥学习法律的精神导师。穆拉比德王朝的建立者还开始带领他的部落成员进行劫掠。任何战败的邻国人民都必须上交他们三分之一的财产，这是一个可观的收入来源。

穆拉比德王朝成功地统一了生活在西非海岸及西班牙南部的人民。从西非出口到西班牙的大部分黄金，最后都变成了穆拉比德金币。穆拉比德王朝统治了一个多世纪，直到他们被认主独一且具有改革性的穆瓦希德王朝（Almohads）打败。穆拉比德王朝的统治有一个重要的持久影响，它永久性地打击了哈瓦利吉派的势力，该派的传教士从公元10世纪起就活跃在西非，并使马拉尔国王皈依了伊斯兰教。

在穆拉比德王朝时期，一种三角贸易兴起了。欧洲人把诸如珠子和纺织品等制成品带到北非的港口。从那里，欧洲的货物被运往内陆的贸易城镇，如西吉尔马萨，然后通过撒哈拉沙漠运送到塔哈扎和南部的其他城镇。在塔哈扎，当地人用盐来交换珠子和纺织品，于是商队满载盐块而归。当商队到达位于尼日尔河流域的目的地（这里没有盐）时，就用盐交换黄金和奴隶。然后，他们朝相反的方向,把黄金和奴隶运到北方。在那里,商队用黄金和奴隶交换更多的珠子和纺织品,这个循环就又开始了。

塔哈扎的居民不只是为往南的商队提供盐。他们设计了一种用黄金制成的新产品——空白的金币,商队可以带着它北上。正如巴克里所说,这些金币被称为"秃第纳尔"(bald dinars),"因为它们是纯金的,没有任何印章"。国王购买下这些空白的钱币,在上面印上铭文,让它们在自己的国度里流通。这些国家的政府从铸币的高面值及其实际价值的差额中获利,这种差额被称为铸币税。铸造这种金币的模具在塔德麦加被发现,塔德麦加位于塔哈扎东南部,也是现今发现的非洲最早的阿拉伯语铭文的所在地。

考古学家尚未发现任何由商队丢弃的黄金,但在马里-毛里塔尼亚边境的一个地方,曾发现过被遗弃的商队货物,内含1吨铜棒和4公斤的珍稀贝壳。商队把这些货物丢弃在沙漠里,也许是因为他们的骆驼跑了或者是死了。这些贝壳原产于马尔代夫,被用作货币。它们证明了西非对印度洋贸易商品的需求。

巴克里描述了一种来自西非的不寻常的商品,它在欧亚大陆的流动,生动地说明了公元1000年后贸易路线的扩张。该商品是一种织物,穿过火焰也不会着火,即石棉布。"一个值得信赖的人"告诉巴克里,一个"商人"把"这种材质的手帕"带给了费迪南德(Ferdinand)——一个在11世纪六七十年代统治西班牙西北部的君主。费迪南德认为这块石棉手帕"属于耶稣的一位信徒",于是把它作为礼物送给了君士坦丁堡的拜占庭皇帝。巴克里解释道,还有人曾报告称在巴格达发现了一块不同的石棉手帕,这是非洲货物通过新通道运输的另一个例子。(现在已经没有石棉手帕了,但传说查理大帝曾把一块脏石棉布扔进火里,再取出时,石棉布就成了一块洁白无瑕的手帕,这让客人们惊叹不已。)

巴克里对这些稀有贸易商品的描述,成了那些书写"道里"和"邦国"的书的标准,他同时也承认黄金的重要性,他说:"奥达戈斯特的黄金比世界上任何其他地方的黄金都要好,都更纯净。"巴克里还提到了一个名叫雅里斯纳(Yarisna)的商人,他是一个向其他国家出口黄金的商人,但这位商人并没有说太多,因为黄金的开采地点和销售方式的细节仍是秘密。

其他作家则对黄金交易的运作方式给出了自己的解释。有些人描述了一种买卖双方从未谋面的无声交易。最早进行这类描述的历史学家是公元前5世纪的古希腊历史学家希罗多德(Herodotus)。据希罗多德记载,迦太基人把他们想交易的货物留在海滩上,并点起火,以提醒那些拥有黄金的人前来。当地人把黄金放在他们想购买的商品旁边,然后退到一个遥远的地方看会发生什么。如果价格可以接受,迦太基人就接受黄金付款,同时把他们的货物留下。希罗多德声称:"双方都是非常诚实的。"但这句话本身就足以让我们有理由去怀疑他说的任何话!因为希罗多德笔下的这种无声交易虚构了一个绝对诚实、绝对安全的世界——无人看管的金条一整晚都不会被拿走，到早上还在那儿。

阿拉伯作家马苏迪（al-Masudi）在公元10世纪初写道商人们从西吉尔马萨带来商品。西吉尔马萨是撒哈拉沙漠北部的贸易中心，许多商队就是从这里出发，前往"黄金之地"。马苏迪的描写重复了希罗多德关于"无声交易"的阐述，但他还记载了一件令人费解的事情：如果来自西吉尔马萨的卖家对买家给的黄金数量不满意，并"希望买方加价"，他们可以把黄金留在正在出售的商品旁边，以图得到一个更好的报价。

那些没有亲眼看到实际交易的作者，最有可能援引"无声交易"的神话。但事实是，黄金交易涉及一个复杂的交易网络，其中包括直接与矿主进行黄金价格谈判的经纪人，他们一直对自己的重要角色保密。14世纪的一位观察者就讲过关于北方商人的故事。这些北方商人会到加纳待几天，以便招募当地人带他们去见金矿工人。这位观察者继续重复着关于无声交易的古老神话，表明他也未能揭开中间商的神秘面纱。

加纳王国在11世纪衰落了。一些阿拉伯语资料显示穆拉比德王朝在1076年占领了加纳，但首都昆比萨利赫的发掘工作提供了证据，证明这个城市在那之后的一个世纪里持续繁荣。这种持续的繁荣应当归因于该地区当时正在经历的气候变化。

来自湖芯的证据表明，撒哈拉以南的西非萨赫勒地区（Sahel zone）自1050年起就经历了一段降雨量增加的时期，并持续到1300年至1400年间的某个时间点。这些马是公元500年至公元800年间从欧洲而来的，雨水带来了充足的饲料，使得马匹的数量持续增长。马匹改变了战争的性质。根据巴克里的说法，在1050年以前，加纳国王和穆拉比德王朝的武装战士都骑着骆驼作战，战场上的骆驼数量有时可多达10万头。但是在13世纪以后，统治者转向了骑马作战的方式。

大约在这个时候，开罗发生了一场重大的政变，一群被称为马穆鲁克（Mamluks，这个词在阿拉伯语中的意思是"奴隶"）的军事奴隶在1250年推翻了阿尤布王朝（Ayyubid Dynasty）的最后一位统治者，夺取了政权。马穆鲁克人从黄金和奴隶贸易中获得了可观的利润，为他们对开罗长达几个世纪的统治提供了基础。

14世纪中叶，由于欧洲对黄金的巨大需求，跨撒哈拉的黄金贸易达到了顶峰。黄金数量很难估计，但在公元1000年左右，每年可能有3吨至4吨黄金（按今天的价格约合1.5亿美元）穿过撒哈拉沙漠向北运输，并持续至后来的几个世纪。

曼萨·穆萨（Mansa Musa）靠着黄金带来的好运登上了人生顶峰，他在14世纪初的25年里担任马里的国王。1324年，他在前往麦加的途中经过开罗，他那由100头骆驼组成的满载黄金的商队让开罗居民大开眼界。"Mansa"的意思是"最高统治者"，而"Musa"是"摩西"的阿拉伯语发音，所以他名字的意思是"国王摩西"。国王的巨额财富使每个人都感到震惊。他和他的随从们挥金如土，他甚至一手造成了开罗金价的下跌。当时的人估计曼萨·穆萨在旅途中携带了13~18吨的黄金，这使他成为当时世界上最富有的人。

在开罗，曼萨·穆萨与两个人谈论过黄金交易。于是，旁听的人得以管窥有关黄金交易的地点、内容和方式的信息。

与曼萨·穆萨交谈的其中一位叫作杜卡利（al-Dukkali），他居住在马里，他注意到把黄金带给曼萨·穆萨的人并不是穆斯林。"如果曼萨·穆萨苏丹愿意，他可以用自己的身份影响金地居民的信仰，但这个国家的国王已经得到经验了，他们知道一旦他们中的某一位征服了产金的城镇，让伊斯兰教在那里传播开来，宣教者便会在那里召集信徒祈祷，该地的黄金就会开始减少，然后消失，而邻近的不信教国家的黄金则会增加。"由于这种特殊的模式，马里国王选择将黄金产区"置于非穆斯林的控制之下"。为何曼萨·穆萨会把金矿置于这个伊斯兰影响之外，杜卡利给出的解释是如此扭曲，根本说不通。

第二名信息提供者是法律专家扎瓦维（al-Zawawi），他也曾亲自与曼萨·穆萨交谈过，他对王国和金矿工人的关系有着不同的理解。根据他的叙述，在金矿工作的非穆斯林民众，是生活在曼萨·穆萨的王国里的。扎瓦维解释说，为了获得黄金，"需要在金矿里挖坑，坑深达大约一个人的高度，矿工会在深坑的侧面发现黄金，有时也在坑的底部收集黄金"。矿工们会将他们所开采的黄金的一部分支付给曼萨·穆萨。

据扎瓦维所说，曼萨·穆萨也会通过交换国内生产的铜来进口黄金。对铜的征税是曼萨·穆萨政府征收的唯一的税（与早前的加纳国王不同，他没有对盐征税）。国王的代理人将铜出口到一个不知名的"不信神的黑人"聚居的地方，他们用黄金换取铜，具体是以66.66单位的黄金换取100单位的铜。扎瓦维的解释更有道理。无论具体细节如何，很明显的是，曼萨·穆萨与王国内外的非穆斯林矿工达成了和解，这样他就能获得自己需要的黄金。

随着1347年至1348年黑死病的暴发，欧洲人口从7500万减少到5500万，对黄金的需求也下降了。但曼萨·穆萨作为他那个时代最富有君主之一的名声依然存在。1375年，住在马略卡岛（Majorca）的犹太制图师亚伯拉罕·克雷克斯（Abraham Cresques）将曼萨·穆萨的肖像画进了西非地图。他的《加泰罗尼亚地图集》（*Catalan Atlas*）是15世纪末葡萄牙人探险前绘制的最新的非洲-欧亚大陆地图集，当时欧洲对黄金的需求已经恢复。

葡萄牙人是第一批沿着非洲西海岸航行的欧洲人，这是由于航海家亨利王子（Prince Henry）的努力。葡萄牙人不需要建立新的贸易体系，因为这样一个贸易体系已经存在了。这个体系中有集散地、中间商、市场信息来源（尽管对黄金的情况了解甚少）、物流（为骆驼商队提供服务的城镇和村庄），当然还有商品——有些商品在欧洲需求量很大，有些则在非洲内部有很大需求量。15世纪中叶，葡萄牙人利用的是一个早已存在的黄金和奴隶贸易网络。他们没有开启全球化；全球化早已经全面展开了。

起初，航海家亨利王子派遣船只到达北非海岸，希望从伊斯兰统治者手中收复休达等地中海城镇。他不希望他的水手在西非海岸往南航行太远，因为他害怕热带。根据古罗马地理学家的描述，这个地区被认为是非常炎热的，没有人能在穿越它的旅途中幸存下来。

但当一艘葡萄牙船只旅经博哈多尔角（Cape Bojador），并于1434年毫发无损地返回时，亨利王子意识到热带并不存在。于是他派遣船只南下，把非洲奴隶带到葡萄牙。1444年，他在里斯本主持了一场精心策划的游行，向他的臣民展示被俘虏的非洲人，而他的船只继续沿着西非海岸向南航行，并用欧洲的马匹交换奴隶。在亨利的一生中（他死于1460年），他曾将1.5~2万名奴隶从非洲带到葡萄牙。

葡萄牙人很快就找到了西非的金矿。黄金贸易在1482年进入了一个新阶段，当时的葡萄牙人在今加纳西部的埃尔米纳（El mina，意为"矿山"）建立了一个贸易点，那里是当时主要的黄金开采中心。16世纪初，葡萄牙船只每年从非洲向里斯本运送约700公斤重的黄金。当时欧洲的黄金年产量约为4吨，而葡萄牙根本没有金矿。欧洲的所有黄金都可以被放进一个每边均长大约2米的区域里；这么少的数量，意味着黄金的价值极易受到价格波动的影响。

一位名叫若昂·罗德里格斯（Joao Rodrigues）的葡萄牙商人解开了一个谜团，即究竟是谁实际上控制着非洲的黄金贸易。1493年到1495年，罗德里格斯居住在海滨城镇阿尔金（Arguin）和塞内加尔河两地之间，他仔细研究了当地的黄金贸易。他确定了商队贸易所涉及的不同城镇，解释了盐是如何向南穿越撒哈拉沙漠到达廷巴克图的；还观察到满载着北非货物的船只从廷巴克图沿河而上，经两周时间到达杰内（古城杰内附近一个较大的镇），在那里，船队见到了做黄金生意的商人。"这些商人属于一个特殊的种族，被称为旺加拉人（Wangaras），他们是红色皮肤或棕色皮肤的。事实上，除了这一族的人，任何其他人都不准接近这些矿区；之所以排除了其他人，是因为人们认为旺加拉人非常值得信赖"。旺加拉这个名字已经被使用了几个世纪，随着时间的推移，他们的群体身份越来越稳固。15世纪末，旺加拉人形成了一种商业阶层，在罗德里格斯的描述中，其成员均拥有红褐色皮肤。

确认了旺加拉人的身份后，罗德里格斯得以终结无声交易的神话。"据说，卖盐的商人无视其他人，而是把他们的盐堆留给放下金子的黑人。但事实并非如此。"罗德里格斯意识到，无声交易只是为了保护旺加拉人的垄断地位。

罗德里格斯还注意到，奴隶在黄金贸易中的重要作用："当旺加拉人抵达杰内时，每个商人会委托一两百个黑人奴隶（或者更多）用其头顶把盐从杰内运到金矿，并从那里带回黄金。他们的头顶能运一切东西，自己却一无所有。"旺加拉人从奴隶的苦难中获利，有些人一年就交易了一万盎司的黄金。

从1450年到1500年，离开非洲前往葡萄牙的非洲奴隶总数为八万人；在1500年到1600年间，这一数字迅速发展到33.7万人。在

1600年以前，来自撒哈拉沙漠、红海和印度洋的奴隶贸易，比横跨大西洋奴隶贸易的规模还要大。1600年以后，大西洋奴隶贸易取代了北非和中东的奴隶贸易。

正如罗德里格斯所观察到的那样，当葡萄牙人沿着西非海岸航行时，一个穿越非洲的复杂路径系统已经将北非、东非与外部世界连接起来。黄金和石棉手帕穿过直布罗陀海峡，被运到西班牙；而被运到意大利的有象牙和黄金；沿着东非海岸来到阿曼、巴士拉及伊斯兰世界其他地方的是象牙和奴隶。贸易路线也将商品，特别是从地中海和印度洋运来的珠子和布料带入西非。最繁忙的交通路线是三角贸易路线，商队带着珠子和布料向南穿过撒哈拉沙漠，在途中携带上盐，然后带着奴隶和黄金返回地中海港口。

这些复杂的商业动脉的存在，使葡萄牙人沿着非洲西海岸的航行有了新的意义。欧洲人没有把生意介绍给他们在沿海港口遇到的国王和商人。他们尽最大努力避开非洲中间人，并在奴隶和黄金贸易中扮演着至关重要的角色。尽管非洲奴隶的数量非常庞大，但奴隶买主仍从中亚寻找奴隶，下一章将解释其中的原因。

第6章
中亚一分为二

在公元1000年的世界里,中亚只有一种有世界性意义的重要资源——骑兵,中亚骑兵的技术比欧洲或亚洲其他地方的骑兵都更为高超。当骑兵列队攻击时,他们的弓会射出箭雨,极具破坏性,就像今天低空飞行的武装直升机向敌军步兵发射子弹一样。直到16世纪以后,火药武器——如大炮——才能击败游牧民族的神箭力量。

雄心勃勃的领袖们用不同的方式,来利用这些勇猛战士的力量。一个崛起的首领可以建立一支由自己部落成员组成的军队,并分给成员一部分战利品。他还可以从其他部落招募士兵,建立由多个部落组成的更大联盟;或者他可以组建一支完全由买来的奴隶士兵组成的军队;他可以尝试袭击附近的农业社会——中国和印度是首要目标。最成功的领袖根本不进行突袭,因为他们可以定期从定居的农业统治者那里得到保护费。

骑兵队以比当时任何其他行进方式都更快的速度在陆地行军。担任信使的单个骑兵有时一天能行进近500公里，而参加快速军事行动的骑兵可能平均每天行进近100公里。成千上万人的行进会造成后勤困难，即使是骑马，大型军队的行军速度也要慢一些，大约每天24公里，与世界其他地区的军队相当。

从匈牙利一直延伸到中国北部的辽阔草原带，是一条约7000公里长的天然道路。每当马儿需要吃草时，骑兵们就会停下来喂马，然后继续前进。这片草原成了13世纪以后征服并统一了中亚和东亚所有现存势力的蒙古帝国的心脏地带。

在公元1000年，中亚的勇士们开辟了横跨欧亚大陆的道路。商人们用这些新路线运输小而轻的商品。最抢手的商品是什么？是勇士自己以及他们的马匹，无论他们是出于自愿，还是作为被售卖的奴隶。然后是纺织品（最适合挂在帐篷的墙上）、毛皮（作为给家臣的温暖而理想的礼物）和宝石（轻便且易于携带）。科学、数学和历法学的最先进的专业知识——也是最有价值的知识——沿着这些路线传播，学者们从一个统治者的朝廷来到另一个统治者的朝廷，寻找一个好的赞助人。

一如既往，政治环境影响了整个地区的路线形成以及商品与思想的流动。

在阿拔斯王朝失去了对中亚的控制后，马上就是一系列令人眼花缭乱的伊斯兰王朝的起落。我们故事中最重要的是萨曼王朝、伽色尼王朝（the Ghaznavids）、喀喇汗王朝和塞尔柱王朝。这些很难发音（也很难记住）的伊斯兰王朝为阿富汗、今乌兹别克斯坦、印度北部和中国西北部——这些地区仍占伊斯兰世界相当大的一部分——的中亚居民引入伊斯兰教，这就是这些王朝值得我们关注的原因。

公元1000年的全球化，使世界主要宗教扩展到新的领域。基督教传入东欧和北欧的时间，与伊斯兰教传入西非和中亚的时间正好一致。

随着伊斯兰教的传播，当地统治者面临着与其他地方的统治者完全相同的宗教选择问题：哪种普世宗教最符合他们的利益，并能带来最强大的盟友？一些在巴格达和布哈拉（Bukhara）附近建都的部落首领选择了伊斯兰教，这是阿拔斯哈里发和萨曼王朝统治者的宗教。令人惊讶的是，尽管伊斯兰教对部落人民有吸引力，但一些统治者仍选择了佛教。结果就是这两个宗教大区将中王一分为二，分界线大致位于今天中国的新疆地区。

在今天的乌兹别克斯坦，第一批独立的伊斯兰领袖们脱离了阿拔斯王朝，他们所做的正是埃及野心勃勃的统治者伊本·图伦所做的：仅仅是停止向巴格达上缴税收收入。萨曼王朝是一个强大的中亚家族的后裔，他们的姓氏是萨曼（Saman），在哈里发军队夺取了波斯萨珊帝国（the Sasanian Empire）的土地后不久，萨曼家族就皈依了伊斯兰教。很快地，其家族成员就在阿拔斯帝国的官僚机构中获得了职位。

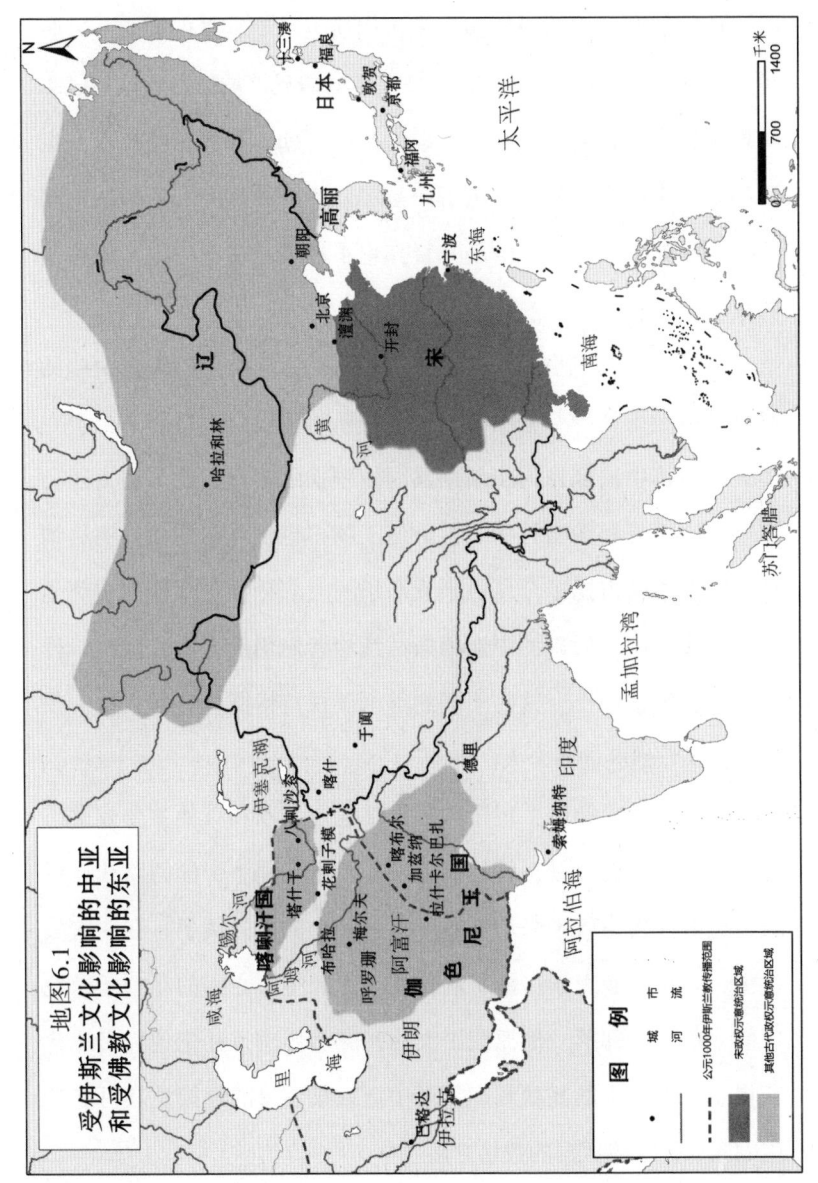

地图 6.1
受伊斯兰文化影响的中亚
和受佛教文化影响的东亚

哈拉和林
辽
北京
朝阳
高丽
日本 福良
栏三凑
敦贺 黄都
九州 福冈
宁波
东海
澄渊
开封
宋
黄河
南海
苏门答腊
孟加拉湾
于阗
喀什
德里
伊塞克湖
八剌沙衮
索姆纳特
印度
塔什干
花剌子模
梅尔夫
喀布尔
加兹纳
咸海
阿姆河
布哈拉
拉什卡尔巴扎
加
色
尼
锡尔河
王
呼罗珊
国
里海
伊朗
阿拉伯海
巴格达
伊拉克

图 例
城　市　●
河　流　———
公元1000年伊斯兰教控制的范围
宋政权代表的汉族统治区域
其他古代政权代表的统治区域

注：书中地图系原文插附地图

他们的职责恰恰是阿拔斯帝国内所有那些官员的职责——收税和征兵。公元819年，来自萨曼家族的四兄弟被任命为该地区不同城市的总督，其中包括后来成为萨曼王朝首都的布哈拉以及主要的学问中心撒马尔罕。随着萨曼军队规模的扩大和阿拔斯帝国派遣军队能力的下降，萨曼总督扣留了越来越多本应上缴巴格达的税收。

公元875年，阿拔斯帝国正式承认萨曼王朝是帝国在中亚的代表。萨曼王朝用寻常的方式对阿拔斯哈里发说了些套话：会在周五的祈祷中提到作为伊斯兰共同体领袖的哈里发的名字，还会定期派送报告和馈赠礼物。但萨曼王朝再也没有定期向巴格达纳税。萨曼王朝占据了今乌兹别克斯坦的大部分领土。即使在萨曼王朝分裂之后，后来的中亚穆斯林统治者们仍然渴望重新统一曾经的萨曼王朝领土。这些不同的继承国扶持伊斯兰教后，这一变化影响了该地区的每个人。

阿拔斯帝国和法蒂玛帝国是巴格达、开罗和其他主要奴隶市场的所在地，而萨曼王朝控制着连接草原与两个帝国的路线，可通过把战俘卖为奴隶来增加收入。举一个简单的例子，在一次战役中，一位萨曼王子击败了居住在咸海和里海之间的花剌子模地区的一些突厥部落。他抓获了大约2000名俘虏，并把他们卖掉，获得了60万银币的高额利润。而中亚奴隶贸易的规模及其可能产生的收入是上述数据的数倍之多。

除东欧和非洲，中亚是伊斯兰世界的第三大奴隶来源地。在公元1000年，中亚奴隶的贩卖造成了一次大规模的人口被迫迁徙。

当萨曼王朝的统治者意识到有技能的奴隶士兵比没有技能的奴隶价格更高时，他们就建立了一所训练军事奴隶的学校。来自奴隶贸易的收入使萨曼王朝非常富有，以至于他们能持续铸造高纯度的银币，直到公元1000年后的某个时候，整个欧洲大陆出现白银短缺，萨曼王朝的白银供应才被切断。

在萨曼王朝统治时期，波斯语成为伊斯兰世界第二重要的语言。写于公元982年的重要地理著作《世界境域志》（*Hudud al-'Alam*），总结了关于穆斯林和非穆斯林地区的诸多地理情况。它以波斯语（而非阿拉伯语）著述，表明这种语言在中亚地区越来越受欢迎，而在巴格达周围地区，阿拉伯语仍是主要语言。

一批才华出众的伊斯兰学者生活在萨曼王朝，其中以比鲁尼最为出众，他研究天体运动、与欧亚大陆相对的大陆的存在以及如何用大马士革钢铸剑。他精通波斯语和阿拉伯语，通常用阿拉伯语写作，阿拉伯语是他所生活时代科学文献的常用语言。他是历史上最有成就的穆斯林科学家之一，甚至乌兹别克斯坦塔什干的一个地铁站都以他的名字来命名。

在公元10世纪90年代动荡的政治形势下，比鲁尼从一个王廷旅行到另一个王廷，为全面研究不同社会的历法而搜集资料。公元1000年后，比鲁尼动身前往位于咸海南岸的花剌子模地区的家乡继续他的研究。他结合了严谨的文本研究——在前印刷时代，他尽一切可能收集手写稿本——和专家的访谈。他对非伊斯兰教的信仰者毫无偏见。当他认为信息不准确时,他就会记录下来,而且他拒绝写作不熟悉的话题,比如叙利亚基督徒在印度所使用的日历,因为他无法采访任何一位对该话题有足够了解的人。

公元1000年,比鲁尼只有27岁,但已完成了一本复杂的、开创性的著作《古代国家历法》(*The Chronology of Ancient Nations*)。该书记载了穆斯林和他们的邻居(包括犹太教徒、基督徒、琐罗亚斯德教徒),以及有悠久历史的民族,如埃及人和罗马人所使用的各种历法。他对印度和中国很着迷,但他的著作中并未记载这两个文明的历法。直到他晚年,通往南亚和东亚的新道路的开辟,才使他得以了解这两个国家。

在手机时代,我们中的许多人都认为精确预测月球、行星和太阳的运动,不过是件理所当然的事。但生活在过去的人们很难测算天体运动,他们必须得知道春天何时到来,这样他们就可以设法加大食物的储备,以及决定什么时候去播种。所有的社会都面临着这样的挑战,而月球、行星和太阳并不同步运行,这就使得挑战变得更加困难。

在《古代国家历法》的开篇段落中,比鲁尼解释说,一个晚上和一个白昼形成一个单位,即太阳日,太阳日从日落时分开始,因为穆斯林是从这个时刻开启每一个新的月份的(犹太人也认为一天是从日落时分开始的)。比鲁尼的文章紧凑而富有条理,用词谨慎。

一天的长度并不是最紧要的问题，精确计算一年的长度更为重要，也更困难。我们今天知道太阳年大约是365.24219天，历法必须把这额外的四分之一天考虑进去，否则历法就不可能准确地计算出播种季节。现代历法通过每四年增加一天的方式来处理这个问题。因为穆斯林历法完全是阴历，宗教年开始于每年的不同月份，所以穆斯林用阳历来决定什么时候种植，什么时候征收农业税。犹太人每19年增加七个月，以使他们的阳历和阴历保持一致。比鲁尼喜欢解释这些事情，因为他从分析大量不同语言的不同材料中获得了很多乐趣。他还热衷于复杂的数学计算，以预测太阳、月球和行星的运动。

比鲁尼生活在今天所谓的逊尼派国际主义时期（Sunni Internationalism）的开端，这一术语是由已故的芝加哥大学学者马歇尔·G. S. 霍奇森（Marshall G. S. Hodgson）创造的。虽然在阿拔斯帝国解体后，中东地区在政治上没有统一，但在文化上仍然是统一的。从11世纪开始，学习阿拉伯语或波斯语的学者可以借助新的旅行路线，与伊斯兰世界任何地方的老师一起学习。这相应地导致了第二种发展：一种叫作"马德拉沙"（madrasa）的新型学校的兴起。

不同于早期的学校，马德拉沙有捐赠基金，所以可以为学生提供学习和居住的地方。大多数法律专业的学生都是在某一个老师的指导下进行学习的，他们得学习很长一段时间，通常是四年，然后就是一段实习期。这些学生的目标是获得一个许可证，这样他们就能在法律上指导别人，并撰写法律意见书。能住在自己学习的地方，这一点对学生而言很有意义，所以马德拉沙在学法律的学生中特别受欢迎。马德拉沙的建立变得非常普遍，开罗的一条街道就有73所不同的马德拉沙，教授四种主要的逊尼派法律。

妇女不能待在马德拉沙——它们没有单独的房间给女学生住，但一些妇女，特别是来自显赫的学者家庭的女性，能够继续她们的学业，并设法取得高水平的学术成就。有37本人物辞典对著名学者和《古兰经》释经家进行了罗列，保存了数百名女学者的名字。编纂于1201年的一本词典，其列出的学者中有23%是女性。许多女性学者拥有很高的学术声望，使得家族内外的许多男人们都来跟随她们一起学习。关于老师和学生的信息会沿着和商品流通同样的路线而传播，连那些足不出户的人，也会接触到新的思维方式和新奇的产品。

只要当时没有爆发激烈的社会动荡，学者和学生仍可以在伊斯兰国家间自由流动。但在萨曼王朝式微之时，布哈拉也动荡不安。萨曼统治者的军事奴隶们变得越来越难以驯服。在公元10世纪时，萨曼王朝发现自己越来越难以招募那些来自拥有土地的家庭的男性到政府和军队中任职，所以他们用买来的突厥奴隶填补空缺的职位。

将治理的任务外包给奴隶士兵，其危险性几乎立刻就变得显而易见。公元914年，突厥军队谋杀了萨曼统治者；公元943年，他们迫使其继任者退位。从此以后，萨曼王朝的统治形同虚设；

这些军事奴隶完全控制着萨曼王室的成员，萨曼王室成了他们的傀儡，就像公元945年以后被囚禁的阿拔斯哈里发是白益王朝的傀儡一样。

公元961年，当两个军事奴隶派系无法就新统治者达成一致时，一名曾是奴隶的军队指挥官阿尔普特勤（Alptegin）离开了萨曼王朝的领土。阿尔普特勤带领他的军队到达阿富汗加兹纳〔Ghazna，现在的加兹尼（Ghazni）〕的一个偏远的前哨站。阿尔普特勤通过对德里（Delhi）和印度北部的袭击，建立了一个新的政权，该政权名义上隶属于萨曼王朝，但实际上是完全独立的。公元963年，阿尔普特勤去世后，他的士兵们选择各寻新主，有些新主有奴隶背景，有些则没有，但他们统治的时间都很短。在公元998年，他们追随了马哈茂德（Mahmud）———一名军事奴隶的儿子。27岁时，马哈茂德成为中亚最重要的势力之———伽色尼王朝的首领，他在阿富汗扶持伊斯兰教，而在更早之前的世纪里，阿富汗曾是佛教地区。

马哈茂德声称自己是阿拔斯哈里发的捍卫者，尽管哈里发被囚禁，但仍是伊斯兰世界的精神领袖。哈里发任命马哈茂德为位于里海东南角的呼罗珊地区（Khurasan）的总督。在公元999年，哈里发授予马哈茂德"国之右臂"和"信仰的忠实支持者"两个头衔。哈里发还送给马哈茂德一件长袍，这是一件非常私人的礼物，因为衣服上带有送礼人的个人气味。

马哈茂德是第一位获得哈里发支持的军奴出身的统治者。他的同时代人开始称他为"苏丹"（Sultan），意为"权威"，这个头衔表明了他是多么强大。在建立了伽色尼王朝之后，马哈茂德统治了整整32年，直到他于1030年去世，享年59岁。

在此之前，所有伊斯兰王朝的奠基人都以阿拉伯语或波斯语为母语，但中亚人马哈茂德的母语是突厥语。尽管如此，作为统治者的马哈茂德还是提倡使用波斯语，这使得波斯语成为仅次于阿拉伯语的第二语言。（当时活跃在伊拉克和安纳托利亚的塞尔柱王朝的创始人也说突厥语，但同时也鼓励使用波斯语。）马哈茂德建立的王朝很重要，因为它是第一个统治伊朗、阿富汗、巴基斯坦和印度北部的伊斯兰帝国。

伽色尼王朝和塞尔柱王朝都招募了加齐（Ghazi）战士，即"为了信仰而战的志愿战士"。这些战士从一支军队转到另一支军队，这样他们就可以参加反对非穆斯林群体的运动。他们的战斗有一个宗教目的，即击败异教徒，但他们也为自己的战利品而战。

马哈茂德庞大军队的核心是4000名骑兵，他们最初都是被买来的军事奴隶。有时候马哈茂德的军队会另招纳五万人加入进来。马哈茂德命令军队在天气不那么热的冬天，向位于其阿富汗基地并不远处的印度北部发动进攻。

伽色尼王朝的主要目标是储存在印度宫殿和庙宇中的金条。马哈茂德利用穆斯林武装分子掠夺印度寺庙，这种行为是得到允许的，因为印度教徒不具备"齐米"（dhimmi），即"被保护民"的资格。印度教徒被视为异教徒，这意味着任何摧毁印度教神殿的穆斯林都是在履行一种宗教职责，这种信念集结了马哈茂德的势力,有助于伊斯兰教在整个中亚的传播。

马哈茂德的突袭行动有时并不符合伊斯兰法律,为此,他会想出一些巧妙的变通方法。由于穆斯林不允许杀害或奴役其他穆斯林,马哈茂德有时会把印度教俘虏招募到他的战争机器里,这样他就可以通过这些俘虏掠夺穆斯林聚居的城市。他的印度教士兵主要来自加兹纳的一个地区。倘若符合自己的利益,马哈茂德还会与印度北部几个不同的信仰印度教的国王结盟,就像马里王国的曼萨·穆萨为获得黄金而与非穆斯林结盟一样。

在马哈茂德的统治下,阿富汗人变得越来越伊斯兰化,但印度北部居民并没有,这是因为马哈茂德并不鼓励皈依。(直到13世纪,印度北部才在后来一个王朝的统治下变得以穆斯林人口为主。)马哈茂德增加收入的首选方法其实是劫掠。

他最臭名昭著的一次攻击是1025年至1026年对索姆纳特(Somnath)的湿婆神庙的掠夺。索姆纳特是印度西北海岸的一个重要港口。即使是粗略的谷歌搜索也会显示出这是有史以来,穆斯林对印度教寺庙最具争议的洗劫之一。比鲁尼在他的杰作《印度志》(*On India*)中详细描述了马哈茂德在索姆纳特的活动,该书表明比鲁尼努力向印度以外的读者解释印度宗教及社会的复杂性。

比鲁尼的研究也是全球化的一部分,因为这意味着向读者解释其他民族风俗的书籍出现了。比起其他任何描写"道里"和"邦国"的著作,《印度志》对印度的研究更为长远和深入。

当时,50多岁的马哈茂德进入索姆纳特的神庙,并摧毁了主神湿婆的神象，印度教祭司会向湿婆的化身林伽（lingam），也就是阳具献祭。林伽体现了人类的生殖能力，代表了宇宙所有的创造力量。比鲁尼记载道，马哈茂德"下令将林伽的上半部分拆掉，其余部分运到他的居住地加兹纳，连同其所有的遮盖物和装饰物，包括金饰、珠宝和刺绣服饰"。马哈茂德在加兹纳的清真寺前埋下了被损坏的林伽，让那里的穆斯林加以践踏，以示蔑视。马哈茂德的军队中可能有印度教士兵，他也可能与印度教统治者结盟，但他明白攻击非穆斯林是激发他的战士的好方法。

马哈茂德用来自索姆纳特及其他突袭行动的收益来支付军队的报酬，并在喀布尔西南约600公里的赫尔曼德河（the Helmand River）河畔的拉什卡尔巴扎（Lashkar-i Bazaar）建立了一个新首都。他还在加兹纳建造了新的清真寺。

马哈茂德的下一个目标是北方的一个穆斯林政权，即游牧联盟喀喇汗王朝。该王朝不使用购买来的奴隶，而是使用一种古老的招募士兵的方法，他们攻击邻近的部落，然后邀请战败领袖的追随者加入自己的联盟。

公元950年左右，喀喇汗王朝的领袖萨图克·博格拉汗在与一位穆斯林法学家会面后皈依了伊斯兰教。这一会面，使得今天中国西北的新疆地区开始伊斯兰化。喀喇汗王朝有两个首领，西部汗以撒马尔罕为大本营，从属于东部汗，而东部汗以今吉尔吉斯斯坦的八剌沙衮（Balasagun）及中国西部边境的喀什为大本营。公元999年，东喀喇汗国征服了萨曼王朝的首都布哈拉。

公元999年标志着萨曼王朝的正式结束，这也是伽色尼王朝与喀喇汗王朝为争夺前萨曼王朝领土而展开的长达20年斗争的开始。伽色尼王朝加强了伊斯兰教对阿富汗的控制，而喀喇汗王朝则将伊斯兰教带到了新疆西部。

在公元1006年之前的某个时候，喀喇汗王朝征服了喀什东南560公里处的于阗（Khotan），这是一处信奉佛教的绿洲。后来，一位住在喀什的著名诗人从入侵者的角度描写了这座绿洲之城的沦陷：

> 我们像洪水一样将他们淹没，
> 我们在他们的城市里横冲直撞，
> 我们拆毁了偶像神庙，
> 我们在佛头上着粪！

这首诗表达了喀喇汗王朝对劫掠的渴望，他们认为这是对佛教异教徒的正义攻击。

喀喇汗王朝和伽色尼王朝为了扩张自己的帝国，并获得对所有前萨曼王朝领土的控制，经常互相开战。即使在新领袖被选出后，喀喇汗的王子们仍然继续互相争夺权力，这加剧了不稳定的局势。马哈茂德直接介入喀喇汗王朝的继承权斗争中，他会支持一位候选人，直到这位候选人变得强大，然后转而去支持另一位竞争者。

附近另一个引起马哈茂德注意的王国是花剌子模，它位于咸海以南，与喀喇汗王朝和伽色尼王朝的领土接壤。花剌子模是罗斯人到达的最远的东方,"远行者"英格瓦尔就是死在了这里。这里还是比鲁尼诞生的地方。花剌子模的统治者设法保持了整整15年的独立,但在1017年,马哈茂德策划了当地军队的叛乱。他的部队还放火焚烧宫殿,花剌子模的统治者死于大火之中。马哈茂德随后占领了这座城市。

比鲁尼在这个时候搬到了加兹纳。波斯诗人菲尔多西(al-Firdawsi)也是如此,他在1010年完成了有史以来最重要的波斯文学作品《列王纪》(*Shahnameh*)。这是一部关于公元651年以前波斯古代国王的历史书,哈里发军队在那一年击败了最后一位萨珊王朝皇帝。该书描绘了波斯文明的力量,以及与伊朗之外的图兰(Turan)[1]游牧敌人之间长达几个世纪的斗争。

书中讲述了许多英雄的英勇事迹,其中最著名的是鲁斯塔姆(Rostam),他身强力壮,骑着一匹名为拉赫什(Rakhsh)的非凡骏马。拉赫什既能承受鲁斯塔姆的体重,又能杀死狮子和龙。鲁斯塔姆和他对手之间频繁的身体对抗,推动了故事的发展。最感人的一幕发生在鲁斯塔姆杀死他的孩子之时,因为鲁斯塔姆并没有认出这是自己的孩子。

菲尔多西选择描写波斯统治者的宿敌,而不是马哈茂德和他的同时代人。尽管如此,这本书的背景仍是一个类似于公元1000年的世界,中国和拜占庭帝国都是其中的关键角色。尽管故事发生在

---

[1] 波斯语中对中亚的称呼为"Turan"。——编者注

遥远的过去，但在该书中，菲尔多西呈现了一种他认为应该适用于其所处时代的王权模式。国王（有时是女王）需要身强体壮，也必须能够公正地进行统治。

菲尔多西要求马哈茂德提供经济上的支持，但他未能如愿，于是在生命的最后时刻，菲尔多西写了一篇讽刺作品，对马哈茂德进行了深刻的批评。花剌子模的其他学者，包括医学专家和哲学家阿维森纳（Avicenna），选择不去马哈茂德的宫廷。相反，他们向西迁移到不同的波斯统治者的宫廷，这表明学者们仍然可以在不再统一的伊斯兰世界的各个国家间穿梭。

1019年至1020年，喀喇汗王朝和伽色尼王朝停止了战斗，因为马哈茂德支持了一位有抱负的喀喇汗王朝的领袖。这位领袖名为优素福·卡迪尔汗（Yusuf Qadir Khan），他在1024年成为无可争议的喀喇汗王朝统治者。为了表明他们的亲密关系，马哈茂德在1025年时把女儿嫁给了卡迪尔汗的儿子。

自公元999年战争纷起，在中亚的两个主要伊斯兰势力终于实现了和平共处。西部草原上各伊斯兰列强之间的交流也随之加强。随着学者、书籍和商品沿着新的道路流通，阿拉伯语和波斯语的知识传播开来，伊斯兰教进一步普及。

作为对和平新时代的回应，喀喇汗王朝向其东部的新势力——契丹人伸出了橄榄枝。契丹人统治着横跨今天中国北方省份辽宁、内蒙古、河北和山西部分地区的一大片欧亚草原。卡迪尔汗请求契丹人派一位公主嫁给自己的儿子。

契丹人声称自己是北魏（386—534）说突厥语的统治者的后裔，并信奉佛教。每当非汉民族在战争中击败汉民族并接管帝国的一部分时，他们必须从儒教、道教和佛教中选择支持其中一种，否则他们的汉族臣民就不会接受他们的统治。很少有征服者的王朝选择儒教或道教，因为它们有令人生畏的文献经典。

佛教是一种起源于印度，后来在中国流行起来的信仰体系，它之所以吸引外来统治者，是因为它关于理想君主——被称为转轮圣王——的教义。这些理想君主不必像僧侣那样住在寺庙里，也不必发誓禁欲。他们继续统治世俗世界，向佛教徒捐献土地、金钱和其他礼物，实现传统的转轮圣王理想；并依照佛教教义统治，鼓励臣民信奉佛教，从而积累佛教功德。

公元10世纪初，一位名叫耶律阿保机的契丹族首领统一了生活在北亚草原上的各个部落。阿保机尤其擅长攫取南方中原王朝的财富，无论是通过突袭他们的边境地区，还是通过抓捕汉族工匠，并迫使他们向北迁移。在他建立自己帝国的过程中，唐朝的政治轨迹使他受益匪浅。公元885年，唐朝几乎覆灭，皇帝被一个有权势的节度使软禁起来，[1]直到公元907年，最后一个少年皇帝被杀，[2]唐朝正式结束。阿保机有意识地将自己定位为唐朝的继承者，并将自己的统

---

[1] 唐僖宗受制于宦官田令孜。——译者注
[2] 天佑四年（公元907年）三月，唐哀宗被迫禅位给朱温，唐朝灭亡。次年二月，朱温派人鸩杀唐哀宗。——译者注

治追溯到公元907年（实际上阿保机的统治始于此后数年）。他的王朝成为中亚草原东部最重要的游牧力量，但与穆斯林的喀喇汗王朝和伽色尼王朝不同，契丹人信奉佛教。

契丹诸部与其他突厥部落，比如喀喇汗王朝和伽色尼王朝，有很多共同之处，历史学家用"世选制"这个词来描述他们的统治体系。世选制的基本原则是让首领家庭中最有资格的成员来担任统治者。这听起来可能很民主，但实际上根本不是。统治者必须通过击败其所有的对手，包括他的兄弟、儿子、叔伯或侄子，来确立自己统治的资格。当这场混战结束后，所有幸存的男人和一些有权势的女人聚在一起，支持胜利者成为新的领袖。

阿保机自己就是这个制度的产物，但他反对这个制度。他尤其反对按照契丹人的风俗那样，每隔三年就得去征求所有部落首领的支持。公元916年，他建立了一个中国式的王朝，即后来的辽朝，并自立为帝。坚称自己无可替代的阿保机从此终止了三年一次的部落内选。

契丹人的数量不超过100万，他们只是生活在其国土上的一小部分人。契丹王朝统治的人口主要是汉人，还包括回鹘人等不同的民族。这些不同的群体聚集在辽朝社会，他们的成员说契丹语、汉语和其他语言，并融合了各自的文化风俗。

阿保机意识到游牧民族和农耕民族是多么不同。他极富创新地建立了一种被称为"南北面官制"的制度，即为游牧部落建立一个北方式政府，为定居的臣民建立一个南方式政府。南面官由用汉语做记录、在官衙中工作的官员组成；北面官包括一大群讲多种语言的随行人员，他们跟随皇帝到处旅行。阿保机决定将他的母语契丹语记录下来，还下令创造两种契丹文字。由于现存的原始契丹文献很少，也没有类似罗塞塔石碑（the Rosetta Stone）[1]的遗存，与蒙古语有着间接联系的契丹语只有部分能被破译。[2]

作为阿保机后代的辽朝皇帝，经常与贵族一起迁移，从一个捺钵[3]迁移到另一个捺钵，以追逐好的猎物。公元938年，今天的北京成为辽帝国的五京之一。契丹人是最早将北京命名为都城的人。（后来的历代王朝都把它作为都城，这就是北京成为今天的中国首都的原因。）

阿保机是在唐朝统治土崩瓦解之后建立了自己的帝国，但公元960年，也就是宋朝建立后，他的后继者们面临着来自南方的强大挑战。宋朝和辽朝打过几次大战。公元1004年，辽军在北京以南地区发动了一场破坏力极大的闪电战，他们没有围攻沿途的城市，而是一直向宋朝的都城开封挺进。经过不到一年的战斗，辽

---

[1] 古埃及托勒密王朝时期的著名石碑，碑上刻有同一段诏书的三种语言（古埃及象形文字、埃及草书、古希腊文）版本，考古学家得以通过对照不同的语言版本，解读失传已久的古埃及文字。——编者注
[2] 关于契丹语的破译，海内外学者经过不懈努力，取得了很多成果，比如近年来国内比较有代表性的著作有刘浦江、康鹏主编《契丹小字词汇索引》，中华书局，2014；清格尔泰、吴英喆、吉如何《契丹小字再研究》，内蒙古大学出版社，2017；清格尔泰、刘凤翥等人的《契丹小字研究》，中国社会科学出版社，2018。——译者注
[3] 指辽朝皇帝的行营。辽朝的皇帝多保留了契丹民族的游猎风俗，四时转徙，所居无常。——编者注

军兵临距开封仅160公里的黄河边上的澶州，此后双方议和。

宋朝和辽朝在1005年签订了澶渊之盟。宋朝同意每年向北方支付绢20万匹和银10万两（共2000锭，每锭重约1.9公斤）。

为了保全面子，起草和约的宋朝官员不承认"弱国"宋支付"强国"辽的银钱货物是"贡"。相反，他们称之为"助军旅之费"。澶渊之盟持续了一个多世纪。银和绢的数量巨大，但宋朝人当然负担得起，因为这仅仅相当于宋朝中央政府每年从一两个城镇中获得的收入。宋朝持续不断地支付，确保了辽朝有稳定的收入来源，他们不需要通过劫掠来获得。辽朝发现了草原部落从富有的定居政权中攫取财富这一方法，甚至比马哈茂德对印度北部的持续劫掠更为有效。

辽宋签订澶渊之盟后，双方建立了重兵把守的边境线，将贸易限制在特定的市镇，这促使宋朝的贸易发展向南转向，东南亚也就成为其主要的海外贸易伙伴。

大多数地区强国，包括朝鲜的高丽统治者和日本平安时代的君主，都与宋朝和辽朝保持着联系。由于认识到辽国强大的军事力量，他们不得不经常与契丹人打交道，但他们尊重宋朝的文学成就，仍继续从中国进口书籍和其他商品。

高丽、日本和辽朝领土形成了一个北亚佛教大区，可与中亚西部的伊斯兰大区相提并论。在北亚，几乎每个人都是佛教徒；而在西亚，几乎每个人都是穆斯林。这两个大区使用不同的语言：伊斯兰大区使用阿拉伯语和波斯语，而佛教大区使用汉字。

专家们就各种各样的问题相互磋商，学者们在邻近的国家学习，书籍在这些大区内部——而非跨区——流通。

日本与宋朝之间并没有官方的贸易关系，但商人经常往来于中国的宁波港和九州岛的福冈港（当时叫作博多）之间，这是日本唯一允许外国商人进入的港口。该港口附近（但今天乘火车大约要花费一小时才能到达）有一个负责处理边境关系的地方政府办公室，他们决定哪些游客可以从福冈入境日本，哪些则不能。

福冈港为人们提供了从宋朝获取商品、书籍和新闻的渠道，同时它也是从辽朝获取商品和相关信息的渠道。辽朝和宋朝的史书编写者（以及其他许多历史学家）记录了统治者之间的数次礼物交换，但没有人知道这些东西到底是什么，直到20世纪八九十年代，一连串令人惊叹的考古发现出现在了辽朝的中心地带。

陈国公主是辽朝皇帝的孙女，[1]死于1018年，公主之墓极为豪奢，因为它从未被盗过。墓内物品证明了辽朝王室奢侈品的来源之广，其中很多都是用船从数千公里外的地方运来的。玻璃器皿和铜壶来自叙利亚、埃及和伊朗，而水晶制成的小物件则来自苏门答腊和印度，它们看上去和玻璃很像，雕琢时须十分小心，以防弄碎。这些物品很可能是参加辽朝统治者及其亲属葬礼的使节送给辽朝王室的礼物。

琥珀比玛瑙或水晶更柔软、更容易被加工，显然是契丹人

---

[1] 陈国公主（1001—1018），耶律氏，辽景宗孙女，辽圣宗之弟耶律隆庆之女。——编者注

最喜欢的材料。契丹人把大块的原料，如琥珀，带到自己的领土上，然后由工匠（通常是汉人）把它们加工成物品。

陈国公主墓中数量最多的物品——珠子、吊坠、动物形状的容器、刀柄和可以握在手里的护身符——都是由琥珀制成的。把琥珀戴在身上，就会散发出一种轻微的松树香味，这更增添了它的魅力。一位名叫马瓦济（al-Marwazi）的阿拉伯地理学家解释说，中国人（对他来说，这个词包括辽朝和宋朝的臣民）更喜欢来自"斯拉夫海"（Slavonic Sea）的琥珀，而不是当地的琥珀，因为它颜色较浅。考古测试——特别是红外光谱测试——已经证明了马瓦济的说法是正确的。部分琥珀原产于北欧的波罗的海地区（即马瓦济所说的"斯拉夫海"），距辽朝约6500公里。"琥珀之路"是公元1000年世界上最长的陆路路线之一。

陈国公主墓内的景象生动地说明了公元1005年与宋朝签订澶渊之盟后的辽朝的繁荣景象。辽宋双方一旦和平相处，他们就会转而投入其他的事务中去了。1010年，辽朝皇帝进攻朝鲜半岛，战争一直持续到1020年，但并未获得成功。战争暂时使商业活动中断，但战事甫一结束，贸易就恢复了。辽朝皇帝还欢迎来自其西边的统治者的示好，这就是为什么在1021年，辽帝接受了喀喇汗统治者卡迪尔汗求娶辽国公主的请求。

三年后，辽朝向伽色尼王朝发出了自己的邀请。当时，统治了近50年的辽圣宗（982—1031年在位）派遣使者携带书信到加兹纳，提出要和马哈茂德建立外交关系。我们从地理学家马瓦济撰写的一份详细记录中得知，这位特使的名字叫夸利图卡（Qalitunka）。

夸利图卡与来自回鹘的另一位特使一同前往加兹纳，回鹘是中亚的另一支势力。他们的旅程长达4000公里，十分艰辛。从辽国领土抵达伽色尼王国，在一般情况下只需要六个月的时间，而这两位使节花了三年。从佛教大区横跨至伊斯兰教大区，这个外交团队开辟了一条穿越草原的新途径，连接了中国北方和阿富汗这两个相隔甚远的地区。

当两位特使抵达加兹纳的马哈茂德王廷时，他们遇到了各色各样的人，包括杰出的学者比鲁尼。他们讨论了海象牙（阿拉伯语中表示该材料的词语是"khutu"，一个罕见的来自契丹语的外来词）。使节们把海象牙的重要属性告诉了比鲁尼，据说当海象牙被放置在毒物附近时，它会分泌出液体，这是一种明显的危险警告。因而，海象牙在宋朝和辽朝都很受欢迎。比鲁尼还学会了饮茶，几个世纪后，饮茶在伊斯兰世界变得流行起来。

马瓦济把回鹘和辽朝统治者的信件翻译成阿拉伯语，并描写了马哈茂德王廷接待使节的情况。这些信件最初可能是用回鹘语或突厥语写的，这两种在中亚被广泛使用的语言实际上非常接近。马瓦济的记录中只提及了这一组信件，信的内容是完全可信的。

辽圣宗在信的开头告诉马哈茂德，他知道"马哈茂德气概非凡，威严显赫，他对埃米尔（emir）[1]怀着无比敬畏之心"。这直

---

[1] 阿拉伯国家的贵族头衔，意为"掌权者"。——编者注

接表明，关于伽色尼王朝征服的消息已经传到了契丹王朝。

夸利图卡特使为马哈茂德带来了许多昂贵的礼物，有些是来自契丹领土，有些则是从其他地方转送过来的。其中的21件上衣是用丝绸缝制的，可能就是宋朝根据澶渊之盟的规定支付给辽朝的。

辽朝使节还赠送了麝香，这是一种罕见的药材，价格昂贵，香味浓郁，是从生活在青藏高原的麝的腺体中提取出来的。雄麝的阴茎前有一个直径约4厘米的球状小腺，会分泌出难闻的分泌物。如果你杀死了麝，让它的腺体变干，然后切开，就会得到一种特殊的物质，香料和熏香制作者会把这种物质用于生产味道更香、更持久的混合物。麝香的这种增强香味的能力，使它像龙涎香一样有很高的价值。

大约200张黑貂皮和1000张灰松鼠皮肯定是来自契丹领土。来自辽朝皇帝的毛皮、纺织品和香料，是伊斯兰教和佛教大区统治者彼此交换的典型礼物。

辽朝皇帝送给马哈茂德的最后一样礼物是一张弓和十支箭，表达了辽帝想与马哈茂德结盟的愿望。但这位回鹘特使只给了马哈茂德一名奴隶和一支箭作为"象征"，他底气不足地解释说，路途太过危险，无法携带任何有价值的礼物。

作为建立两国关系的下一步，辽朝皇帝要求伽色尼王朝从"富有判断力、智慧且性格刚毅的人"中选出一位使者。派这样一个使者，"我们就可以把我们的情况告诉他，彼此交流，建立起友好的互相馈赠礼物的习惯，建立起和他的友谊"。这份简洁的声明解释了为什么在公元1000年,世界各地的统治者都派遣代表到彼此的朝廷:他们既想得到邻国的信息,也想得到不寻常的商品。

马哈茂德的回应与众不同。他直截了当地拒绝了辽朝皇帝的提议:"和平与休战只是为了结束战争。并没有任何宗教把我们带到一起,使我们彼此交流。我们相隔甚远,但这反而能给我们双方带来安全感,使我们免遭对方的欺骗。在你接受伊斯兰教之前,我不需要和你保持密切的关系。再见。"

他直言不讳的回答表明统治者知道公元1000年左右发生的皈依,而且他们——不仅仅是现代的历史学家——把世界划分为不同的宗教大区。马哈茂德拒绝了辽圣宗,因为圣宗不是穆斯林,而且住的地方离他很远。马哈茂德设想了这样一个世界,他和他的穆斯林盟友站在一边,而包括信奉佛教的辽朝皇帝在内的其他人则位于另一边。

打个比方,在一条新开放的道路上,来自两种不同文化的碰碰车相撞了。马哈茂德对辽朝皇帝的提议的反应,恰好就发生在相撞的一刻,而我们的史料记载常常会忽略这一时刻。这样的碰撞时刻,也发生在其他地方,想想十字军东征,穆斯林和基督徒为争夺对圣城的控制而爆发的长达一个世纪的冲突。

作为一个突厥部落联盟,契丹文化与伽色尼文化、喀喇汗文化有很多共同之处,人们可能认为契丹人已经皈依了伊斯兰教。但即便在马哈茂德拒绝与契丹人结盟之后,辽朝统治者仍然保持着支持佛教的悠久传统。

辽朝统治者展示他们信仰的一种方式是建造宝塔。佛教徒用容器把奉予佛陀的供品装在位于佛塔顶部或底部的封闭空间里。而这个封闭空间里通常有火化的骨头碎片或玻璃（或岩石）碎片，它们被认为是佛陀的舍利。

辽朝皇室于1043年在今辽宁省朝阳市建造了一座宝塔，这座名为朝阳北塔的佛塔顶部有个隐秘隔间，里面出土了极为丰富的文物。一个辽历1043年5月19日的石盒上面刻着这样的文字："像法还剩七年，终入末法。"这些是佛教关于特定时代的名称。这一铭文提出了一个复杂的历法问题：当前的像法时代是什么时候开始的？末法时代又将在何时开始？佛教徒相信世界末日将在末法时代来临。

这个答案取决于何时开始纪年。辽朝统治者所使用的历法始于公元前949年佛陀涅槃之际，这标志着正法时代的结束，佛陀的追随者完全理解了他的教诲。经过了一千年，在公元51年，第一个理想化的时代让位给了另一个时代，即像法时代，人们只能接触到那些教义的简化版本。像法时代到1051年就结束了。1052年，当末法时代开始时，一切都将被摧毁。

佛教徒如何才能为世界末日做最好的准备？

他们相信自己应该为未来的佛陀提供世界毁灭后重启佛教所需的一切，这就是为什么他们把不同的供品放在朝阳北塔顶部的隔间里。

这座宝塔的出土物布满了整个博物馆，证明辽朝皇室与遥远的民族保持着广泛的贸易联系。其中最引人注目的是一间由珠宝组成的1米多高的房子，它是由成千上万的宝石和次等宝石串成的，其中包括珍珠、珊瑚、玉、水晶、玛瑙、玻璃以及契丹人最喜欢的琥珀。多个国际供应商从非洲-欧亚大陆的各个角落寻来这些东西。

在位于今北京西南房山区的一座佛寺里，辽朝统治者为世界毁灭后的重启准备了佛经文本。在那里，他们出资在数千块石碑上雕刻了大量的佛经，这些石碑起到了印刷模板的作用。印刷者们可以在这些碑上涂墨，再铺上几张纸，然后对佛经进行拓印。他们把这些碑埋在一个巨大的地下仓库里，现在的游客可以参观。

佛教徒对世界末日的确切日期意见不一。在宋朝，没有人认为世界末日会在1052年到来（他们认为末日会早五个世纪到来），但日本人对1052年的恐惧不亚于辽朝佛教徒。各种预兆吓坏了日本人。公元995年至1030年间，京都遭受了包括天花、麻疹和流感在内的各种疾病的多次暴发，1006年，一颗超新星的出现引起了人们巨大的恐慌。

世界似乎真的要灭亡了，而日本人认为世界会在1052年灭亡，就像辽朝皇室认为的那样。这种关于同一个末日的共同信仰表明，日本人和辽朝佛教徒有着密切的联系，这一发现颠覆了日本与辽国接触极少的普遍观点。

诚然，官方历史记载中，两国之间的朝贡活动非常少。尽管福冈是日本唯一允许接收外国商品的港口,但日本西海岸的几个非官方港口,如敦贺、福良和十三凑,在公元10世纪90年代与辽王朝有大量的往来,包括进口鹰翼和毛皮,耶鲁艺术史学家米米·耶普鲁克斯旺(Mimi Yiengpruksawan)有力地证明了这一点。

当时,日本的实权掌握在摄政的藤原家族的手里,藤原氏代表年幼的天皇进行统治。每当天皇成年后,就会退位,将皇位传给一个年幼的孩子,让藤原氏继续掌权。从公元996年到1017年,摄政的藤原道长是皇位背后的权力人物,后由他的儿子藤原赖通接手并统治至1058年。

就像辽朝皇室一样,日本的摄政王也会在地下埋东西,为即将到来的世界末日做准备。1007年,摄政王藤原道长在奈良城外的一座山上埋葬了15部佛经。数以百计的此类墓葬中有各种各样的物品,有些是日本制造的,有些是宋朝制造的,有些是辽朝制造的,所有这些都表明在北亚的佛教国家中存在着一个非官方的贸易区。

书籍也沿着同样的道路流通。当藤原赖通听说有一本他想阅读的佛经在辽朝疆域内流传时(这是在他成为摄政王之前),他请居住在宋都开封的一位僧人为他寻找到了一部抄本。虽然澶渊之盟禁止中国书籍出口,但效果并不佳,因而僧人得以用船将书籍从开封运至日本福冈港。

随着世界末日的临近,日本人更加迫切地寻求精确的历法信息。统治者重视历法科学,因为对天空的了解可以帮助他们维持政治控制。他们相信，不正常的事件，比如难以预料的日食现象，表明这股控制宇宙的力量的不满，表明世界即将灭亡，人们应当比平时观察得更仔细。

1040年，京都朝廷的两名天文学家对日食发生的时间产生了分歧，当权的藤原赖通试图通过查看最新的中国历法来消除分歧。他派人到朝鲜半岛的高丽王国——一个主要的印刷中心，寻找一份历法副本。佛教大区中的辽朝、日本和高丽都相信1052年是世界末日，而书籍则沿着连接这些政权的道路而传播。高丽的历法专家与其日本及辽朝同行进行了商议，就像比鲁尼与伊斯兰教大区中志同道合的专家进行讨论一样。

当1052年终于到来的时候，藤原赖通将自己在京都宇治郊区的一所别墅改造成了佛寺，后来这座佛寺被称为凤凰堂，因为它看起来就像一只展翅腾飞的鸟。建成的凤凰堂是日本文化的一个标志性符号，并被刻在10日元硬币的表面。凤凰堂表现出了受辽朝影响的多重迹象。在一个没有柱子支撑屋顶的大殿里，设计者放置了一尊巨大的佛像，并用大量的镜子和不同寻常的金属物来装饰大殿。

令所有人惊讶的是，1052年并没有发生任何重大灾难。有些人相信末法时代已经悄然来临，但另一些人并不那么肯定。几年后，一切又恢复了平静。没有人为末法时代提出一个新日期，生活一如既往地继续着。

公元1000年至1200年间，发生了一系列令人眼花缭乱的王朝更迭。1030年，59岁的马哈茂德去世，他的儿子继承了王位，但是塞尔柱人在1040年打败了伽色尼王朝。1125年，臣服于辽朝的部族之一女真人推翻了他们的统治，并在12世纪40年代签订了一项条约，要求宋朝支付比1005年澶渊之盟规定的还要多的岁币。尽管如此，这些事件并没有改变佛教和伊斯兰教大区之间的边界。

令人惊讶的是，尽管皇室各分支之间明争暗斗不断，喀喇汗王朝一直保持着统治地位，直到1211年。当时，他们像中亚其他所有国家一样，向几乎不可战胜的对手成吉思汗投降。成吉思汗组建了一支由草原民族构成的军队，比任何早期的联盟都更为庞大和强大。每个士兵都有多匹坐骑，他们每个人都能在马上做出不同的动作（比如可以俯冲下来从地上捡起东西）。军队还有复杂的骑兵阵法，战斗力最强的骑兵可以行进在军队的最前面。成吉思汗从被征服的民族那里——包括在新疆西部幸存下来的契丹人的一支，学到了很多东西。他没有购买奴隶士兵，而是把更多的战利品分给了那些在战斗中最为勇猛的人。

成吉思汗为当时的"中亚模式"增加了一个重要因素——恐怖。每当蒙古军队到达一个新地方时，他们就会给当地统治者一个投降的机会，以接受蒙古可汗的统治，并定期向可汗的代表进贡。如果当地统治者同意了，蒙古人就会任命一名总督来监督这个地区，并允许这位前统治者在交税的前提下继续统治该地。虽然蒙古人继续崇拜他们自己的神祇（天神腾格里对他们来说特别重要），但并没有把自己的信仰强加给穆斯林和佛教徒臣民。

若当地统治者不愿投降，结果就大不相同了。蒙古人会实行屠戮。在蒙古人征服的一座城市里，被杀死的当地居民的头骨被堆集在城墙外的一个大土堆中；而居民被割下来的耳朵，则被丢弃在另一座城市。蒙古人的目标始终如一，即让那些抵抗的人投降，而不是让他们继续战斗。一旦某座城市被攻陷，蒙古人就会把居民分成不同的群体，熟练的织工和金属工人会被派往首都。蒙古军队吸收了那些拥有专业知识的人，比如军事技工。技工们可以发射成捆的火药，火药一被触碰，就会发生爆炸（这是中国人的一项发明）；或者是使用弩炮向空中投掷巨大的石头，以摧毁目标。

当来自比利时的方济会传教士鲁布鲁克的威廉（William of Rubruck）访问蒙古帝国首都哈拉和林（位于今蒙古国）时，他遇到了来自遥远的法国的欧洲战俘。其中有一个人是技艺精湛的银匠，他制作了精美的喷泉。像银匠这样的俘虏可以结婚、成家，生活得很舒适，但他们不能返回家乡。[1]如此多的人在草原上迁徙，导致了前所未有的信息交流：伊朗和中国的天文学家相互切磋；一位伊朗历史学家撰写了一部世界史，其中相当详细地描写了伊斯兰世界和中国。这种新联系的另一个结果是黑死病的迅速蔓延，它起源于中亚西部，并蔓延到中东和欧洲。

---

[1]《鲁布鲁克东行记》，耿升译，中华书局，1985。——译者注

蒙古人成功地建立了历史上最大的陆地帝国。它横跨欧亚大草原，从现在的匈牙利一直延伸到中国。帝国的各个地区都向大可汗宣誓效忠，并被要求为可汗的站赤服务人员及其他国家的使节提供马匹。

在成吉思汗及其子统治期间，蒙古帝国团结一致。作为一个部落的首领，成吉思汗能够在生前指定自己的继任者，这是非比寻常的；在成吉思汗死后两年，他的勇士们在忽里台大会上推崇其第三子窝阔台为其继承人，这类似于阿保机所废除的契丹人的继位法。窝阔台死后，成吉思汗的孙子们不得不选择下一任领袖，他们的目标并不是选出哪个兄弟去统治一个统一的帝国；相反，他们把自己的领土划分为四个部分：伊朗、伏尔加河谷和西伯利亚部分地区、中亚、东方地区。

虽然成吉思汗及其诸子并未皈依伊斯兰教或佛教，但此后诸汗国最终还是信奉了这两种宗教。到14世纪30年代，西方三个汗国的统治者都信奉伊斯兰教，而东方地区的统治者则信奉佛教。在那里，蒙古人建立了一个中国式的王朝，其皇帝特别喜欢藏传佛教的教义。

中亚最后一位蒙古式的统治者是帖木儿（Timur，也称"跛足帖木儿"），他利用草原战士的力量，统一了蒙古帝国的三个穆斯林汗国。帖木儿把自己塑造成一个像成吉思汗一样的传统统治者（为此他娶了成吉思汗的一个后裔），同时也明确地表示自己是一个穆斯林。1405年，帖木儿过世，当时他正试图远征中国，于是，草原战士创建的以土地为基础的帝国的理想，也随着他的去世而烟消云散了。我们将在下一章中看到，其他同时代统治者也希望建立大帝国，但他们关注的是海洋，而不是陆地，他们使用的是船只，而不是骑兵。

第7章
令人惊讶的旅程

地图绘制者将非洲和日本之间的水域划分为不同的海洋——阿拉伯海、印度洋、孟加拉湾、中国南海、中国东海和太平洋，但实际上，这些水域形成了一条连续的、可供航行的水道。

早期的航行充分利用了季风的优势，水手们将货物从阿拉伯半岛运到印度，然后再运到中国。季风决定了船只在印度洋航行的最佳时间。在冬季，欧亚大陆温度降低，干燥的空气被吹送到海洋上空；而在夏季，欧亚大陆温度升高，继而产生低气压，海洋上空富含水分的空气就会被吹送至大陆，从而形成对农业至关重要的降雨。在公元前200年以前，孟加拉湾的水手们就已经很好地掌握了季风的规律，能够借助季风在印度和东南亚之间穿行。到了公元1000年，他们已经可以跨越开阔的海洋了。

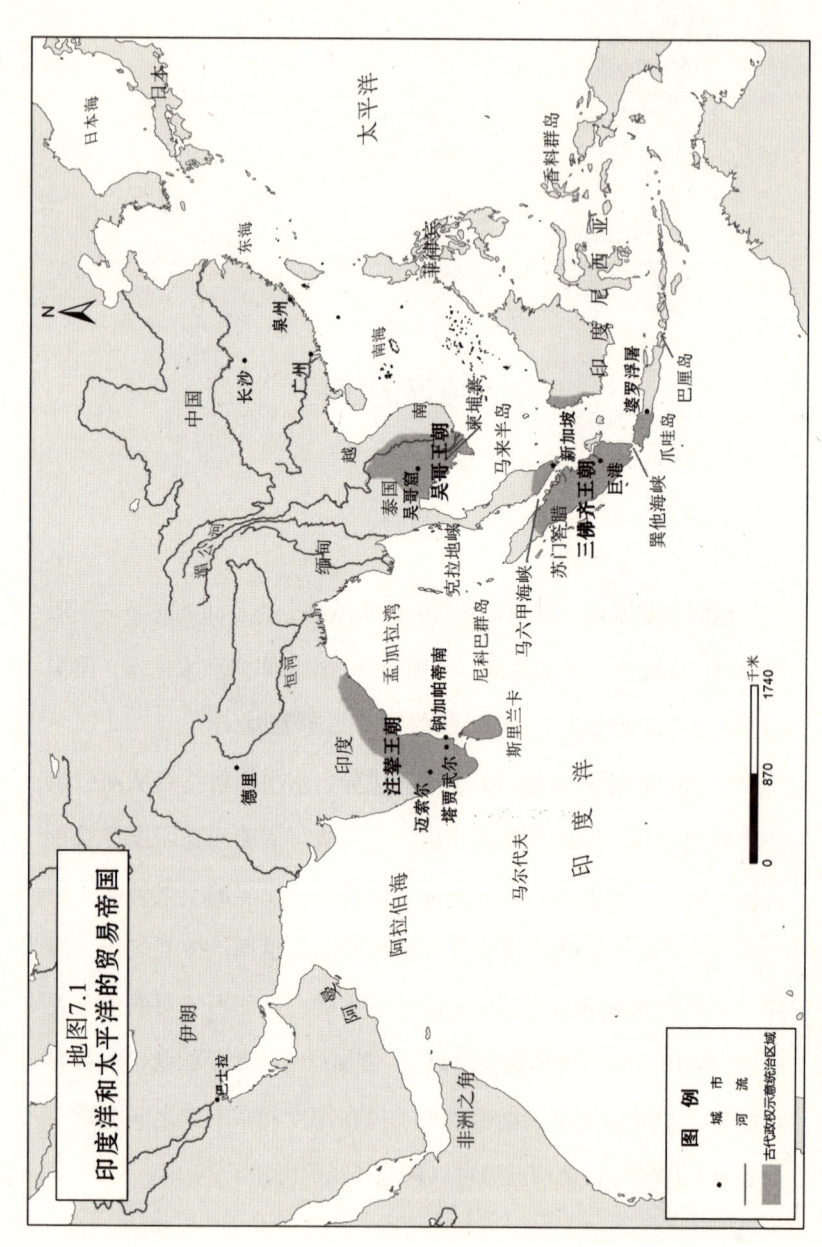

地图7.1
印度洋和太平洋的贸易帝国

图例
· 城市
— 河流
▨ 古代政权示意统治区域

注：书中地图系原文插附地图

该地区的主要贸易物品是当地种植的香木、香料和其他芳香植物，所有这些可被统称为"芳香物"。香料群岛（The Spice Islands），即今印度尼西亚的马鲁古群岛（Moluccas），以盛产丁香和肉豆蔻等多种香料而闻名。在一个很少有人洗澡且饮食较为单调的世界里，这些香料对人们有着巨大的吸引力。该地区也有诸如黄金、锡和银等金属的交易，棉纺织品由于非常适合当地气候，也极受欢迎。

印度洋上的长途奴隶贸易规模没有伊斯兰世界的那么大，这可能是因为大多数地区都能在本地找到奴隶资源或其他类型的劳工。此外，环印度洋地区并不像同时期的伊斯兰世界那样鼓励解放奴隶，因此，这些地区不必补充其奴隶数量。

1500年前后欧洲人跨越这些大洋的航行，并不是该地区全球化的开篇。早在一千年前，当地水手已经定期往返后来由达·伽马和麦哲伦"发现"的航线。欧洲水手也没有引入长途贸易，因为长途贸易在他们到达时就已经很成熟了。欧洲人想要做的是除去中间商，并免于向统治者缴纳关税，而他们最终也做到了。在非洲，欧洲人直接得到了黄金和奴隶，而在香料群岛，他们找到了如何不经中间商便能购买香料、木材的方法。

公元1000年左右，最令人惊讶的旅程发生在马来半岛和非洲东海岸的马达加斯加岛之间，两地相距约6500公里，略短于哥伦布第一次航行的里程7081公里。虽然马达加斯加岛距离非洲东海岸只有大约400公里，但岛上的语言，即马达加斯加语，与马来语群的关联更近；而不像大多数人想象的那样，与在非洲及东非海岸占主导地位的班图（Bantu）语支有关。

事实证明，马达加斯加语与马来语、波利尼西亚语、夏威夷语及中国台湾当地语言属于同一语系。这些马来-波利尼西亚语族中的语言有很多共同之处：夏威夷语中表示"禁忌"的单词是"kabu"，而塔希提人（Tahitians）把"禁忌"一词读成"tabu"〔（tabu）是英语中"禁忌"（taboo）一词的起源〕，这两个词读音十分接近。公元前1000年至公元1300年间定居在太平洋上的人们说着这个语族中的各种语言，那些一直远行至马达加斯加岛的人也是如此。

对语言学家来说，很明显，说马来-波利尼西亚语族中语言的定居者比来自东非的定居者更早到达马达加斯加岛。同样，现代马达加斯加岛人口的DNA测试显示，他们的祖先既有东南亚人，也有非洲人。

直到最近，考古学家才确定那些说马来-波利尼西亚语族语言的人到达马达加斯加岛的日期。他们分析了马达加斯加岛及东非大陆共18个考古遗址中的2433粒烧焦的种子，这些种子的年代在公元650年到1200年之间。东非遗址中有高粱、珍珠稷、龙爪稷、豇豆和猴面包树的种子，这些都是典型的非洲作物；而马达加斯加岛的遗址中则发现了水稻、绿豆和棉花的种子，这些作物都起源于东南亚。马达加斯加岛的某些遗址中只剩下水稻种子，这表明那里应该有大量以稻米为主食的亚洲定居者。旅行者还带来了动物。猫出现在公元六七世纪，鸡出现在公元8世纪后期，牛、绵羊和山羊则出现在公元9世纪。在公元1000年前，马达加斯加岛上的马来人定居地已经建立。

因为考古学家们尚未在印度洋上发现任何船只残骸，他们并不知道早期水手去往马达加斯加岛时使用的是何种船只。关于波利尼西亚人如何航海的最早文字记录只能追溯到18世纪晚期，詹姆斯·库克（James Cook）船长也是在那时到达夏威夷和波利尼西亚的。

在库克船长时代，南太平洋岛民航行数百公里进入太平洋。岛民们把两只独木舟绑在一起，上面只架一张帆。他们还会用椰子纤维做成的绳子，将独木舟和一个木框绑在一起，这样他们就可以把沉重的货物放在框上了。在塔希提岛，库克遇到了一位名叫图帕亚（Tupaia）的当地航海家。图帕亚自称阿里奥伊（Arioi），意思是熟悉当地地理的祭司。库克绘制了一幅航海图，图上有130个不同的目的地，图帕亚知道去往这些地方的航线；这些目的地中最远的是新西兰。

考古学家不确定波利尼西亚人是否在公元1000年左右使用了双体独木舟。大多数人认为，说马来-波利尼西亚语族语言的古代航海家们无论是去往马达加斯加岛，还是驶向太平洋深处，他们都使用了类似的船只，但全球研究古代东南亚船只的最著名学者、法国考古学家皮埃尔-伊夫·曼金（Pierre-Yves Manguin）对该观点提出了质疑。他认为这些航海家在太平洋航行时使用的是双体独木舟，而在印度洋航行时使用东南亚船只。曼金主要关注的是东南亚制造的船只。在东南亚，造船工人从树上砍下木板，在木板内部刻出凸块，然后在凸块上钻洞，绳子穿过洞后，就能把木板串在一起。这就是东南亚的拼板船技术。

曼金解释说，从马来半岛出发继而到达马达加斯加岛的水手们所乘坐的船只，其木板就是这样被拼接在一起的。这些船带有多根桅杆和多张船帆，在中国南海及东南亚海域，人们已考古挖掘出多艘这样的船。"帕侬素林号"（Phanom Surin）沉船是迄今为止发现的最大的一艘，长约35米。

目前，我们还无法得知这些早期的水手使用的是双体独木舟还是多帆的大船，但我们能确定在马来航海家驶向马达加斯加岛的同时，波利尼西亚航海家也向东冒险，进入太平洋。波利尼西亚人从美拉尼西亚（Melanesia）出发，然后逐渐分散开来，在1300年左右到达斐济、萨摩亚、夏威夷、复活节岛和新西兰，新西兰是地球上人类最晚定居的地方。尽管关于人类在每个岛屿的确切定居时间仍存在争议，但定居者留下了独特的陶器碎片，这使我们有可能追踪到他们的路线。

关于人类定居时间的问题，目前存在两个观点，一方赞成"长纪年"，他们认为人类较早就在某一地点定居；另一方赞成"短纪年"，他们认为定居发生得较晚。例如，"长纪年"的支持者认为人类在新西兰的定居始于公元1000年，而"短纪年"的支持者则认为是始于1300年。双方认为的定居时间差异有时可能长达一千年。在2011年的一项研究中，研究者针对45座不同岛屿做了1434项碳素年代测定，该研究表明"短纪年"派所认为的定居时间更准确，因为该派主要通过种子、树枝和叶子等物质进行推断，它们最多只能存在几十年；而木炭能保存数百年，若以木炭为依据，会推断出一个具有误导性的较早时间。

许多人倾向于认为大约在公元前800年，古波利尼西亚人离开美拉尼西亚，来到菲律宾东部以及萨摩亚。经过一千八百年，也就是在1025至1120年间，他们航行至社会群岛，社会群岛位于由夏威夷、复活节岛和新西兰构成的太平洋三角地带的中心。在1190年至1290年间，古波利尼西亚人同时向三个方向迁移：北至夏威夷，西南至新西兰，东至复活节岛，每段旅程都超过4000公里。

为什么波利尼西亚人在公元1000年后决定探索整个太平洋？可能的答案中包括环境危机、技术的意外突破（可能是双人独木舟的发明），甚至是厄尔尼诺事件，如风力的增强，因为强风会帮助航行者去往更遥远的岛屿。上述古波利尼西亚人的迁移解释了分散在遥远太平洋岛屿上的诸多工具，如鱼钩，为何会看起来这么相似。因为无论是前往夏威夷、复活节岛还是新西兰，在1190年左右离开社会群岛的波利尼西亚人都携带着完全相同的物品。

18世纪晚期，库克的手下注意到波利尼西亚人为捕捞大型哺乳动物，可能是虎鲸或宽吻海豚，会航行极远的距离。当库克一行人绘制地图时，库克意识到图帕亚对当地地理的了解是多么广博，但库克本人并没有准确地记录波利尼西亚人是如何找到去往各个岛的路线的。

地图7.2
太平洋定居点

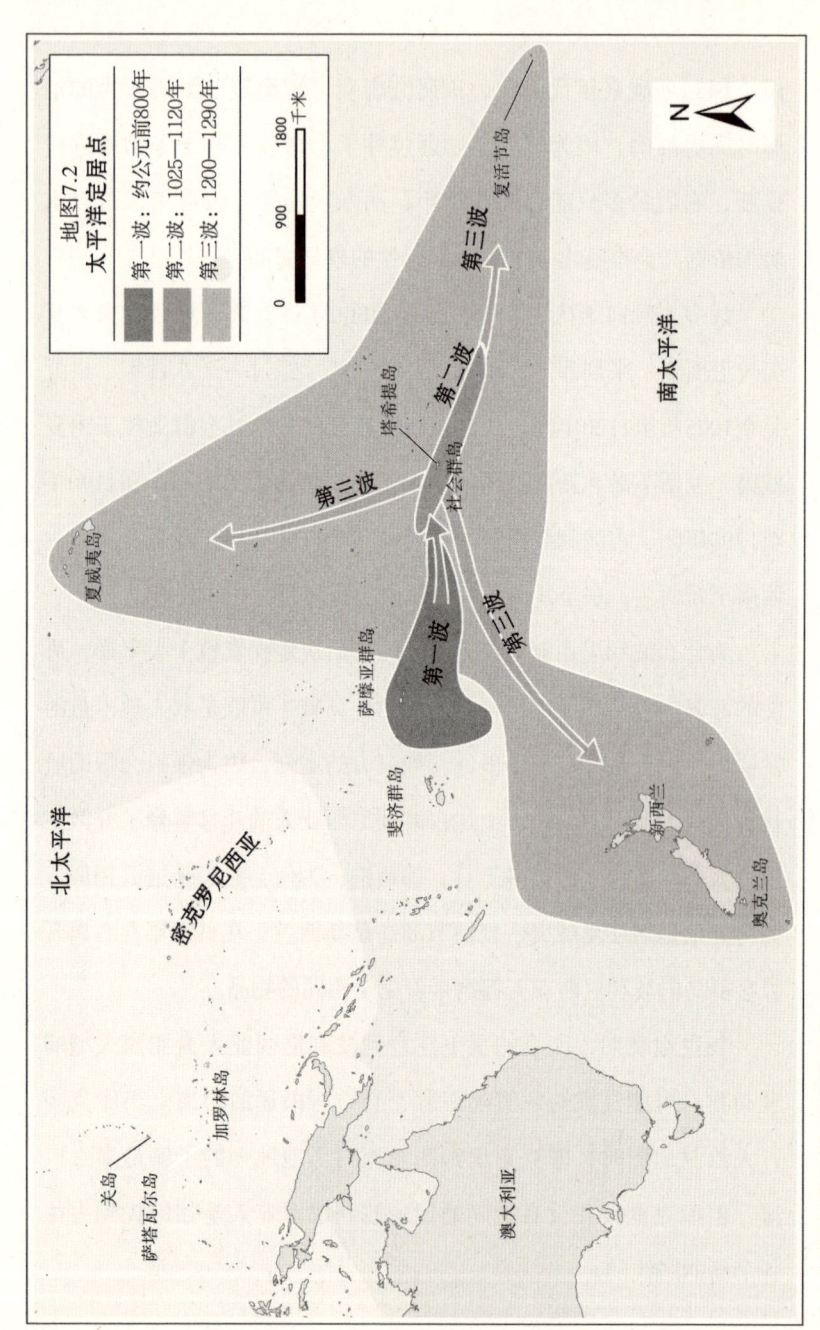

第一波：约公元前800年
第二波：1025—1120年
第三波：1200—1290年

0　　900　　1800 千米

复活节岛
第三波
塔希提岛
第二波
社会群岛
夏威夷岛
第三波
第一波
第三波
萨摩亚群岛
斐济群岛
北太平洋
南太平洋
密克罗尼西亚
关岛
萨塔瓦尔岛
加罗林岛
澳大利亚
新西兰
奥克兰岛

注：书中地图系原文插附地图

关于波利尼西亚航海技术的详细信息，来自20世纪后期在偏远的太平洋岛屿上工作的人类学家。他们记录了那些位于中心地理位置的岛屿上已逐渐消失的传统。

马乌·皮埃鲁格是最有经验的水手之一。他出生于1930年，在加罗林群岛（Caroline Islands）的萨塔瓦尔岛（the Satawal Island，属密克罗尼西亚）上长大，并从部落长辈那里学会了如何航行。1983年，皮埃鲁格向来访的美国人史蒂夫·托马斯传授了这种传统航海体系的基本原理。在航行中，皮埃鲁格完全不使用航海仪器，而是密切观察鸟类的飞行轨迹、云层的移动路线以及海浪的运动（他可以描述出8种不同的海浪）。

皮埃鲁格在地上画一个圆圈代表夜晚的地平线，并用石头标示出15颗不同的星星升起和落下的地方。他已经记住了通向加罗林群岛、菲律宾和关岛（Guam）的航线的恒星序列，连去往北美、南美、塔希提岛、萨摩亚和日本的旅途中的恒星序列，他也能背诵出来，尽管他从未踏足过这些地方。皮埃鲁格知道150多颗恒星的运行路线，以及它们的运行路线是如何随着季节的变化而变化的。1976年，皮埃鲁格乘坐一艘为庆祝美国建国二百周年而复原的双人独木舟，成功完成了从夏威夷到塔希提岛长达4200公里的航程，赢得了国际赞誉。这是他第一次完成该路线，并且没有使用任何航海仪器。

然而，持续的暴风雨可能会导致像皮埃鲁格这样经验丰富的水手偏离航线。2003年，70多岁的他开始了一段穿行于两个岛屿，且长达400公里的旅程。由于台风来袭，他未能在两周后到达目的地。于是，他的家人联系了海岸警卫队，海岸警卫队最终找到了他。皮埃鲁格解释说，尽管他因台风延误了航程，但他仍知道自己的确切位置。他拒绝了海岸警卫队的帮助，并用传统的导航方式安全到家。

皮埃鲁格关于传统航海的知识，解释了水手们是如何从马来半岛到达马达加斯加岛的。如果他们在黎明和黄昏时一直观察某一颗恒星，就可以沿着南纬6度线航行。从巽他海峡（the Sunda Strait，在苏门答腊岛和爪哇岛之间）出发，水手们向西航行到查戈斯群岛（the Chagos Islands），再横穿印度洋其余海域，直达塞舌尔群岛（the Seychelles Islands，位于马达加斯加北部）。水手们乘坐的或是双人带帆的独木舟，或是如皮埃尔-伊夫·曼金所认为的多帆大型木制船。

这些航行导致太平洋上许多偏远岛屿——以及马达加斯加岛——有了定居人口。我们知道马来-波利尼西亚人的船载有男男女女，当然还有老鼠、猪和狗，因为人类和动物都在其定居的各个岛屿上繁衍生息。定居者带来了各种植物，比如红薯、面包果（烘烤后有面包质感的无核水果）和芋头（其地下茎捣碎后能食用），他们突然闯入这些此前无人居住的岛屿，并给岛屿带来了持久的影响。

留在东南亚的人们也在海上航行，并通过航行，与周围所有的重要文明（主要是印度文明）相遇。即便在今天，我们仍能明显地从印度尼西亚群岛，以及包括柬埔寨、泰国和越南在内的陆地国家的建筑和宗教生活中，看出印度文明对东南亚地区的影响。

如果能回到过去，我们会看到当地人穿着印度棉织品，吃着受印度美食启发而制成的食物。印度文化对东南亚地区的早期渗透可以追溯到公元300年到公元600年间，这种渗透体现在梵语碑文、泰米尔语碑文以及佛像石像上。当来自印度北部的传教士到达东南亚时，他们遇到了一些崇拜神祇的族群，这些神祇被认为存在于山脉、洞穴、树木、岩石及其他地貌中。此外，守护神还如同祖先，会庇佑个别的家庭和村庄。公元600年后，印度教的神祇，特别是湿婆和毗湿奴，也在东南亚地区受到了崇拜。

当时，东南亚社会最大的政治单位是村落和酋邦。整个地区的人口密度很低。在1600年，每平方公里为5.5人，还不到中国（不包括西藏地区）人口密度的七分之一。在更早的几个世纪里，东南亚人口的数量甚至更少；而水稻密集种植的地区，比如越南的红河三角洲，其人口最为稠密。

酋邦里的人们猎杀动物，采集野生植物。而村居的人们从事刀耕火种的农业，这意味着他们会在树林里砍伐和烧毁植物，为农作物腾出空间。当田地里的养分耗尽时，他们就会转移到一个新的地方，所以刀耕火种式的农业有时也被称为迁移农业。无论他们是种植庄稼，是狩猎、采集，还是兼有两者，东南亚人都习惯于从一个地方搬到另一个地方，组装和拆卸临时房屋，这些房

209

屋通常建在桩子上，高于地面。

担任王室顾问的印度传教士，通常通晓梵语、泰米尔语和其他印度语族语言。他们引进印度字母表，教当地领导人如何记录送给寺庙的礼物，以及如何与其他领导者通信。文士们有时用梵语或泰米尔语刻碑文，有时用印度字母来记录当地语言的发音。这些碑文是关于早期历史的最重要的资料来源。早期学者多把印度文化进入东南亚的过程仅仅描述为是印度主动传入的结果，但事实上，许多东南亚统治者决定了接受印度文化的哪些方面。

和公元1000年其他地方的领导者一样，东南亚的领导者们选择皈依一种普世宗教，以增强自己的权力。佛教和印度教都有很多王室信徒。尤为吸引人的是佛教理想中的转轮圣王。它在北亚的草原民族（如契丹人）中很受欢迎，在东南亚也同样具有强大的吸引力。对转轮圣王的崇拜并不局限于佛教徒，印度教徒也相信那些有才能的领导者之所以能够统治大片领土，是因为他们得到了神的支持。

人们接受了这些新宗教，并修建了一些世界上最令人惊叹的纪念性建筑，包括爪哇中部的婆罗浮屠（Borobudur）、印度坦贾武尔（Thanjavur）供奉湿婆神的布里哈迪斯瓦拉神庙（Brihadisvara temple），以及柬埔寨的吴哥窟（Angkor Wat）。这些宗教遗址的规模及其美丽至今仍令人赞叹，每一个游客都想知道，这些社会是如何建造如此壮观的建筑的。我们把这些发展出各自独特管理模式的社会称为"神庙国家",因为在这些社会中,人们十分重视仪式,且"神庙"在组织大型活动时发挥了重要作用。

神庙国家的统治者通常是凭借智谋,或在战争中击溃对手来掌权的,但一旦掌权,他们就不完全是依靠武力来治理国家了。这些统治者鼓动臣民,希望臣民能把他们与佛教、印度教的主要神祇联系在一起。为了实现转轮圣王统治的理想,君主们会向神庙奉献礼物和土地,而臣民也经常会看到他们的统治者在神庙里举行仪式。

由于这些神庙国家严重依赖统治者的个人魅力和施展权术的能力,所以它们的势力范围波动很大。当神庙国家的统治者强大时,它们的势力范围也就扩大了,能向更远的庙宇赠送礼物,并接受来自遥远王国的统治者的贡品;还能召集大批军队,并派遣海军远渡重洋。但当统治者软弱时,它们的势力范围就会缩减。因而,这些国家往往会像气球一样膨胀和收缩。

在公元1000年左右,一些神庙国家的地位尤为重要:三佛齐国(Srivijaya Empire)位于苏门答腊岛南部,在新加坡正南方约500公里,今印度尼西亚的城市巨港(Palembang)附近;位于印度南端的注辇国(Cholas)在公元9世纪晚期获得了该地区的统治权;柬埔寨吴哥王朝(Angkor Dynasty)的国王们修建了著名的吴哥窟,他们往往比三佛齐国王、注辇国王统治得更为长久。

公元600年至公元700年间,在马来水手航行至马达加斯加岛的同时,三佛齐国崛起。三佛齐国的繁荣得益于其临近马六甲海峡的地理位置。在公元350年之前的某个时候,由阿拉伯半岛航行至中国的船只发现了一条新航线。发现新航线以前,这趟旅程需分为两个阶段来完成,人们先把船停在今泰国地区,用陆运的方式,运送货物穿过克拉地峡(the Isthmus of Kra),然后再装上开往中国的船只。公元350年后,船主们开始全程海运,不需要再承担陆运货物带来的损失。新航线经过马六甲海峡,船只需要在那里停泊六个月,等待季风的改变。尽管等待过程很乏味,但船员们不需要卸货后从陆路运输货物,也不需要重新装货。

我们从一个叫义净的中国僧人那里知道了航线的改变,公元671年,他沿着这条航线去往印度(在公元7世纪八九十年代又去过几次)。义净经马六甲海峡,在中国和印度间旅行,这个事例提醒我们,商人并非该地区来往于不同港口的唯一人群。僧侣们周游各地,有时是为了能拜名师为师,有时是为了回应统治者的邀请。这些佛教徒的修行包括了密宗的咒语、仪式和开蒙。统治者接待了这些佛教徒,因为他们希望圣人能有助于自己的王国发展。

三佛齐国的统治者通过鼓励马六甲海峡的海上贸易并从中征税而使其王国繁荣起来。由于三佛齐国没有任何文字史料留存下来,我们对它的了解大都来自中国的正史。宋朝史书中对三佛齐国的描写就是一个很好的例子。就像今天的维基百科条目一样,中国人对外国土地的描述也遵循着一套公式,内容包括当地最重要的产品和货币体系(三佛齐国居民用黄金和白银换取想要的商品，他们不使用钱币），以及该国历史上最重要事件的编年记录，且中国人几乎总是会记录下带着贡品前来宋朝的代表团名单。三佛齐国统治者进献给宋朝皇帝的物品中，有象牙、犀牛角、水晶和香料（如乳香），这些都是宋朝皇室及平民非常需要的东南亚商品。另一份来自中国的史料称，三佛齐国的统治者保持着对乳香和檀香的垄断，这些货物经政府官员出售给外国商人。

中国和阿拉伯来访者将三佛齐国的首都描绘成一座传统的城市。在将近一个世纪的时间里，考古学家们在苏门答腊岛上到处寻找它的遗迹，但并没有找到。最终他们意识到，三佛齐国可能从来没有固定的都城，唯一的永久性建筑是供奉佛陀的砖塔。如果航运设施在战斗或风暴中被摧毁，统治者总是可以转移到一个新的地点。

独木舟对三佛齐国来说至关重要。当国王需要召集人手进行远征的时候，就会派使者乘独木舟去往上游地区，向下级首领传达命令；然后，这些参与远征的人就会划着独木舟顺流而下，在约定的时间到都城集合。退潮时，划桨者只需几个小时就能航行80公里。大约在公元900年，一位阿拉伯作家曾目睹一支由1000艘船只组成的舰队，这些人聚集在一起，响应国王的召唤。

在三佛齐国统治时期，有不同类型的船只远渡重洋。其中一种是东南亚的拼板船。另一种是独桅三角帆船，这种船的船板是用椰子纤维制成的。由于其柔韧的船身，独桅三角帆船在触礁时不易散架。该船的主要制造中心在阿拉伯半岛和非洲之角（the Horn of Africa），其主要用户是穆斯林商人。

人们在港口城市巨港以东的勿里洞岛（Belitung Island）近海打捞起一艘长18米的沉没的独桅三角帆船，即"勿里洞号"，一同被发现的还有船上所有的货物。由此，我们得以知道公元800年左右的独桅三角帆船是什么样子的。〔根据勿里洞沉船打造的现代复制品"马斯喀特之珠号"（The Jewel of Muscat）曾在新加坡的一家博物馆展出。最近，考古学家们又挖掘出了另一艘独桅三角帆船"帕侬素林号"沉船，该船年代稍晚一些。〕

由于"勿里洞号"的归属权在进行商业挖掘之前已被争夺了整整一年，其残余货物还以3200万美元的价格被卖给了新加坡政府。一些考古学家认为挖掘所得的任何数据都是可疑的，他们还认为金钱交易助长了不科学的挖掘行为，尽管挖掘公司雇用了与印度尼西亚军方合作的专业考古学家来防止进一步的损失。这些批评人士未能意识到在一个有这么多未受保护的沉船的地区开展挖掘工作的艰巨性。2012年，他们还阻止了史密森尼博物馆（Smithsonian Museum）下属的萨克勒博物馆（Sackler Museum）举办的一场有关沉船的展览。尽管持反对态度，但他们仍然认可沉船上物品的真实性。

"勿里洞号"的船板来自非洲，并在阿拉伯半岛拼合而成——也许是在阿曼附近，那里至今仍在制造独桅三角帆船。这艘船在公元826年后的某个时候沉没了（船上的一个陶器标示了年代），它运载了大量铁器、银锭、金器、铜镜和陶瓷,这些都是当时典型的中国出口商品。陶瓷的数量是如此之多,连最有经验的考古学家也感到吃惊不已。考古学家们还在沉船残骸中发现了6万个湖南长沙窑中烧制出来的小盘子。

沉船上有些陶瓷带有类似阿拉伯文的字母,但仔细一看,这些并不是真正的阿拉伯文字,尽管看起来很像。(专家称之为伪阿拉伯文。)独具匠心的中国工匠想要将陶瓷卖给阿拔斯帝国的消费者,于是,他们以阿拔斯帝国的陶瓷为模型进行制作,但工匠们不懂阿拉伯语,无法刻上正确的文字。这一点并没有阻止中国人为穆斯林消费者批量生产陶瓷,而穆斯林消费者也认为中国陶瓷质量上乘,因为它们几乎是半透明的,壁很薄,敲击时会发出响声。

为了应对中国陶瓷的挑战,阿拔斯帝国的工匠们在公元750年后开发出了一种新技术,叫作"光瓷"。他们在已经烧制过一次的上了釉的罐子上,另涂上一层银和铜,使其变得闪闪发光。这些罐子对消费者很有吸引力,生活在东非海岸的人们会进口这种产品。"光瓷"使阿拔斯陶瓷得以保留部分市场份额,但它们仍无法与经高温烧制的中国陶瓷相媲美。当时的全球化形势就如同现在的一样。

"勿里洞号"还装载了高档的货物,其中有四个杯子、三个碟子,都是由纯金打造而成的。有一个金杯堪称迄今为止在中国传统时代制造,于中国境外发现的个头儿最大的金器。还有一个敞口陶瓷罐，高有1米，上面还有一条造型复杂的龙，酒可以从张开的龙嘴里倒出来。它们是流传于中国上层社会的最高质量的艺术品，包含着精湛的工艺，可能是唐朝皇帝送给伊斯兰统治者的礼物，也可能是对伊斯兰统治者贡品的回赠。没有作为贡品进贡中国的伊斯兰商品则会被运往中东出售。

从陶瓷的式样来看，这艘船当时正驶向伊斯兰世界的某个港口，极有可能是巴士拉或阿曼。这艘船在公元826年12月至次年3月下旬（或者是一两年后）间离开广州，并在季风的影响下向南航行。由于一路风平浪静，这艘船在不到一个月的时间里就完成了从广州到勿里洞岛的航程。它本应继续驶向马六甲海峡，但最终在勿里洞岛沉没了。

从事长途贸易的船只并非都与"勿里洞号"类似。爪哇中部婆罗浮屠的石板上雕刻有同时代11种不同的船舶设计。带有舷外支架的商船的石刻浮雕，提供了许多关于东南亚船只建造的细节。从婆罗浮屠走一小段路就可以来到萨穆德拉·拉克萨博物馆（Samudra Raksa Museum）。馆中有一艘海船，是基于婆罗浮屠一块石板上的浮雕重造的。这艘船在2003年至2004年间成功完成了前往马达加斯加岛的航行。

婆罗浮屠是由夏连特拉王朝（Shailendra Dynasty）的统治者建造的，他们还与三佛齐国的统治者通婚。夏连特拉王朝还会为三佛齐国提供大米——对等待风向转变的来访船只和船员们而言，这是一种重要物资。

婆罗浮屠是世界上最大的佛教纪念碑。这座九层高的古迹始建于公元800年左右，全部由石头建成，高31.5米。可能是由于火山爆发或地震，碑的底层在刚开始建造时就已沉入地下。这一层为那些不遵守佛教戒律的人描绘出了地狱的模样。

游客从地面一层出发，绕一个完整的大圈参观石板上的浮雕。当他们观看完毕后，就要拾级而上。若要全部参观展示了1460个不同场景的石板，游客需要走5公里的路。大多数石板描绘的是佛陀。在有一块石板描绘的场景中，佛陀看上去像一位船长，他在女食人魔居住的岛屿上遭遇了海难；在另一个场景中，佛陀冒着暴风雨，从海怪手中拯救了一艘船。

有一块石刻浮雕展现了爪哇市场的场景。市场上，女性小贩多于男性小贩，而这一现象得到了书面资料的证实。爪哇市场是定期举办的，通常是每隔五天左右，国王任命市场官员监督这些兼职商贩和职业商贩的活动。兼职商贩中有农民、织布工和金属工匠，他们出售的商品都是由自己种植或制造的；全职商贩则是售卖他人的商品。国王授予商会征收商业税的权利，然后商会会将税收转交给寺庙。

在浮屠的顶部，游客会看到72尊佛像。佛已经获得了开悟，但选择留在这里帮助世人；佛教徒经常向佛像祈祷，希望得到佛的帮助，以解决自己的问题。每一座佛像都被安置在一个钟形的石头结构里，有开口可以供人观赏。72尊佛像之上曾有一座塔，塔内可能藏有佛陀的舍利，也许是一小块骨头，或者是一小块玻璃（类似于保存下来的身体部位）。人们还在婆罗浮屠发现了用许多不同语言写成的泥板，这证明该地区作为朝圣中心的吸引力之大。

在公元800年左右婆罗浮屠建造之时，职业商人已经参与了长途的区域贸易，他们从中国进口铁器和丝线。爪哇生产的大米远远超过了当地人口的消费能力，这使得商人能够用多余的大米交换来自邻近岛屿的丁香、檀香和肉豆蔻。红花和黑胡椒原产于印度南部，但爪哇人学会了如何种植这两种作物。爪哇后来成为中国主要的黑胡椒供应商，爪哇和巴厘岛还为中国织工提供了红花染料，这种染料非常受欢迎，因为它可以使纺织品的颜色变成深玫瑰红。爪哇商人和巴厘岛商人成功地争夺了农业领域的市场份额，把他们的竞争对手印度赶了出去。

东南亚的制瓷工人也试图在制造业中复制农业领域的胜利。就像仿造中国出口瓷器的穆斯林工匠一样，爪哇制瓷工人改进了技术，他们放弃使用搅棒和铁砧，转而用陶轮来制瓷。但就像中国工匠无法正确书写阿拉伯字母一样，尽管爪哇制瓷工人精确地仿造了中国陶瓷的形状，但他们制造出来的陶瓷仍无法与经过高温烧制，闪烁着耀眼光泽的中国陶瓷相较。

据碑文记载，奴隶贩子曾袭击沿海的社区，然后把俘虏转移到一个新的岛上。法典还讨论了放债人在何种条件下可以奴役债务人，并解释了债务人如何赎回自由。尽管如此，仍没有证据能表明长途奴隶交易的存在。

普兰巴南（Prambanan）是距婆罗浮屠50公里的一处古迹，其中有许多场景源于伟大的印度史诗《罗摩衍那》（*Ramayana*）。《罗摩衍那》讲述了印度教神祇罗摩（Rama）的故事。普兰巴南比婆罗浮屠早五十年建成，显然是一座印度教神庙。当地的国王可能并未看到过佛教和印度教之间发生冲突，所以同时信奉两个宗教。爪哇的夏连特拉王朝统治者通过对稻作农业和商业征税，资助建设这些纪念性建筑，他们也可能从姻亲三佛齐国统治者那里得到了一些捐款。

前往婆罗浮屠的朝圣者会在马六甲海峡附近的岛屿上停留。朝圣者会遇到一些水手，他们的船只从伊斯兰世界驶来，抛锚停泊于此地，等待季风转向，然后才能继续前往中国。由于人们尚未发现该方向上的沉船，我们必须借助其他资料才能了解中国人进口了什么商品。穆斯林商人出售乳香和没药，要获得这两种香料，必须先割开树皮，让树液流出来，并在其变硬前将之取出。即便是在宽敞的房间里，少量的乳香或没药也能让空气变得芳香。

穆斯林商人用独桅三角帆船将这些香料直接从阿拉伯半岛运往中国。在早些时候，那些从波斯湾到中国的商人基本上都会绕过东南亚，不会在那里搭载或卸下多少货物。用现代贸易术语来说，终端用户主要是在中东和中国，而并非东南亚。

而随着时间的推移，商人们将眼光转向东南亚的产品。他们开始用一种生长在苏门答腊岛北部的松树树脂，代替从阿拉伯半岛带来的乳香。苏门答腊松树树脂并没有乳香那么香，但价格要便宜得多。

同样，最初购买中东没药的商人，转而购买更廉价的苏门答腊安息香，这是一种生长在苏门答腊西北海岸的安息香树的固体树胶。像没药一样，它燃烧时会散发出一种令人愉悦的强烈香味。这种从中东转向东南亚的采购模式，表明产品的替代已经是一种普遍现象，因为中间商一直在寻找更低价的商品采购地。

樟脑是另一种在中国有很大需求量的独特产品，因为它的结晶形式可以驱虫，同时它也是一种强效的减充血药物，甚至可用于制造极好的防腐液。樟脑和安息香出产于苏门答腊的同一地区，用同样的人工就可以收获这两种作物，用同样的船只就可以把它们运送到中国消费者手中。

乍看之下，晚期转向东南亚商品的做法是没有什么道理可言的：为什么商人们一开始时是从遥远的阿拉伯船运货物，在几个世纪后，才转向了更近的货源？毕竟从一个离中国更近的地方开始销售商品，经济收益会更高。这个问题的答案听上去很现代：在一开始，东南亚地区缺乏可支持国际贸易的基础设施和专业供应商。

商人们需要有人来组织作物的收割、加工以及把它们运送到海岸，而停靠在海岸的船只则把它们运走。于是，不同的人开始一起收集那些树木和树胶。通常情况下，一组人会在高地森林收割某种作物，另一组人用小船把它们顺流运到某个港口，而第三组人则待在岸上，负责把它们装上远洋船只。

来自中国的需求的增长，直接影响了收获香木的本地居民，以及那些向港口运货的人。在商人开始停留于东南亚以前，这些本地群体中有许多人以采集狩猎为生，他们从丛林中获取生活用品和食物，供自己使用。但渐渐地，这些人开始深深地陷入一个复杂的准工业化的农业系统。他们不得不全职工作，向自己从未见过的中国买家出口商品。是的，这种情况发生在蒸汽船或电力出现以前，全球化以这种方式改变了从未离开过家园的本地居民的生活。

大约在公元900年，整个地区的贸易发展开始放缓。对居住在中国的外国商人的攻击，当然是造成贸易停顿的原因之一。公元879年，随着唐朝的衰落，一个名叫黄巢的叛乱者领导了一场大规模的暴乱，明确针对作为贸易主要参与者的穆斯林商人，就像不久之后在开罗和君士坦丁堡发生的反外国人暴动一样。据记载，在广州，被杀害的外国人达8万或12万之多。无论实际死亡人数是多少，许多穆斯林商人已决定撤出中国，一些人搬到了东南亚，他们的离开暂时中断了印度洋的贸易。

但到了公元1000年，海上贸易又恢复了。1016年，中国将四个国家（地区）列为最重要的贸易伙伴，并允许每个国家（地区）派出最多20人的代表团。在这四者中，中国人已经与上述阿拉伯地区、三佛齐国和爪哇做过几个世纪的生意，但第四种势力——印度南部的注辇国——是新兴势力。1015年，即注辇王朝建立的大约半个世纪后，第一个注辇代表团抵达中国。在接下来的三个世纪里，注辇国的统治者和商人活跃在印度南部、泰国和马来半岛、印度尼西亚群岛的部分地区，甚至远至中国南部海岸。

注辇国是南亚最强大的王国之一，超越了印度东西海岸的其他王国，只有远在今阿富汗北部的马哈茂德的伽色尼王朝可以与之匹敌。对水利的精心管理是注辇国成功的关键。注辇国建造了巨大的水槽和灌溉渠道，通过这些设施将水引入农田。王国的统治者并不是直接向臣民征税，而是要求他们将一部分水稻收成捐给统治者资助的寺庙。统治者对低地河谷地区的控制是最强的，那里的农民在大面积灌溉的土地上种植水稻；而统治者对那些主要发展旱地农业、动物放牧或林产品采集的地区的控制则要弱得多。

注辇人是印度教的热心支持者，他们崇拜湿婆。印度教强调寺庙里的公共崇拜以及家里的日常私人崇拜。罗阇一世（Rajaraja I）还将首都坦贾武尔的大量土地赠予供奉湿婆的布里哈迪斯瓦拉神庙。就像加兹纳的马哈茂德在索姆纳特破坏的那座神庙一样，布里哈迪斯瓦拉神庙最深处的房间里也竖着一块林伽。

当罗阇一世在公元985年登基时，他直接控制了首都坦贾武尔附近及他管辖下的其他大城市，但这些城市周围的许多村庄基本上是独立的。罗阇一世征服了印度南部的大片领土，并成功地入侵了斯里兰卡。他还通过布里哈迪斯瓦拉神庙下辖的地方寺庙网络来贯彻自己的权力，神庙承认注辇国王是其精神领主。

和其他统治者一样，罗阇一世通过赞助寺庙来开展外交活动。他认为巩固与盟友关系的最好方法，就是允许盟友在注辇的领土上建造寺庙，他还通过向这些盟友出资修建的寺庙进行捐献，来表达自己的支持。1005年，三佛齐国的统治者在纳加帕提南（Nagapattinam，注辇王国最重要的港口）建立了一座佛教寺庙，并资助了当地一座印度教庙宇。罗阇一世和他的儿子拉金德拉（Rajendra）把来自邻近村庄的税收收入都奉献给了这些宗教建筑，它们在1467年仍然矗立着，当时，有一些来自失事船舶的缅甸僧侣在这些遗址上进行了祷告。这些类型的宗教捐献把遥远的南亚国家与东南亚国家联系在了一起。

公元993年，罗阇一世入侵斯里兰卡，这是一个佛教占主导地位的岛屿，距离印度南端只有55公里。征服的结果是注辇直接统治了斯里兰卡的几个重要城市，罗阇一世还在那里建造了湿婆神庙。他对这些地方实施了充分的控制，向在主要道路上运输货物的商人收取过路费；但他还尚未收取其他税种，因为这需要更多的人手。

征服带来了实实在在的好处，统治者和士兵们都获得了战利品。信奉印度教的注辇军队洗劫了佛教寺院，后世的佛教编年史详细描述了这一事件："注辇人占领了马赫西（Mahesi），夺取了珠宝、王冠、整个皇家的装饰品和价值连城的钻石手镯，此外还有神赐予的礼物、削铁如泥的剑和残留下来的布条……他们破门而入，带走了储藏室里许多珍贵的黄金神像，粗暴地摧毁了所有的寺庙，并像吸血的夜叉一样，把斯里兰卡所有的珍宝据为己有。"注辇的印度教统治者将三佛齐国的佛教徒视作敌人。他们袭击三佛齐国佛教寺庙的理由，与伽色尼王朝的马哈茂德袭击印度北部的印度教寺庙的理由非常相似，即从不同宗教大区的庙宇中掠夺财物。

在像罗阇一世等有经验的统治者的掌控下，注辇国与遥远的强国建立了联系。1012年，罗阇一世的儿子拉金德拉成为联合统治者，这种统治模式一直持续到罗阇一世去世的1014年。从那时起，这一原本扩张中的国家开始走向衰弱。拉金德拉的首都，被他自诩为"征服了恒河的注辇之城"，从未取代过他父亲创造的更为荣耀的坦贾武尔。

如今，除了刻在石头或铜板上的文字，几乎没有来自注辇的原始资料留存下来。刻有文字的棕榈叶全都在印度南部湿热的气候中腐烂消失了。而那些碑文或铭文大多十分简短，且每段文字都记录着一个团体（有时是一个商会）以统治者名义赠送给寺庙的礼物。这些礼物是注辇国王强迫捐赠者捐献的，还是捐赠者主动捐献，然后把功劳归于统治者的？我们并不清楚。

这些不同的可能性，构成了不同学者对注辇国国力不同评价的基础。那些视注辇国为强大国家的学者，认为国王是关键角色；那些认为捐赠者是主动进行捐献的学者，则弱化了国王的作用。而他们最大的分歧在于对一段注辇碑文的解读。这段碑文中出现了极为大胆的自夸，这些叙述来自罗阇一世之子拉金德拉，他声称自己在1025年时曾派遣一支舰队去征服三佛齐国的首都（及其属国）。

拉金德拉还在他父亲修建的湿婆神庙的西面墙上刻下了这样的碑文："拉金德拉派出许多船只，去往波涛汹涌的大海，他的人成功捕获了羯荼诃（Kadaram）[1]国王及其光荣的军队中的大象，拿走了国王积攒起来的一大堆财富；在羯荼诃辉煌的首都的战门上，拉金德拉的人还夺取了'持明者之拖拉纳'[2]（Vidyadhara Torana）。"除去华丽的措辞，这段碑文的重点很简单：拉金德拉俘获了三佛齐国的国王和他的大象，夺走了首都的拱门，并洗劫了首都。

到底发生了什么事？可以想象，拉金德拉确实派遣了一支舰队前往如此遥远的地方，但他的队伍并未在苏门答腊留下任何踪迹。事情的真相可能是某个前去苏门答腊岛的商会，带了一些雇佣兵来保护自己的商品，当商会受到攻击时，这些雇佣兵便成功地击退了敌方。

所有的统治者都喜欢用碑文来增添自己的荣耀，在这方面，拉金德拉和其他统治者并没有什么不同。缅甸蒲甘王朝（Pagan Dynasty）的一位统治者还声称他的使者成功说服注辇统治者放弃印度教，而改信佛教——事实上这从未发生过。

---

[1] 也称古吉打王国，位于马来半岛的一个早期王国，成立于公元5世纪，在公元8世纪时，古吉打王国成为三佛齐国的附属国。——编者注
[2] 持明者是佛教用语，指有智慧者；拖拉纳是一种拱门，在印度次大陆，拖拉纳被广泛运用于宗教建筑中。——编者注

重要的是，拉金德拉关于远征三佛齐国的碑文中提到了东南亚的13个不同地方（5个可能在马来半岛，4个可能在苏门答腊，1个在尼科巴群岛，另外3个尚不清楚）。拉金德拉的文士们对苏门答腊和马来半岛地理位置的详细了解，证实了印度洋航线已将注辇国和东南亚地区连接在了一起。

其他的寺庙碑文罗列了寺庙收到的各种捐献，尤其是来自商会的捐献，这有助于我们了解商会成员是如何获得地理知识的。早期的印度就已存在商会，它们在注辇王朝统治时期繁荣发展。商会成员既有印度人，也有非印度人；这些出售不同商品的成员之所以联合起来，是为了能从统治者那里获得特权——有时他们可以缴纳较低的税，有时他们又可以代表统治者征税。

商会是注辇扩张的关键。说泰米尔语的商人团体联合起来，在东南亚和中国开展贸易。他们专注于高利润商品：黄金、胡椒、各种东南亚香料和高档印花棉布。印度和东南亚的居民更喜欢棉布，而不是丝绸，因为在当地炎热的天气里，穿着棉布会更舒适。这些商会会组织棉布的生产，从种植棉花到染织布匹，再到最后的印花。

印度南部的东海岸有一个名为"五百人会"的商会。一份来自迈索尔（Mysore）的1050年的碑文显示，该商会成员已走遍印度、马来半岛和波斯，他们交易大量的货物，包括大象、马匹，还有珍珠、钻石、红宝石、蓝宝石和其他宝石，以及小豆蔻、丁香、檀香、樟脑和麝香。他们商品的多样性给人留下了深刻的印象。印度洋航线是一条主要的航线，而商品种类的繁多，凸显了这条航线的成熟。碑文中的商品名单之所以令人惊讶，是因为它表明丝绸并不是从马来半岛到印度的航线上的主要商品，而今天的学者常把这段航线描述为"海上丝绸之路"。事实上，丝绸甚至不是"海上丝绸之路"的主要纺织品，棉布才是。

完整的商会碑文语言华丽，英译本大约有三页长，碑文中还有对一群印度教商人的令人惊讶的描述："他们有时像大象一样，四处攻击，四处杀戮；有时则像牛一样进行踩踏和屠杀；有时，他们还像蛇一样，用毒液杀人；有时又像狮子一样，到处扑杀撕咬。"这些商人的跋扈源于他们自身的力量，他们可以用商会成员缴纳的会费，聘请雇佣军来保护自己的货物。

在拉金德拉之后，一系列较弱势的国王相继继位，注辇国的实力日渐萎缩。11世纪60年代，注辇开始从斯里兰卡撤离，并于1070年正式撤退。正如中文文献所证明的那样，在当时，注辇国和三佛齐国是竞争对手，他们都声称自己战胜了对方。在几起两国互争地位的事件相继发生后，中国的礼仪官员做出了最后的决定，把注辇国降为三佛齐国的附庸。13世纪时，随着国力的削弱，注辇统治者不得不将大片领土割让给邻国。

注辇商会总是只在口头上支持自己的统治者。事实证明，他们并不是靠着统治者才在商业活动中取得成功的。即便是在王朝衰落的时候，这些泰米尔人商会组织仍然活跃在缅甸、泰国和中国。在中国的港口城市泉州，他们建立起一个活跃的外国人社区，泰米尔语碑文和印度教寺庙遗迹证明了这一点。

位于今柬埔寨的吴哥国（Angkor Empire）是一个与三佛齐国、注辇国同时期的神庙国家。这个王国的名字"吴哥"源于梵文"城市"一词，而在公元9世纪晚期发展成为王国首都的这座城市也以"吴哥"命名。吴哥窟位于今柬埔寨暹粒（Siem Reap）附近，是地球上面积最大的古迹之一，数百座寺庙占据了一个达200平方公里的核心区域。

吴哥王朝建立于公元802年，其统治一直延续到1400年以后。每一位成功的统治者都帮助扩大了王朝的影响力。吴哥王朝的建立者是阇耶跋摩二世（Jayavarman II），他在公元802年登上王位，并成功地征服了大片领土。在他继任者统治期间，王朝势力一度衰弱；但当强大的统治者登上王位时，吴哥王朝的势力又得到增强。阇耶跋摩七世（Jayavarman VII，1181—1218年在位）是吴哥王朝最后一位伟大的建设者。

神庙国家吴哥国的许多特征听起来让人颇感熟悉。那些通过向佛教团体捐赠金钱和礼物来积攒功德，继而实现转轮圣王理想的吴哥统治者们，会为佛教寺庙提供财政支持，同时也会资助印度教寺庙，以供奉湿婆和毗湿奴。大多数统治者会选择某一个神祇作为其供养对象。几乎所有得到王室供养的寺庙都是用石头建成的，而非木头，庙里还有用梵文和当地高棉语书写的碑文。此外，当地艺术家会依照印度人的模样描绘神祇，臣民还会向全国范围内的圣陵和寺庙里的林伽供奉祭品。

虽然很多人用吴哥窟这个名字来指代整个遗址，但实际上它只是二十多个寺庙中的一个，这些寺庙还包括大吴哥（Angkor Thom）、女王宫（Banteay Srei）和塔普伦寺（Ta Prohm）以及许多其他规模较小的建筑群。〔"吴哥窟（Angkor Wat）"中的窟（wat）是一个佛教用语；这座寺庙最初是一座印度教寺庙，在1400年以后才被称为吴哥窟。〕从一座寺庙步行至另一座寺庙往往需要花费很长时间。即便是在十二月的冬日里，这里依旧是烈日当空，但游客可以选择骑自行车、摩托车，或乘出租车参观。

一种叫作激光雷达的新测量技术改变了我们对吴哥的理解。安装在飞机或直升机上的激光枪会朝着某一地点发射脉冲，软件则会把地面反弹回来的脉冲记录下来。然后，激光雷达就会生成一张去除了植被干扰、变得异常精确的地图。这张地图会显示出地面的实际形状和轮廓，图上还包括墙壁和寺庙的遗迹，而这些遗迹通常会被茂密的热带森林所掩盖。

对吴哥的激光雷达探测已经成功捕捉到了当地运河、土方工程、水坝和池塘的轮廓——这些都是灌溉系统的一部分。如果不使用这种技术，即便是能顺利穿越丛林，这些轮廓也很难被探测到。吴哥国王的臣民之所以能种植支撑整个王国经济的水稻，就是因为这些水利工程的存在。

虽然早期的调查人员认为寺庙建筑群外的区域是无人居住的，就像今天一样，但激光雷达的探测结果显示，这些区域有着密集的城市街道，街道上的住宅鳞次栉比。结合激光雷达探测结果与碑文信息，考古学家们大大增加了对吴哥窟人口的估计，他们认为当地人口已达75万人。

令人惊叹的寺庙壁画，提供了关于人们如何生活的信息。巴戎寺（Bayon）著名的石浮雕描绘了印度教史诗和佛教经文中的宗教场景，但这些浮雕偶尔也会描绘日常生活。观众甚至可以看到高棉人和中国人（他们有不同的发型）斗鸡的场景。

这些场景预示着商业进程的重大变化。虽然东南亚的统治者和平民仍继续崇拜印度神祇，但在公元1000年后，他们与南亚的直接接触减少了。随着印度商人逐渐撤出该地区，中国成为他们主要的贸易目的地，在当地的中国商人的数量也增加了。而东南亚居民也越来越多地向中国消费者提供商品，满载货物的船只频繁往返于两地。

贸易转向中国，这给东南亚地区带来了不同的影响。爪哇人和巴厘人自11世纪起就从中国进口铜钱，并在小规模交易中使用；到了13世纪，当来自中国的铜钱供应不足时，他们开始仿制中国铜钱以供己用。在东南亚的各个港口，中国商人的数量都超过了印度商人，尤其是在13世纪70年代蒙古人征服中国南方之后，当时有许多中国人永久地搬到了东南亚定居。13世纪也是苏门答腊北部最早出现穆斯林坟墓的时期，伊斯兰教最终在那里扎根。

13世纪90年代，一位名叫周达观的元朝特使代表忽必烈访问了吴哥。周达观注意到了许多事情，并撰写了一份极为详细的报告[1]。他列举了从中国出口到柬埔寨及其他地方的各种货物。和东南亚其他地区的居民一样，柬埔寨人也进口了大量的中国陶瓷。周达观列举的清单中还包括一些原材料，即水银、硝石和檀香，而他所列的制造品的种类十分丰富，有锡蜡、漆盘、铜盘、布雨伞、铁锅、篦箕、木梳、针和蒲席。当时的中国工业并不是靠电力驱动的，但仍有一些具有相当规模的作坊，能够大量生产出口产品。

以下是周达观列出的柬埔寨出口到中国的商品清单：翠毛、象牙、犀角、黄蜡、降真、豆蔻、画黄（用于纺织品的黄色染料）、紫梗、大风子油（是治疗皮肤病的药物），以及青色和绿色的胡椒子。许多林产品可能会给人一种错误的印象，即认为柬埔寨人在收集这些原材料时保持了传统的方式。事实上，这些出口的天然产品需要依赖复杂的物流和准工业化的处理方式。周达观解释说，专业的全职猎人会利用雌性翠鸟来吸引雄性翠鸟，引诱它们进入自己的网中；天气晴朗的时候，他们可能会捕获三到五只翠鸟，而在天气不好的时候，可能一只翠鸟也抓不到。

周达观访问柬埔寨之时，柬埔寨的主要对手是越南。越南位于沿北部湾的重要贸易航线上，向生活在其北方的中国消费者供应商品。越南与柬埔寨两国所供应的商品是相同的。尽管越南本身是一个非常独立的国家，但相较于其他东南亚人，越

---

[1] 即《真腊风土记》。——译者注

南人对中国人的模仿程度更深，他们甚至还有一套自己的科举考试制度。

云敦岛（Van Don）是红河三角洲下龙湾（Ha Long Bay）附近的一座岛屿，1100年后成为越南北部最重要的港口。那里的商人把高地的林产品卖给来自印度洋地区的商人。中国商人对云敦岛而言尤为重要，因为他们大量定居于此地，深深地影响了当地居民，使当地人习惯于穿中国服装，吃中国食物以及喝中国茶。

1406年，明朝永乐皇帝发现自己支持的越南国王实际是个篡位者，于是下令攻打越南。二十年来，明朝政府试图把越南当作中国的一个省来统治，并在越南各地设立办事处，从商业、制盐业和渔业中征税。

明朝甚至还在云敦岛附近设立了一个专门用来收集珍珠的珠场。在中国，珍珠是一种很受欢迎的商品。时人是这样描述的："海中产珠，明设场采之，役民日以千计。辰明诛求无厌，凡土所有，胡椒、香料、白鹿、白象、九尾龟、倒挂鸟、白颊猿、蚺蛇之属，皆责收捕归，燕民骚然矣。"这段话让人真切地体会到在全球化经济中，生产者的处境是怎样的。这些越南当地人整天在户外工作，他们采集的动植物都会被运往中国。当明朝于1427年撤出越南时，本土王朝恢复了统治，但越南仍继续为中国消费者生产商品。

东南亚的全球化经济在五百多年后成形了。东南亚居民和印度居民跨越印度洋的贸易已经持续几千年，随着整个地区的消费者——特别是中国港口城市的消费者——购买原产于印度和东南亚的香料、芳香树脂和木材，这种联系会变得越来越紧密。有时，某些航线会显得比其他航线更为繁忙，但整个地区的发展趋势是清晰的。在公元1000年以前，连接东南亚和外部世界的大部分航线是通向印度的。但大约从公元1000年开始，整个东南亚地区都重新调整了发展方向，以便供应中国，这是下一章的主题。

地图8.1
中国及其贸易伙伴

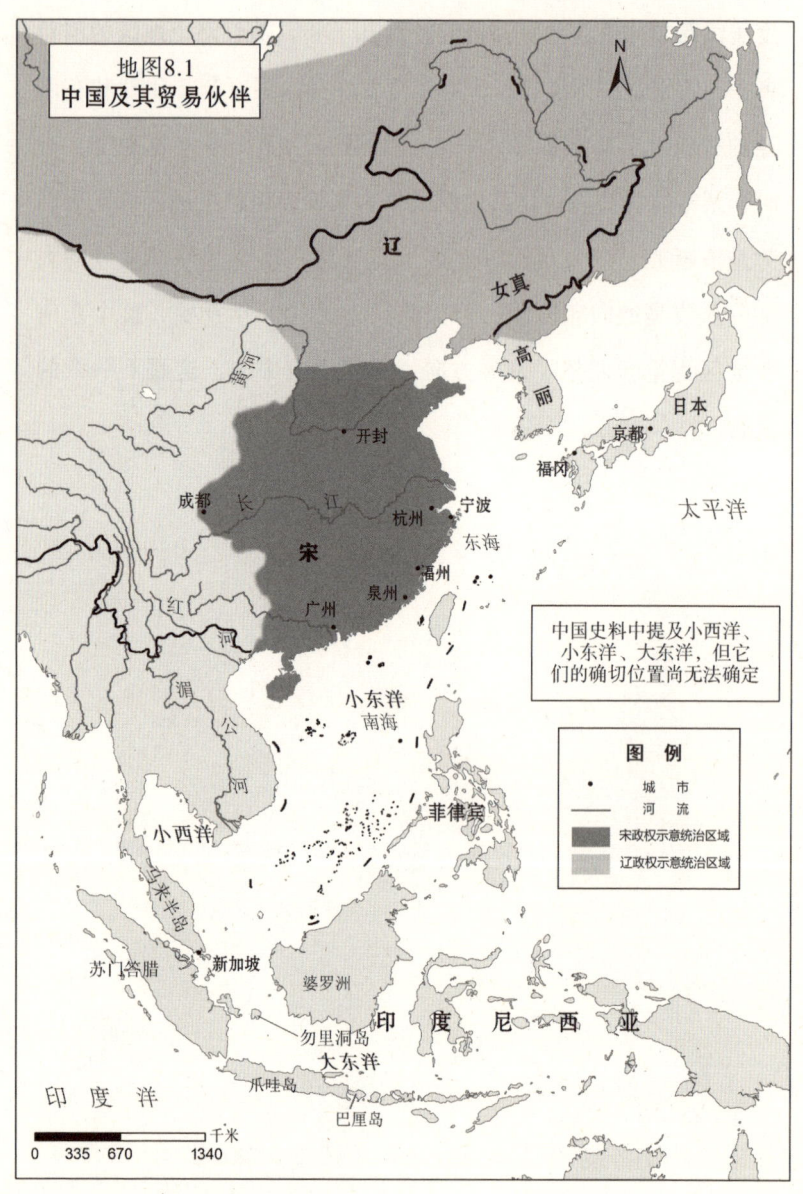

辽
女真
高丽
日本
京都
福冈
开封
河
成都 长 江
杭州 宁波
宋 东海
福州
泉州
广州
太平洋

红河
小东洋
南海
湄公河
小西洋
菲律宾

中国史料中提及小西洋、小东洋、大东洋,但它们的确切位置尚无法确定

图例
· 城市
— 河流
■ 宋政权示意统治区域
▨ 辽政权示意统治区域

马来半岛
苏门答腊 新加坡
婆罗洲
勿里洞岛 印 度 尼 西 亚
大东洋
爪哇岛
巴厘岛

印度洋

千米
0 335 670   1340

注:书中地图系原文插附地图

第8章
世界上最全球化的地方

公元1000年,比起世界上其他民族,中国人的对外贸易联系更为广泛。他们跨越半个地球,向中东、非洲、印度和东南亚的客户出口高端陶瓷和其他制成品,而这些国家的供应商也会为中国消费者提供商品。中国的国际交往是如此频繁,以至于社会各阶层的人——不仅是中国港口城市的居民,还有那些生活在内陆腹地之人——都受到了影响。中国人没有经历全球化的准备阶段,他们本就生活在一个全球化的世界里。而这个全球化的世界在宋朝统治的三百多年里走向了成熟。

中国人会大量购买一些常用商品。珍珠和猫眼宝石会被用于装饰首饰或衣物。经工匠们的巧手,象牙和犀牛角会变成精美的器物,摆放在家里供人欣赏;热带水果椰子和菠萝蜜会与黑胡椒、丁香、肉豆蔻以及小豆蔻一起,为菜肴佐味;中国人还大量进口藤席，而该物品产自马来半岛南端，靠近今新加坡。

中国人从东南亚进口最多的是沉香木。沉香树生长在东南亚陆地沿岸和印度尼西亚群岛上，当受到某种霉菌感染时，这种树就会产生一种味道芳香的树脂，而从受感染的树上取下的木材也会散发出一种宜人的气味。中国人把沉香木的木片放在金属架上，然后点燃，慢慢燃烧的木片就会散发出香味。许多香水的配方中也开始出现大量沉香木，因为它能与其他香味很好地融合。

在人们大量消费香料以前，香料的使用仅限于上层社会。《源氏物语》是当时日本都城平安京的女官紫式部于公元1000年左右写成的小说，通过该书，我们可以窥见这种精英式的消费。

紫式部出生在一个低级贵族家庭，大约在公元10世纪70年代初期，25岁左右的紫式部（在当时算是大龄）嫁给了一个年纪比她大很多的男人，成为他的继室。丈夫去世时，紫式部刚三十出头，之后她带着一个女儿又寡居了十多年。和莎士比亚一样，紫式部是一位很优秀的作家，远比有关她的那些介绍所呈现的更为卓越。《源氏物语》并不是世界上第一部小说（某些希腊文和拉丁文作品早被冠以小说之名），但紫式部以极为细腻的笔触描写了众多人物的心理活动，所以我们可以称《源氏物语》为世界上最早的心理小说。

《源氏物语》描绘了宫廷成员所生活的封闭世界，他们居住在平安京御所及其周围，其生活空间仅为26平方公里。紫式部将故事时间设定在公元10世纪初，也就是她写作之前的一个世纪左右。《源氏物语》描述了源氏一生的友情、惊心动魄的爱情以及最终的云隐。源氏是天皇的儿子，但被天皇降为臣籍的他永远都无法成为君主。

与公元1000年的故事最为密切相关的是，小说中的主角——皇室、摄政王家族和地位较高的贵族——对香料投入了相当多的精力，他们还会自己制作混合香料，给衣服和空气增添不同寻常的芳香。这些香料起源于伊斯兰世界和东南亚地区，经宋朝转运到福冈港，这个港口是当时日本通往外部世界的门户。

在这个讲究的世界里，文雅之人的标志就是自己独特的气味。源氏的朋友和情人们都是通过他的气味认识他的。这种气味是如此强烈，以至于源氏离开房间后，气味仍能存留很长时间。制香并不是仆人们的工作，源氏本人会花费几个小时来研磨香料，并将香料与不同的木料混在一起，直到搭配出完美的组合。

妇女们还会给衣服熏香。除了偶尔去神社祭仪，她们几乎一直待在屋里和花园里。和今天的日本一样，即使是富人，也会住在没有桌椅的简单房子里，每个人都习惯坐卧于榻榻米上。

有一次，源氏打算为女儿明石姬君举办一个奢华的着裳仪式，于是，他决定先办一场竞香会。他收集了各式盒子与罐子作为精美的香料容器，然后开始制作自己的混合香料。他认为刚刚从中国运来的香木样品有些逊色，于是把它们与更古老、更优质的香木混合在一起。（对过去的追思是这部小说中反复出现的主题之一）他的配方中混合了丁香和沉香木，因为沉香木是调香时的完美香基。他把这种混合香料准备好后，就在泉水边埋下一些，以加强它们的香味。

大多数参加竞香会的客人，都奉上了与特定季节有关的香水。梅花的芬芳能唤起人们对春天的向往，而源氏的混合香料则让人想到秋天。人们自身的气味混合了他们衣物上的熏香，使得每个人散发的香味，都会随着季节的变化而变化。源氏的一位夫人选择了一种味道强烈的混合香料，百步之外都能闻到这种香味。在评判的时候，源氏同父异母的兄弟萤兵部卿官并未择出获胜者，而是称赞了各种不同的混合香料，表明这些居住在宫廷中的人对每天遇到的各种香味，具有深刻的鉴赏力。

《源氏物语》对香料在日本皇室生活中的地位进行了极为详细的描写，而中国的皇帝和权贵也会通过各自的气味来区分彼此。由于许多带有香味的物质本身是木头或树脂，因而，中国人和日本人往往不会使用液状的香剂或乳液。他们更喜欢使用自然状态下的木头或树脂，常常燃烧两者的混合物，使空气散发芬芳的香味。他们还会用不同木头的烟雾来给衣服熏香，在衣服上系上香囊，并在带有香味的水里洗澡。他们的房子里，摆放着用香木打造的家具和储物箱。

香料受到了极大的欢迎，因为中国人在改变事物的气味和味道上付出了极大的努力。那时的人们不经常洗澡，丝绸衣服也很难被清洗干净。穷人只有很少的衣物，它们通常是用苎麻、大麻和其他韧皮纤维做成的，所以洗衣服是不实际的。

香料在公元1000年的世界里的重要性远胜现在，当时，香味蜡烛和熏香的主要用途是使空气充满芳香。现如今我们中已很少有人经常这样做了，在今天，香烛的主要消费者是东亚的寺庙参拜者。在公元1000年，极为富有的日本和中国皇室消费了大量的香料。到目前为止，中国仍是香料的最大市场。

汉语中有一个笼统的词汇"香"，其中包含有香味的树胶、木材和树脂，以及麝香和龙涎香等防腐香料。有些香只有一种功能，如麝香（经干燥的西藏麝的腺体）和龙涎香（抹香鲸肠中含有的一种灰色物质），它们能增强香味，使香味延续更长时间。同样，乳香和没药——两种来自阿拉伯半岛的树脂——燃烧时会散发出强烈的香味。还有一些香用途更广，如产自印度或爪哇的檀香木，既可以用来制作家具或器皿，改变香剂的气味，还能给食物和药品调味。

早在公元1000年以前，中国与印度洋地区就已经开始了广泛的贸易。中国人在公元1世纪和公元2世纪进口的第一批商品主要是装饰性物品，如三佛齐国的珍珠、象牙和色彩鲜艳的鸟羽（比如蓝色翠鸟的鲜亮羽毛）。只有皇帝及其最富有的朝臣才买得起那些东西。五百年后，人们对香木、树脂和熏香的需求增加了，这表明珍稀商品拥有了更广泛的消费基础，不再以朝廷为中心。

中国有许多繁荣的港口城市，但其主要贸易中心是位于中国东南沿海的广州。从广州出发的船只沿着越南海岸南下，穿过马六甲海峡。它们从那里向西航行，到达印度西海岸，然后继续前往阿拉伯半岛。船只一过阿曼，就会把货物卸在波斯湾港口锡拉夫（Siraf，位于今伊朗）和巴士拉（位于今伊拉克）。公元8世纪和公元9世纪，波斯湾—中国的海上航线以及通往东非的支线已经形成了。当时，沿着这条路线航行的大多数船只是来自阿拉伯半岛、印度或东南亚的（公元1000年以后，中国设计的船只是该航线上的主角）。

商船将中国的陶瓷运往东非，而关于东北非的信息在新航线开辟伊始就传到了中国。段成式（卒于公元863年）对今吉布提（Djibouti）东部的柏培拉海岸（the Berbera coast）非常了解，他简单地描述了当地的奴隶贸易："国人自掠卖与外国商人，其价数倍。"他补充说，该地区还出口象牙和被用作定香剂的龙涎香。一些流行于广州港口的虚构故事，讲述了来自东南亚或非洲的黑奴的故事：这些人是游泳健儿，被认为拥有神奇的力量。

宋朝之前的唐王朝从未对进口商品实行国家垄断，唐朝在广州设市舶使以征收关税，这些就发生在段成式撰写上述文字之时。唐朝的贸易政策包括检查抵达的外国船只；设有负责贸易的朝廷官员（通常是宦官），这些官员会挑选出他们想上缴给朝廷的东西（一名阿拉伯人声称，他们拿走了每艘船30%的货物），并允许商人出售剩余的货物。

公元907年唐朝灭亡后，中国陷入四分五裂的状态，所有割据势力都有自己的统治者。当黄巢军队对穆斯林发动袭击，迫使许多外国商人离开广州之时，中国和东南亚之间的贸易停摆了。

在公元1000年以前，往来于伊斯兰世界、东南亚和中国之间的船只，大多是东南亚制造的独桅三角帆船或拼板船。在印度尼西亚印丹港（Intan）附近沉没的一艘拼板船向我们提供了公元10世纪初中国与东南亚贸易开始复苏时的珍贵资料。这艘印度尼西亚制造的船从勿里洞岛驶往爪哇西北部，船上载有大量贵重金属，包括金币、145枚中国铅币（有些铸币日期为公元918年）、马来半岛制造的锡币、金属佛像（它们将被熔化，制成硬币）、锡锭和铜锭，最后还有大约190公斤的银锭。

从印丹港沉船上获得的白银的数量惊人，几乎相当于中国最高产的银矿山的全年产量。银锭上的文字显示了它们的用途：一个地方首领很可能是为了购买东南亚的香料，而通过税务机构发行了这些银锭。

大约在公元970年，又有一艘船沉没在爪哇海岸，沉没地点靠近今井里汶（Cirebon）。这艘拼板船长约30米，载有60万件瓷器（几乎全是中国瓷器）。井里汶沉船的运载能力估计在200吨至270吨之间。想象一下这些船只每年多次往返中国和印度尼西亚，我们就可以明白这两个地区之间的贸易规模在公元1000年之前是多么大。

随着中国与东南亚贸易的复苏，中国的造船技术开始提高，中国制造的帆船在海上贸易中发挥了更重要的作用。公元1000年左右，中国冶金学家在炼制铁丝和制造磁针方面取得了重大突破。他们将磁针漂浮在水面上，由此发明了一种船用指南针，使中国的海员能够找到指北的磁极。其他的导航仪器,如在整个伊斯兰世界被广泛使用的星盘,只在天空晴朗时才有用;而指南针则适用于各种天气,这赋予了中国航海家巨大的优势。

中国的造船工人也用铁钉把木板钉在一起,他们的船有单独的客舱和货舱。舱壁和水密舱增加了船只的浮力,使之更能经受得起风暴。如果船发生了泄漏,受影响的也只是船的一部分,而不是整艘船。而在同样的情况下,无论是独桅三角帆船还是拼板船,其整个船身都会受到影响。

著名旅行家伊本·巴图塔(他曾观察到有600名女奴穿越撒哈拉)对中国船只的优势赞不绝口。在独桅三角帆船上,所有的乘客都聚集在甲板上;而在中国船只上,乘客们可以待在由木墙隔开的船舱里。伊本·巴图塔喜欢中国船只提供的实实在在的私人空间。有一次,他坚持要把自己的财产从一艘大船转移到一艘较小的中国船上,这样他就可以享受随行的几个小妾的侍候。

公元960年前后,中国船只在海上运输中扮演着更重要的角色。其时正值宋朝建立,宋朝皇帝继续接受周边国家的朝贡。朝贡制度已经存在一千多年了,在朝贡制度下,邻近国家向中国皇帝赠送礼物(通常是当地产品),而中国皇帝也会回赠礼物(通常是丝绸纺织品)。

宋朝建立之初,朝廷就派遣官员到东南亚国家招募朝贡使团。宋朝的使节们用填空表格的方式,记录了统治者的名字、其国家的名字及其期望得到的礼物。由于宋朝想利用朝贡制度获得威望，在许多情况下，中国皇帝赠予的礼物要比贡品更有价值。这就是为什么那么多外国商人来到中国时，都摆出一副进贡的样子。法律要求中国贸易官员拒绝那些冒名顶替者，但一些商人，尤其是那些来自陌生地区的商人，仍能设法躲过检查。

从公元10世纪70年代起，宋朝的法令规定，朝贡的使臣可以前往宋朝的都城开封，亲自向皇帝进贡。该法令还规定，从事一般贸易的商人应留在他们登陆的港口。11世纪30年代，朝贡的航行暂时中断。在那之后，宋朝政府转而对外国商品征税，只是偶尔还会招待朝贡使团。

海上贸易的规模促使宋朝打破此前朝代的财政惯例，积极对国际贸易征收重税。这个王朝新的税收制度复杂而巧妙，创造它的官员就像所有设计税收体系的人一样，追求尽可能高的收入。

每个港口都有一个高级贸易官员，被称为市舶使，他负责监督所有前来港口的外国商人，并向离开其管辖范围、前往外国的中国商人颁发许可证。市舶使负责征收新税，并将税收转交给位于北方城市开封的朝廷。广州是一个非常活跃的通商口岸，公元971年，宋朝任命了第一位市舶使。而在整个唐朝时期，政府只任命过一位市舶使，同样是在广州。与唐朝的做法不同，在接下来的二十年里，宋朝在杭州和宁波等南方港口也任命了市舶使，这标志着国际贸易收入对新王朝的重要性。

宋朝的税务官员建立了三种新的"税"。当船抵达港口后，贸易官员会登上这艘船，估计货物的总价值。接着，他们会征收一部分货物，通常是货物价值的10%~20%。这种直接的征收实际上是允许官员去获取朝廷——实际上是皇帝和他的家庭——所需要的物品，这就是第一种税。

贸易官员还会以低于当前市场价格的人为价格购买"宝货"，如珍珠、大的象牙和龙涎香等高价进口商品，这就是第二种税。这一规定有效地授予了政府对所有精品商品的垄断权，而宋朝贸易官员在帝国各地建立了这些商品的市场。这些商品中有许多是被批发商购买的，但个人也可以进行小宗购买。

第三种税针对的是"粗色杂货"，也就是散装货，通常是大块的香木，它们都属于被剩下的货物。外国商人一旦缴纳了税款，就会被允许直接将这些货物卖给中国买家，有时他们还会在码头进行销售。

正如人们所预料的那样，税率经常变动，当直接的征收过多或精品商品的售价过低时，商家就会提出抗议。有时商家会赢得胜利。公元995年，朝廷做出让步，要求市舶使停止以人为压低价格的方式购买商品，或是以过高的价格出售商品。就像今天一样，这种不公平的贸易行为会摧毁国际商人开展商贸活动的动力。当财政困难的朝廷一度将直接征收的额度提高到40%——远远高于通常的10%或20%时，外国商人干脆不再来中国港口了。

1004年与辽朝的战争，以1005年签订的澶渊之盟为结束。尽管盟约要求对辽宋边境贸易进行严密的监管，但实际上，边境线上的双方是相互渗透的。辽朝下令禁止马匹出口，但马匹还是进入了宋境内；虽然宋朝也禁止一些货物的出口，如盐、书籍、地图、武器和钱币，但它们也会被运往北方的辽国。

宋朝之所以禁止向辽朝出口钱币，是因为含铜量高的铜钱仍然是宋朝境内使用的主要货币，财政官员担心这些钱币的流失会损害国家经济。中国的硬币是圆形方孔钱，可以被串在一起，容易清点。最初，是1000枚钱币穿成一串，后来因通货膨胀，变为700枚一串。硬币的缺点是重，因此很难长途运输，而且铜的供应也不总是能满足钱币的需求。

四川尤为缺铜，所以在公元10世纪80年代，宋朝发行了比铜钱还要重的铁钱，当时买450克盐需要680克重的铁钱。公元993年至公元994年，经济的窘迫引发了叛乱，叛乱之后，当地商人采取了变革手段，即用纸质的"交子"代替铁钱。出于对可能存在的弊端的担忧，当地官员将发行纸币的权利限制在16个信用良好的商人身上。但到了1024年，由于其中一些商人违约，纸币开始由地方官员发行。这是世界上最早的纸币，但由于它只在四川地区流通，所以影响力有限。

在四川官员试行纸币的几十年里，辽朝和宋朝签订了澶渊之盟，由此产生的边境管制极大地限制了宋朝与北方的贸易。但由于军队需要马匹，宋人只得向西北的各个王国大量购买（他们从未成功饲养出像亚洲草原上的马匹那样速度又快、体格又强壮的马），马匹是宋朝最重要的陆路进口商品。

中国商人派出越来越多的船只往南或往西航行，这些船只到达东南亚、印度、中东和东非，那里没有充满敌意的人来阻挠贸易。中国从高级纺织品和高温烧制的陶瓷的出口中获利颇丰。金属出口也很重要，无论是未加工的铸块，还是加工过的货物，如铁锅、镬和镜子。稳定的出口收入为繁荣的香料贸易提供了资金。

其中尤以泉州这个大都市从这种贸易中获利颇丰。泉州位于中国台湾岛正对面的大陆东南沿海，是许多外国居民的定居地。公元10世纪80年代，南印度人在此地出资修建了一座佛寺。而泉州的主要清真寺——圣友寺，则始建于1009年或1010年。泉州还出土了200多块刻有阿拉伯文的墓碑，其数量远远超过1500年以前的任何一座中国城市。而泉州说阿拉伯语的穆斯林，形成了当时中国最大的外国人社区。

外地人和当地人比邻而居的这种接触，对中国城市来说是不寻常的，因而引发了官员们的指指点点。在泉州城南的国际商人社区，一名观察者指出，"诸蕃有黑白二种"，表明社区成员来自不同的地方。

到公元1000年，泉州已成为重要的国际港口。政府规定，所有进入中国的货物必须经由指定的市舶司港口，但泉州的繁荣是因为它并没有完全遵守这个规定（这种现象从古到今都存在）。在泉州市舶司设立之前，当地走私活动猖獗。一名观察者指出："舶商岁再至，一舶连二十艘，异货禁物如山。"于是在1087年，政府在泉州港口设立了泉州第一任市舶使。

自那时起，广州和泉州成为中国最重要的两个港口。前往广州和泉州的船只大多来自东南亚及其他地区。位列第三的宁波港的崛起，源于它是前往日本和高丽的船只的主要停泊口岸。虽然宋朝和日本之间没有正式的外交关系，不能互赠贡品，但船只经常往返于中国的宁波港和日本的福冈港（日本官方对外国商人开放的唯一市场）之间。来自北方的辽朝的船只也在福冈登陆。

朱彧是广州市舶使之子，他在1117年的著作《萍洲可谈》中，对港口生活进行了许多生动的描写。为了防止走私，政府官员在350公里长的海岸沿线设立了岗哨，以便能够发现所有抵达广州的船只。朱彧还解释了这些船是如何航行的：知道了海岸线的轮廓后，船上的人凭借夜晚的星星、白天的日影就能确定航线。他们还用一根末端带钩的长绳子来测试海底的泥浆，因为熟练的水手可以根据泥浆的气味和浓度来确定自己的位置。当能见度变低的时候，他们还可以借助指南针。

为了打击走私，宋朝采取了高额的罚金制度，哪怕是走私极少量货物，也会面临全部货物都被没收的风险。按照宋朝法律，市舶使会没收十分之一的货物，然后把剩下的货物分成"宝货"和"粗色杂货"两类。

朱彧是宋朝唯一一个提到从其他国家运来的奴隶的作者。他解释说，有些奴隶最初是被海盗俘获的船员，他们拥有一项不寻常的技能："鬼奴善游，入水不瞑。"奴隶们知道如何"持刀絮自外补之"，以修补船上的漏洞。

奴隶们很难适应中国的生活方式。由于他们习惯吃生食，熟食使他们严重腹泻，一些人甚至因此死亡。朱彧告诉我们，奴隶"色黑如墨，唇红齿白，髪鬈而黄"。这里的"黄"可用于描述已老化的头发的颜色，但也有可能是奴隶们患上了一种叫作"夸希奥科病"的营养失调症，这种病是严重缺乏蛋白质而引起的。有时，那些只吃生食的人会患上这种病，他们的头发会变成铁锈色。

那些适应了中国食物的奴隶，最终学会了听懂中国人的口头命令，但没有一个奴隶能自己掌握这门语言。朱彧对文化适应的理解，与他同时代人的看法一致。他们把烹饪视为中国人身份的一个关键因素，并且很难相信，一个从出生起就没有吃过中餐的人，能学会正确地说汉语。

朱彧对外国奴隶的详细描述令人费解。如果中国人曾进口大量奴隶，肯定会有其他人提及此事。朱彧所描述的奴隶，可能是居住在广州的穆斯林商人的私人奴隶。

中国人不需要进口奴隶，因为他们自身就有大量劳动力供应。史料中没有提到任何劳动力短缺的迹象。回想一下，宋朝时中国人口激增，在朱彧写作之时，已超过一亿。

朱彧还帮我们理解了中国人大量消耗香料的另一个原因：中国人用香料来制作食物和饮料。朱彧解释说："今世俗客至则啜茶，去则啜汤。汤取药材甘香者屑之，或温或凉，未有不用甘草者，此俗遍天下。"

那些上层社会的人一直以优雅的方式使用香料。有官员特别喜欢焚香："其在官所，每晨起将视事，必焚香两炉，以公服罩之,撮其袖以出,坐定撒开两袖,郁然满室浓香。"这种做法在中国官员中流传开来。

有时,有钱人一次就会消费大量的香料。在宋徽宗统治时期(1100—1126年),皇室将无香的蜡烛换成了含有沉香木(或樟脑)和龙涎香的蜡烛,以增加香味。在宫殿里,这些香薰蜡烛"列两行,数百枝,焰明而香郁,钧天之所无也"。这个故事给人一种忧伤的感觉,因为作者追忆的这种奢华宫廷生活在1126年戛然而止了。

女真原本是一个臣服于辽朝统治的民族,居住在中国东北,靠近现代的中朝边界。公元900年左右,契丹人的首领阿保机通过赢得不同民族的效忠,建立起一个强大的部落联盟。1100年之后,女真人的首领完颜阿骨打也做了同样的事情,并于1115年建立了金朝。就在1126年,以女真为首的北方民族联盟进攻宋朝。

起初,宋朝希望与女真人结盟,以打败契丹辽朝,收复因澶渊之盟而割让出去的领土。[1]但当女真人征服了辽朝之后,就转而对付宋朝。1127年,女真军队征服了淮河以北地区,包括宋朝的都城开封,还俘虏了宋徽宗和宋钦宗。随着宋朝的溃败,女真人迫使两位宋帝及其众多妃嫔和朝臣,进行了一场漫长而屈辱的北狩,两人最终都死在了北方。

北方的沦陷进一步推动了宋朝与东南亚的贸易。新皇帝高

---

[1] 宋金海上之盟是想要收回燕云十六州,与澶渊之盟无关。——译者注

宗（女真人没有俘虏的少数宋朝皇子之一）获得了皇位，并在南方城市临安（今杭州）建都，而临安本身已是一个重要的贸易中心。位于今上海西南约160公里的杭州，是唯一一个作为中国都城的沿海港口城市，这表明了海上贸易对宋朝的重要性。

起初，人们还不清楚宋高宗或宋王朝是否能幸存下来。战争时期，朝廷很难征收赋税，尤其是传统上作为中国历代主要财政收入来源的土地税。宋高宗意识到向国际贸易征税是解决财政预算不足的一个办法。他指出，"市舶之利最厚，若措置合宜，所得动以百万计，岂不胜取之于民！朕所以留意于此，庶几可以少宽民力尔"。不同寻常的是，中国皇帝注意到他的臣民承受了如此沉重的土地税，更甚者，他还意识到向国际贸易征税可以减轻臣民的负担。

事实上，在1127年之后的几年里，国际贸易税收收入占宋朝政府财政收入的比例已高达20%。当时的宋朝亟须税收收入。最终，当宋王朝重新站稳脚跟，重新建立其农业基础时，国际贸易的税收比例回到了总财政收入的5%左右，与北方沦陷前的水平相当。

1141年，宋高宗与金朝签订了条约，条约规定宋朝每年都要支付25万两白银和25万匹绢给女真人，远超他们付给辽朝的数额。南宋与金朝的和议，在维护和平方面逊色于北宋与辽朝签订的澶渊之盟。然而，尽管双方时不时地彼此攻伐，但都没能成功改变中国南北之间的边界。

尽管失去了北方，且每年需支付给女真人高额钱款，中国南方的居民仍享受了近两个世纪无与伦比的繁华生活，并持续地从东南亚进口越来越多的香料。

宋高宗非常喜欢香料，他开发了自己的香料"品牌"，并送给喜爱的臣子。考古学家发现了一块刻有"中兴复古"四个汉字的正方形香料，这四个字源于高宗的书法作品。每一个正方形香料的角上都钻有一个小洞，这样官员们就可以将其挂在腰带上。这块香是皇家配方吗？当然！沉香木是其主要成分，制香之人还用了花瓣和婆罗洲的樟脑，并借助麝香来增强香气。

独具匠心的中国商人想出了增加香料销量的新方法。街头小贩尝试添加多种香料，以增加小吃的风味，并出售带有沉香气味的莲藕和饮料。富有创新精神的摊主们还在麝香的烟雾中蒸甘蔗，这种珍贵的香料是由西藏麝的腺体制成的。即使是最穷的消费者，也能在市场上品尝到这些美味。

乳香的使用尤为普遍。中央政府会把进口的香料储存在仓库里。1175年，官员们意识到他们手头的存货太多了，于是人为地抬高价格，并要求购买者大量进购，这在中国中部的今湖南和贵州两省交界之处引发了一场叛乱。

公元10世纪和11世纪医学处方中首次出现了乳香以及其他进口香料，如丁香和土木香；在12世纪和13世纪，越来越多的药师还在药方中开出了没药、硼砂和黑胡椒。大多数的中国方剂都是由不同药草、香料所磨成的细粉末制成的，病人将这些粉末放在水里煮，制成药茶。在公元1000年以前，处方中唯一经常出现的进口商品是来自高丽的人参；但在公元1000年以后，处方中常含多种进口商品。

香料不仅仅是富人的奢侈品。来自各行各业的人们在市场上购买食物，并拜访药师，以获得各种由进口香料制成的药物。1076年，当时的北宋朝廷建立了世界上第一家官药局。官药局的主要机构没在都城开封，后来，各地开设了分支药局。官药局的一个部门负责采购处方里的药材，并将不同的药材进行打包，而另一个部门负责经营药店，直接向民众出售药品。

制香师也会对进口香料加以搭配。13世纪的《陈氏香谱》记载了300种配方，其中66%的配方需要用到檀香，61%的配方需要用到麝香，47%的配方需要用到沉香，需要樟脑的配方占43%，而用到丁香和乳香的配方分别占37%和13%。线香在1300年左右首次出现，是穷人使用香料的另一个标志，比起一整块蛋糕那么大的香料，穷人们更能消费得起线香。

随着香料消费在社会上的普及，富人们也一如既往地采用更加奢侈的方式来显示自己的富有。冬天，富人们会隔出"暖房"，或是可单独供暖的空间。有一个人完全用沉香木打造了三间暖房，还定做了雕有孔洞的长凳，当凳子下方的盘香被点燃时，房间里就会弥漫着香味。他还在一艘完全由中国雪松打造的船上隔出暖房。可见，中国宋朝的富裕阶层确实过着舒适的生活。

随着香料贸易的蓬勃发展，生活在泉州和广州的中外商人，以及管理精货和杂货销售的中国官员都发了财。有钱的人会为整船货物出资，资金不多的男女则可以购买股份。如果航行顺利，所有人都能获得可观的利润。

香料贸易是如此有利可图，以至于它还吸引了不那么富有的皇室成员。1100年以后，宗室（皇帝的所有男性后裔及其家人）人数众多，无法都居住在都城开封。单个城市的收入，已无法涵盖每个男性宗室所需的丰厚津贴。因此，皇室被分为三个不同的分支，只有一支被允许留在开封。

1127年北方沦陷后，开封的宗室分支迁至新都城杭州，而其他两个分支则寻找足够繁荣的城市来养活自身。拥有约200人的"西支"选择了福建北部的港口城市福州，而拥有约400人的"南支"则选择了沿海更靠南的泉州，在那里，他们深入参与了香料贸易。

1200年左右，泉州已超越广州，成为中国最重要的港口。1080年，泉州人口为100万人；13世纪40年代，泉州人口达到了125万人，与巴格达人口数持平，略少于北宋都城开封和南宋都城杭州的人口数，这两个城市的人口数都在150万人左右。

泉州与附近其他港口的繁荣蔓延到了整个福建省，使该省居民摆脱了自给自足的农业，并能够为商业市场生产商品。就像东南亚的居民为供应中国消费者而获取香料一样，福建人也适应了生活在全球化经济环境中的挑战。他们不再种植自己所需的食物，因为他们发现，改种荔枝、甘蔗和糯米等经济作物，或种植苎麻、大麻等当地纺织原料，就能赚取更多的钱；然后可以用挣来的钱,到当地市场上为家人购买食物。于是,许多人完全放弃了农业。有些人在银矿、铜矿、铁矿和铅矿工作;一些人选择捕鱼;还有一些人将海水引入池沼,蒸晒制盐。

陶瓷业吸收了最多的劳动力。业主们在山坡上建造了绵延100米的龙窑。这些窑雇用了成百上千的工人,一次可烧制一万到三万件陶瓷。它们拥有其他地区的窑无法达到的高温条件,可以烧制出闪闪发光、易于清洁的陶瓷,这些陶瓷在非洲、中东、印度和东南亚深受追捧。这些窑不使用蒸汽或电力(而是燃烧木材或木炭),因此我们并不认为它们是工业化的,但它们和工业革命的第一批工厂一样,都是庞大且复杂的。在12世纪和13世纪,福建500万人口中有7.5%(37.5万人)的人从事陶瓷的出口生产。

宋朝货币政策的转变,对其国际贸易伙伴产生了巨大影响。当宋朝官员于1024年首次发行纸币时,他们将纸币的使用范围限制在四川;但到了1170年,宋朝建立了一个永久性的、以白银为本位纸币体系。一夜之间,笨重的铜币就不再使用了,商人们抓住机会,向日本大量出口铜钱。日本人出口到中国的主要商品则是木材、硫黄、水银和黄金,这些都是原材料。

起初,日本政府禁用中国铜钱,但在1226年,政府改变了政策,允许这些铜钱的使用。到了1270年,中国铜钱已成为整个日本列岛事实上的货币。12世纪和13世纪,中国铜钱在爪哇广泛流通,爪哇人还对之进行了仿铸。中国铜钱在日本和爪哇的使用表明,东亚和东南亚的经济一体化程度之深。

生活在中国东南沿海的人们受全球化影响最大，因为那里有很多重要港口，但全球化也影响了那些生活在内陆的人们。绍兴的一个沿海市场提供"玉帛、珠犀、名香、珍药、组绣、髹藤之器"，在这个离今上海不远的海港，商贩提供的商品品种繁多，令人印象深刻。在向西约1600公里，位于中国内陆深处的四川成都，消费者可以领略到"云乳色晶荧，沈檀气芬苾"。当时，进口商品的供应量并不能与今天的宜家（Ikea）相较，集市不是每天都有，且大多数进口商品的价格都很高，然而，当时商品的供应量还是会比你想象的更要接近宜家。

1225年，宋朝宗室成员、泉州市舶使赵汝适写了一本关于中国对外贸易的书，名为《诸蕃志》。书中既有他引用的历史资料，又有他与泉州人的谈话记录。市舶使赵汝适对中国的长期贸易伙伴，如高丽、日本、越南，以及更遥远的地方，如西西里、索马里和坦桑尼亚，都有广泛的了解。

早期的市舶使肯定也和外国商人交谈过，因为我们从当时朝廷的规定中得知官员应该定期为来访的商人举办宴会，但我们并不知道这些官员到底了解多少。行走在现代的泉州，你可能会看到市舶使赵汝适曾采访外国商人的地方。这座城市仍有多条小河道纵横交错，其中一条直通昔日的市舶司衙门（现在是当地的道观），距离外国商人居住的主路只有很短的一段路程。

《清明上河图》上的细节展现了一家专营进口木材的家具店,牌子上写着"刘家上色沉檀拣香","拣香"即上等乳香。

市舶使赵汝适的著作分为两部分。第一部分参考了早期的地理著作,介绍了50多个国家的简要历史及其物产。第二部分则是全新的内容,赵汝适按商品分类,标示出该商品的不同生产国家,并解释了彼此质量上的差异。随着从东南亚进入中国的货物数量的增加,商人们意识到,他们必须区分高质量和低质量的货物,而这种区别通常在于该货物来源地的不同。这些商人是赵汝适的目标读者。作为市舶使,他花费很长时间与外国商人进行交谈,并把他们所说的内容概括起来,传递给那些想有所了解的读者。

根据赵汝适的书，我们可以得知当时的中国享有巨大的贸易顺差。中国在出口世界上质量最好的纺织品、陶瓷、金属产品的同时，其进口商品的范围却比较狭小，主要是木材、树脂和香料，这些商品大部分来自东南亚，有些则来自中东。《诸蕃志》关注的是海上贸易，所以赵汝适没有提及从西北经陆路进口的马匹，这是军队的急需品。

香料的进口十分重要，因为所有社会阶层都在消费它们。它们能让人们的身体和衣服散发出香味，也能让房间里充满宜人的香气。香料还是饮料和食物中的重要成分，许多药方中也含有香料。因而对很多人来说，香料是一种必需品。

《诸蕃志》提供的不仅仅是商业信息。赵汝适对从马达加斯加掳来奴隶有一段令人读之心酸的描述："西有海岛，多野人，身如黑漆，虬发，诱以食而擒之，转卖与大食国为奴，获价甚厚。托以管钥，谓其无亲属之恋也。"最后的评论可能会让拥有强烈家庭观念的中国读者感到惊讶，我们甚至可以想象，赵汝适自己也想知道这是不是真的。

赵汝适对猎象活动的描述更为详细："人莫敢近，猎者用神劲弓，以药箭射之。象负箭而遁，未及一二里许，药发即毙。猎者随毙，取其牙埋诸土中。"赵汝适解释说，一旦猎象者捕获十多根象牙，就会将其卖给大食商人，这些商人再把象牙运到三佛齐国。来自大食的最好的象牙，其体积可达东南亚象牙的三倍，且比东南亚象牙还要白（东南亚象牙往往带有淡红色）。赵汝适没有意识到,这些优质象牙实际产自非洲。由于大食商人主导着利润丰厚的象牙贸易,他误以为这些象牙是大食本地所产。

在宋朝,对外贸易是如此重要,以至于数学教科书都包含了这一话题。1247年著成的《数学九章》上有一个问题,要求读者计算四名合伙人的股份,他们投资了一艘往返东南亚的船。"问海舶赴务抽毕,除纳主家货物外,有沉香五千八十八两(超过188公斤)、胡椒一万四百三十包(约为23.8公斤)、象牙二百一十二合。"选择运送沉香木、黑胡椒和象牙是明智的,它们都是中国—东南亚贸易的重要商品。

这个问题进一步说到合伙人甲、乙、丙、丁分别从对方那里借了数量不同的钱,这就增加了挑战性。你只能用矩阵来计算这个问题,这表明那时的中国人已经在使用线性代数了。

13世纪70年代,一艘船在泉州城外沉没,真实地展现了由多个合伙人投资的装满货物的船只是什么样子的。这艘船长24.2米,宽9.15米,考古学家发掘出了2400公斤重的香木,其中包括沉香木和檀香木;还有4.75升黑胡椒;产自索马里的龙涎香;6.3克乳香;以及4公斤汞。这些货物对中国—东南亚贸易至关重要,且正如我们所预料的,香料在其中占重要地位。这艘船还载有一些中国钱币,其中日期最新的钱币是1271年的,所以它是在那一年,或是在那之后不久沉没的。

这艘船被分成13个独立的木舱,显然是由中国制造的;工匠们在船龙骨的两端(或者说是沿着船底的主梁),雕刻了一个由七个小洞和一个大洞组成的星座图,可能是北斗七星。这些雕刻是中国人寻求神佑的传统方式。考古学家们还发现了使用拼板技术修复船只的证据,这表明这艘船曾往返东南亚。

与其他地方的船只不同,中国的船只建有水密舱,这是造船技术的突破。这项创新技术将漏水造成的损害限制在了船的某一个部位。

这艘船上还装有96个木制标签,标有人名以及商店、地点和商品的名称。这些标签被绑在不同的板条箱上,使投资者、船员和船长能够确定哪些货物属于哪个船主。四分之一的标签上有着一个不同寻常的记号,即"南家",这让所有人感到困惑,直到有位历史学家意识到,这个词指的是皇族的南方分支,也就是这艘船的主要投资者。

这艘船很可能是在13世纪70年代初离开泉州的，当时的港口还在南宋的统治之下。时任市舶使是一个有权势的阿拉伯人，名叫蒲寿庚。他的先辈在1200年左右从广州搬到泉州，他自己则在1266年左右成为泉州的市舶使。在南宋漫长的衰败期里，蒲寿庚同时还担任安抚使，这一职位使他能够指挥一支小规模的军队，与当地权势之家控制的民兵组织互相助力。

此时的蒙古人已经控制了中国华北地区，他们还派海军向华南地区发动了断断续续的进攻。1276年，蒙古人占领了宋朝的都城临安，幼主赵昰逃至泉州。在那里，蒙古海军对宋朝发起了最后一击。蒲寿庚预料到蒙古人会胜利，于是选择变节（可能是在1277年），他还杀死了一些居住在泉州的宋宗室成员。

这艘不幸的船似乎就在这个时候满载着所有货物回到了泉州。这艘船是在泉州附近的一个浅水湾被发现的，船体没有受损，没有迹象表明船上有人死亡，也没有迹象表明船发生了泄漏。确实有人曾把桅杆和水面上所有木头都移走了，但大概是为了出售或用作燃料。由于这艘船装有这么多珍贵的货物，它极可能是被故意弄沉的——或许是因为船长意识到蒙古人已经推翻了宋朝皇室？不管出于什么原因，沉船上的人再也没有回来取走这些货物，就像东欧那些被埋藏的银币一样，在考古学家发现它之前，这艘船一直保持着原样。

1279年，宋朝最后一个幼主去世，蒙古人征服了整个中国。[1]他们建立元朝，继宋朝之后统治中国。在蒙古人的统治下，中国与东南亚的贸易持续繁荣。马可·波罗声称曾在13世纪八九十年代造访过泉州，他的描述中包含了可靠的信息。他称泉州为"Zaiton"，这是一个阿拉伯语名称，意为"橄榄之城"。"进出这个港口的宝石和其他商品的总运输量简直不可思议……我向你保证，为运送出口到基督教国家的胡椒粉，而去往亚历山大港或其他地方的船只的数量，仅仅只是去往泉州的船的数量的百分之一。你得知道，它是世界上商品流动量最大的两个港口之一"。另一个是南宋都城临安。

　　马可·波罗报告说，所有进入港口的船只都要为"包括宝石和珍珠在内的所有货物支付10%的税，也就是说，每件东西都要缴什一税"，这与宋朝官员在公元960年开始征收的十分之一的关税相同。"租用船只的费用，也就是运费，小件货物是按30%的比例计算，胡椒是按44%的比例计算，沉香木、檀香木和所有大宗货物则按40%来算。"这些百分比都是可信的，但马可·波罗犯了一个关键性的错误：这些不是运费，而是针对精货和杂货所征收的不同税款。与宋朝官员相同，蒙古人对外国船只征收三种税。马可·波罗解释说，在缴纳了这些税款后，商人们"赚得盘满钵满，巴不得再运一批货来"。

---

[1] 1279年，宋元崖山之战，宋军战败，陆秀夫背着宋末帝赵昺投海自杀，南宋彻底灭亡。——译者注

马可波罗还犯了其他错误。他提到"漂亮""廉价"的瓷器，它们在地下埋藏了"三四十年"才获得"光泽"。这是因为他不懂烧窑技术。穆斯林旅行家伊本·巴图塔在回摩洛哥之前，参观了泉州的穆斯林聚居区，当时，他记载了中国人将陶瓷埋在地下的事情。除了中国人，很少有人知道这么高质量的陶瓷是如何制作的。

在蒙古人的统治下，中国与东南亚的贸易持续繁荣，这一点我们可以从广州方志中的一份清单上看出。这份清单列出了69种于1300年被交易的外国商品，其中的40种来自东南亚。象牙、犀角、鹤顶、珍珠、珊瑚、碧甸子（可能是一种玉）、翠毛、龟筒、玳瑁，这9种物品最为昂贵。对16世纪欧洲人到来之前最为繁忙的海上航线来说，这份清单所揭示的该航线贸易程度之深、贸易范围之广，是完全合理的。

随着有关外国的信息和货物一起传入，中国人对东南亚地理了解得更多了。广州方志的作者将中国南海的水域分为小西洋（马来半岛附近的中国南海部分）、小东洋（婆罗洲以东的苏禄海）和大东洋（爪哇海），并解释了每个水域附近的国家。

虽然中国海员对东南亚、印度、阿拉伯半岛和非洲的地理知识了如指掌，但他们没有冒险从菲律宾以东进入太平洋，因为他们认为那里就是世界的尽头。正如赵汝适在1225年所解释的，"愈东（爪哇以东）则尾闾之所泄，非复人世"。

尾闾是中国人认为的海水所归之处。早在公元前3世纪，中国人就写了关于尾闾的文章,当时伟大的中国哲学著作《庄子》解释道:"天下之水,莫大于海,万川归之,不知何时止而不盈;尾闾泄之,不知何时已而不虚。"

赵汝适引用了一段出自12世纪晚期的一部书中的话,该书把传说中的尾闾放在一个特定的地方:"海南四郡之西南,其大海曰交趾洋。中有三合流……南舶往来,必冲三流之中。"该书作者提及的似乎是黑潮的起点,黑潮位于吕宋岛以西稍远的地方,在中国台湾和菲律宾之间。

远航水手所面临的风险是巨大的:"得风一息,可济。苟入险无风,舟不可出,必瓦解于三流之中。……尾闾所泄,沦入九幽。"尾闾的位置在极东之处,超出了中国读者所知的任何远方。

中国人对尾闾的担忧,与罗马人关于热带雨林的看法类似,直到葡萄牙航海家沿非洲西海岸航行,这种看法才逐渐被推翻。与古罗马地理学家托勒密所写的相反,葡萄牙航海家发现并没有哪个地区热得让人类无法生存。然而,宋朝的观察家们仍然相信尾闾的危险,也许这就是为什么直到欧洲水手开辟了越过菲律宾进入太平洋的航线后,中国人才向极东之处航行的原因。

蒙古人的统治结束后,中国与东南亚的香料贸易持续增长。在1368年明朝建立之后,有一次,进贡给明廷的船载货物数量之巨,甚至包括80吨热带货物,其中主要是胡椒和苏木。

中国最大型的远洋航行发生在1405年至1433年间,当时明朝政府曾派遣郑和统督舰队七下西洋。由317艘船组成的帝国舰队,载着28 000人从中国出发前往东南亚，然后是印度，最后到达伊拉克。一些船只脱离了主力舰队，最远到达非洲东海岸的蒙巴萨（Mombasa）。在海外发现的中国钱币以及中国本土的文献记载被保存了下来，以考古证据和文字证据的形式向我们证明了这一点，而其中最有说服力的是斯里兰卡和印度卡利卡特（Calicut）石碑上的汉语碑文。

统帅郑和的最大的船有61米长，这让哥伦布的船相形见绌，他的船可能只有30米长（事实上我们并不知晓哥伦布船的精确尺寸）。郑和的整个船队有317艘船，而哥伦布的船队只有3艘船。

郑和的船队穿过马六甲海峡，沿着印度和阿拉伯半岛海岸航行，行程达13 000公里。如果他们直接横穿印度洋的话，航程就只有10 500公里。如果加上从伊拉克的巴士拉到非洲东海岸莫桑比克的索法拉的6500公里航程，这段旅程的长度就更值得注意了，因为哥伦布的第一次航行大约只行进了7000多公里。简而言之，郑和下西洋的规模远远超过了哥伦布的航海规模。只不过郑和航行的目的是"耀兵异域，示中国富强"。

在15世纪，中国舰队的规模之大以及政府资助的力度之大，可能是前所未有的，但舰队远行的航线本身并不是。郑和航行于波斯湾—中国海上长廊。他的舰队并不是在探险，而是沿着已为人们所熟悉的航线驶向东南亚，以及穿过印度洋，去往印度、阿拉伯和非洲，自公元1000年起，中国船只就在这些航线上航行了。

政府资助的运航在1433年结束,但私人商队在接下来的几个世纪里继续活跃在这些水域。在16世纪欧洲人发现新大陆之前,整个印度洋地区的经济就已经完全实现了商业一体化,就如同在那之后一样。从15世纪中叶起,葡萄牙人专注于将非洲黄金出口到欧洲。但当他们在1520年控制了香料群岛后,便意识到这里比非洲更好赚钱。事实当然如此。自公元1000年以来,中国的统治者、商人和中间商都通过开发这一财富来源而赚得盆满钵满。

结　语

这趟世界之旅到此结束。我们追踪了公元1000年首次开辟的那些路线，并观察了它们在此后五百年的影响。1500年后，世界历史的新章节——欧洲章节——开启了。在四百多年的时间里，欧洲人凭借更为先进的武器，想方设法地进入此前已经存在的贸易路线，并积极开辟新路线。

1497年，达·伽马沿着西非海岸向南旅行，绕过了好望角。在他航行的时候，葡萄牙人已经意识到贸然进入非洲内陆是会有生命危险的，因为他们不像当地人那样，对疟疾有抵抗力。葡萄牙人每次冒着生命危险进入非洲内陆，伤亡都是巨大的。对欧洲人来说，建立沿海港口更有意义，他们可以在那里休息，囤积补给品，并从内陆购买所需的商品——主要是奴隶和黄金。在帝国主义的第一阶段，拥有开普敦、蒙巴萨、摩加迪沙（Mogadishu）

等港口的葡萄牙帝国就像一条由珠子穿成的项链,沿着非洲海岸线一字排开。

这就是为什么埃尔米纳贸易点——加纳海岸的早期贸易点——的建立是一次重要的尝试。它证明了在一个沿海基地进行贸易的可行性,葡萄牙船只可以直接航行到这个基地,获得想要的货物,然后返回家园。在葡萄牙人建立了埃尔米纳贸易点后,非洲商人们将现有的内陆贸易路线移向海岸,这样,商人们就可以把黄金和奴隶运到大西洋港口。这并不是非洲人第一次改变自己的贸易路线:在公元1000年左右,西吉尔马萨取代祖威拉成为北非贸易的关键点,跨撒哈拉的主要黄金和奴隶贸易路线也向西转移。

在达·伽马绕过好望角后,他就不再开辟新的海上航线了。他转向繁忙的波斯湾—中国航线,该航线连接东非港口和印度洋港口。在这条航线上,达·伽马很容易就能找到一位领航员,带领他的四艘船穿过印度洋,到达以香料闻名的卡利卡特港。在马林迪(Malindi)与达·伽马会合的领航员名叫马莱莫·卡纳(Malemo Cana,也有可能是Malemo Canaca),据提到他的两则史料记载,他是一个会说些意大利语的摩尔人(Moor)。

连接中国和非洲的航线是1492年以前距离最长、最为繁忙的海上航线,香料是该航线上最重要的商品。1492年以后,从欧洲到美洲的跨大西洋航线以及从美洲到菲律宾的跨太平洋航线的交通流量,已超过波斯湾—中国航线,但一些贸易活动仍继续沿着这条航线进行。

西班牙人在美洲建立起自己的帝国，他们占领了阿兹特克帝国的首都特诺奇蒂特兰，并修建了墨西哥城作为自己帝国的首都。哥伦布之所以会发现美洲现存贸易网络的复杂性，是因为在1502年，他遇到了一艘巨大的独木舟，上面载着高质量的纺织品、黑曜石刀、铜钟和木剑，这些东西都在尤卡坦半岛和加勒比地区之间流通。

玛雅文明向北连接起美国西南部和密西西比河谷，向南连接巴拿马和安第斯山脉，哥伦布不可能知道这些土著贸易路线，但跟随他到达美洲的西班牙人充分利用这些先前存在的路线，在墨西哥和秘鲁建立了新的海外殖民帝国。

1519年，当科特斯（Cortés）到达墨西哥时，他结识了一位名叫马林奇（Malinché）的阿兹特克贵妇，她被玛雅人俘虏了。马林奇精通阿兹特克的玛雅语和纳瓦特尔语，她帮助科特斯与不同部落结盟，以推翻阿兹特克。在她的帮助下，西班牙人只用了两年时间就征服了阿兹特克的首都。更南边的印加帝国已经变得和阿兹特克一样式微，但它仍能利用当时的各种混乱来维系自身的统治。当皮萨罗（Pizarro）从巴拿马经海路抵达印加帝国时，帝国正处于一场继任者的纷争中。

西班牙人都携带着致命的细菌，而美洲印第安人对此毫无免疫力。没有一个西班牙人——当然也包括哥伦布——曾意识到这一点。第一批史前移民到来后的长时间分隔，使美洲土著居民极易受到欧洲疾病的侵害，如天花、流感，甚至普通感冒。

由于没有留存的人口普查数据,历史学家们对1492年美洲的人口数量看法不一,估数从最低的1000万人到最高的1亿人不等。关于人口数的最早的较为可靠的信息来自1568年的西班牙人口普查。在墨西哥和秘鲁的农业中心地带,只有大约200万印第安人在欧洲人引起的大规模疾病暴发中幸存下来。(也许在偏远地区,有300万人能活下来。)这些大规模的人口死亡为欧洲殖民者铺平了道路。

17世纪,英国、荷兰和法国取代西班牙、葡萄牙成为欧洲的主要强国,这些国家的人还在北美定居。当地人教给欧洲人许多生存技能,帮助他们在这个截然不同的环境中取得成功。要知道,维京人在公元1000年左右从加拿大东北部撤退;在1400年后,他们又离开了格陵兰,就是因为他们发现那里的环境太恶劣了。

史广多(Squanto,他的全名是Tisquantum)帮助清教徒们在普利茅斯(Plymouth)度过了他们的第一个冬天。但鲜为人知的是,在清教徒到来之前,史广多曾于1614年被一位英国探险家绑架,并被卖到西班牙当奴隶。后来,史广多成功逃回科德角(Cape Cod)地区。当清教徒遇到史广多时,他已经会说英语了。

达·伽马的领航员马莱莫·卡纳,以及马林奇、史广多,这些中间人都是欧洲扩张史中的主要人物,但我们对他们重要性的理解远远不够。是的,他们帮助欧洲人了解并最终控制了他们自己的本土社会,但真相远不止这些。他们还向欧洲人提供了机会,使其得以迅速进入那些很久以前就已经由土著人修建的通道和贸易网络。

欧洲人到达世界上某些地方的时间会比到达其他地方的时间晚得多。当詹姆斯·库克在18世纪晚期抵达南太平洋时，他意识到图帕亚所掌握的传统波利尼西亚航海和地理知识的重要性。两人一起绘制了南太平洋的地图，这帮库克找到了通往太平洋上许多岛屿的航线，从而开启了英国人对澳大利亚和新西兰的殖民。

想象一下，若是15世纪90年代欧洲人的航行以及他们在许多大陆上的定居从未发生过，这个世界会是什么样子？可以肯定的是，世界贸易的节奏仍会继续加速。早在1225年，市舶使赵汝适就列举了41种不同的产品，它们被销往地中海、东非、印度和东南亚，这些地区都是中国的出口市场。

大约在三十年后的1255年，一位名叫萨迪（Sa'di）的波斯观察者描述了自己在波斯湾基什岛（Kish）上遇见一位商人时的情景。这位商人很有钱，他有150头骆驼和40名奴仆。在吹嘘了一整夜自己的旅行以及在国外的熟人后，这位商人承认还想再出一次远门。他会从今伊朗的法尔斯（Fars）出发，"我想把法尔斯的硫黄带到中国，因为我听说在中国，硫黄可以卖到很高的价格。然后，我会把中国的高脚酒樽带到安纳托利亚，再把安纳托利亚的丝绸带去印度，把印度的钢铁带到阿勒颇（Aleppo），把阿勒颇水晶卖到也门，最后把也门宝剑带往法尔斯。"

这是一条相当不错的路线。这位商人的计划是在一个地方购买某种商品，在另一个地方出售，然后用赚到的钱来支付自己的旅费。看起来他并没有真正完成这次旅行，但是他知道这些遥远的地方以及当地的产品，而且他提出的长途旅行是完全可行的。

正如商人设想的这条路线所显示的，即使是在阿拔斯帝国分崩离析，彼此独立的统治者接管了不同的地区后，中东的贸易路线仍在继续演变。学者和诗人们沿着这些路线，寻求不同统治者的庇护，在马德拉沙学习的穆斯林男女学生也会利用这些路线。而数百万来自非洲、东欧和中亚的奴隶也被迫沿着该路线，前往开罗、巴格达和其他主要城市的中心市场。

如果没有哥伦布和达·伽马的航行以及后来的欧洲殖民，我们可以预见贸易圈仍会继续扩大，因为商人们会发现更多的商品，这些商品在一个地方生产，受到另一个地方的消费者的喜爱。实际上，非洲–欧亚大陆和美洲现有的贸易网络之间重新建立联系只是时间问题。在公元1000年，维京人已经短暂地穿越了北大西洋，随后的伐木之旅表明他们随时可以回来。正如中国人对海参的渴望，会促使中国渔民继续向南远行，直到1500年左右，他们抵达了澳大利亚。中国人对香料的持续渴望，会让水手们克服对尾闾的恐惧，驶过菲律宾群岛，远行进入太平洋。

但欧洲的大航海确实发生了，欧洲人还在美洲和澳大利亚定居下来了。历史学家们往往会对1500年后欧洲人在世界各地的第一波定居浪潮，与由工业革命推动的第二波定居浪潮进行区分，后者使欧洲人得以深入内陆并建立起强有力的控制。蒸汽船比帆船更快、更可靠，在19世纪20年代和30年代，第一批欧洲蒸汽船已经横渡大西洋。有的蒸汽船的甲板上会放置大炮,进而成为炮舰;这些炮舰帮助英国海军赢得了克里米亚战争以及对中国的两次鸦片战争。1857年,另一项发明——电报——通过告知英国军官哪里最需要军队,帮助英国人平息了发生在印度的大规模兵变。

铁路是19世纪最重要的技术革新,英国人能通过铁路运送军队。在欧洲强国铺有铁轨的所有地方,军队都可用火车来装载。19世纪50年代,人们还发现每天服用奎宁可以预防疟疾。这些技术的革新助力了新一轮的殖民浪潮,不仅是海岸地区沦为殖民地,在19世纪末,殖民浪潮深入了非洲内陆。

虽然欧洲人很强大,但他们无法殖民统治整个地球,而他们没能实现殖民的最大地区之一便是中国。欧洲列强将中国划分为不同的经济领域,每个领域都受到不同国家的控制,而清朝对中国名义上的统治仍继续维持着。

历史学家一直在思考,中国比英国更早实现经济的繁荣,但为什么工业革命发生在英国而不是中国。中国人没有借助蒸汽动力或电力,就已经拥有了大规模的制造业。一些大型生产机构在公元1000年时就出现了,比如一次能烧制成千上万件陶瓷的巨型龙窑。消费者对中国陶瓷和丝绸的需求,推动了中国几个世纪的经济增长。

英国和中国的一个关键区别在于中国没有劳动力短缺。由于人口过剩,中国需要的是那种能用更少的棉花——而不是更少的劳动力——来生产布料的机器,而这样的机器并不存在。

在工业革命之前，中国和英国的经济发展水平相当。直到1800年后，英国的经济才开始腾飞，远超中国。工业革命开创了长达一个多世纪的欧洲主导世界经济的历史格局。

欧洲统治的时代是什么时候结束的？也许是在1945年第二次世界大战结束之时，当时的美国比英国、德国或法国富裕得多；也可能是在20世纪60年代早期，当时英、德、法三国的前殖民地纷纷独立。甚至可能是1973年至1974年，石油输出国组织实施第一次石油禁运，导致了欧洲统治的终结。但无论如何，欧洲人的时代肯定已经结束了。

公元1000年的世界能教给我们关于全球化的哪些知识呢？显然，我们当下的世界在无数方面都与之不同，其中最显著的不同之处是当下的世界远比过去拥挤。现在的世界人口已接近80亿人，而公元1000年的人口数为2.5亿人，当时的人们享有很大的活动空间。

今天的人们对地球上的其他人已经有很多的了解，即使是那些居住在遥远地区的人。但在公元1000年，人们第一次遇到生活在别处的居民。

我们现在生活在一个充满各种精密机器的世界，而我们祖先的生活中几乎没有任何机械化痕迹。当下的高技术国家和低技术国家之间的差距是巨大的，且这种差距每天都在扩大；但在过去，技术最先进的国家只占有微弱的优势。

撇开所有的发明和技术，人本身并没有发生什么变化。我们的祖先在公元1000年以各种方式回应了世界的变化，我们必须研究他们做了什么，这样，我们才能更好地应对我们面临的未来。

过去的有效策略在今天应该仍能成功。竭尽全力去了解世界上所有国家的那些学者们，帮助自己的同胞做好了与来自其他地方的人打交道的准备。带来创新产品的发明家以及那些带领发明家进入新兴市场的商人则开辟了新的途径，为自己国家的经济繁荣做出了贡献。

公元1000年的全球化带来了利益，也像今天一样，产生了赢家和输家。公元879年，黄巢军攻击了居住在广州的外国商人，当时广州是中国最大的港口。公元996年，开罗居民发动暴乱，反对来自意大利阿马尔菲海岸的外籍商人。1181年的拉丁大屠杀中，君士坦丁堡的居民杀死了数千名意大利商人。发生这些事件的根本原因都是一样的，即当地人忌恨外国人的财富，认为外国人靠损害本地人而获利。

尽管存在诸多障碍，许多人还是抓住了伴随交流程度加深而来的新机会。中国人擅长制造纸张、丝绸和陶瓷，他们把这些物品卖到了欧洲各地。供应中国市场的商人们在东南亚发现了新的香料，用它们取代了阿拉伯半岛昂贵的没药和乳香。

贸易提供了持续不断的刺激。伊斯兰世界的陶瓷可能永远无法与中国高温窑烧制出的闪亮陶瓷相较，但穆斯林工匠从未停止尝试。中东的"光瓷"在本土和非洲找到了买家，这让穆斯林工匠保留了一些市场份额。

那些成功适应变化的人，并不总是拥有复杂的技术。图勒人之所以能从阿拉斯加一路迁徙到加拿大东部，然后再迁至格陵兰岛，是因为他们拥有即使在冬天也能有效捕猎海豹的超凡能力。这种技能使图勒人取代了北欧定居者，这些北欧人无法适应恶劣的条件，退回了冰岛。

图勒人提供了一个有价值的启示，即最终取得成功的人，并不总是那些生活在最富有、拥有顶尖科技的国家的人。生活在最先进地区的居民往往会拥有一定的优势，一旦他们选择往前进，很容易就能保持原来的领先地位。但那些密切关注自己的环境，并愿意等待合适时机的人，也可以获得回报。

我们能从祖先身上学到的最重要的一课，就是如何对不熟悉的事物做出最好的反应。有些维京人会随意杀死睡在独木舟下面的土著人，而不在意这些人是否真的具有威胁性。而在其他大陆，那些遇到陌生人的人会耐心地与之打招呼，用自己的财产换取新朋友的任何物品。一些最为成功的人学习了新语言，建立了跨越遥远距离的贸易关系。没错，全球化并没有惠及所有人。但比起拒绝了所有新事物的人，那些对陌生事物保持开放心态的人显然得到的更多。这在公元1000年是如此，在今天也一样。

鸣　谢

　　本书的灵感来自我完成《丝绸之路新史》之时。当时，我意识到喀喇汗王朝在1006年占领了喀什噶尔，辽朝和宋朝于1005年签署了澶渊之盟，两个事件的发生仅隔一年。再加上北欧人是在公元1000年左右到达了兰塞奥兹牧草地，于是，我怀疑这三个事件是否有所关联，并最终意识到当时存在的地区扩张，是这三个事件得以发生的原因。

　　2014年春天，研究中世纪欧洲（尤其是维京人历史）的历史学家安德斯·温罗斯（Anders Winroth）和研究前哥伦布时代玛雅文化的艺术史学家玛丽·米勒（Mary Miller），以及我，开始准备一个研讨班，我们把共同教授的主题定为"公元1000年前后"。当玛丽给我们看奇琴伊察金发人的照片，并询问安德斯这些人看起来像不像维京人时，好玩儿的事就开始了。从那时起，玛丽和安德斯毫无保留地分享他们的想法和材料,而研讨班上的学生则形成了极佳的共鸣。

玛丽向我介绍了另外两位研究中美洲的专家——安德鲁·特纳(Andrew Turner)和迈克尔·D. 科伊,他们都慷慨地贡献了自己的时间和专业知识。安德鲁·特纳现在加入了玛丽·米勒的盖蒂研究所(Getty Research Institute),他在2017年3月带领"公元1000年前后"研讨班去往图拉、墨西哥城和奇琴伊察;在奇琴伊察,他娴熟地介绍了玛雅人复杂的图像。迈克尔·D. 科伊是耶鲁大学人类学系荣誉教授,无论是在他家或是我们各自的家中,还是在布兰福德港(Branford Harbor)一边吃着龙虾卷一边谈论,他都很乐意分享任何有关玛雅或吴哥窟的事,研究吴哥窟是他的第二爱好。有一次,当我和他谈论北大西洋环流如何能将北欧人带到奇琴伊察时,他记起自己曾读到过一些关于被冲到尤卡坦半岛海岸的非洲人的文章。当天晚上10点,他给我发了一份pdf文件,里面有西班牙修道士阿隆索·庞塞(Alonso Ponce)的文章。他很高兴能找到文章并帮到我。科伊于2019年9月去世,享年90岁,标志着他多产的玛雅研究生涯的终结。

耶鲁大学历史系保持着高度的合作精神,许多同事迅速而详细地回答了我的问题。特别感谢保罗·布什科维奇(Paul Bushkovitch)、保罗·弗里德曼(Paul Freedman)和弗朗西斯卡·特里维拉托(Francesca Trivellato),以及两位研究宗教的同事菲利斯·格兰诺夫（Phyllis Granoff）和筱原亨一（Koichi Shinohara）。

纽黑文的萨拉布·阿尼（Sarab al-Ani）和埃勒姆·阿尔卡西米（Elham Alkasimi），以及新加坡的奈文·米哈伊尔（Nevine Mikhail）向我传授了阿拉伯语。在两年半的时间里，极具天赋的阿拉伯语专家迈克尔·拉波波特（Michael Rapoport）尽心竭力地教我古典阿拉伯语。他将阿拉伯语原文与已出版的译文进行比较，对本书中许多阿拉伯语史料译文进行了检查与重译。

我很幸运能在写作本书过程中去到耶鲁大学以外的地方。米拉·舒伊（Mira Seo）和伊曼纽尔·梅耶尔（Emanuel Mayer）在新加坡的耶鲁-新加坡国立大学学院招待了我；在中国的厦门大学，鲁西奇欢迎了我，陈勤奋、鲁陈垚、林昌丈和葛少旗让我们的停留变得富有收获；葛乐耐（Frantz Grenet）邀请我在法兰西公学院上发表演讲，在那里，魏义天（Étienne de la Vaissière）和瓦尔里·基恩（Valerie Kean）向我提供了重要的反馈；葛乐耐和多米尼克·巴塞利（Dominique Barthelemy）邀请我参加于法国特雷莱（Les Treilles）举行的关于公元1000年的会议；史怀梅（Naomi Standen）在伯明翰大学高级研究院招待了我。

史怀梅和凯瑟琳·霍姆斯（Catherine Holmes）刚刚完成了一本名为《全球中世纪》（*The Global Middle Ages*）的开拓性著作的编辑工作，这本书已经作为期刊《过去和现在》（*Past & Present*）的第13期（2018年11月）增刊出版。史怀梅和凯瑟琳还邀请这部著作的多位作者来到伯明翰，对《公元1000年：全球化的开端》这本书的草稿进行评论,这显示了她们非同寻常的学术涵养。尽管新学期的开始总是很忙碌,但还是有10位同事全天参与了一场关于该书的紧张而富有成效的对谈。在伯明翰、达勒姆(Durham)、牛津和谢菲尔德,我都把这种一对一的会谈延续了下去。

许多人帮助编辑、修改本书,并为之加注释。简·菲特(Jan Fitter)比我认识的任何一个编辑都能更准确、更友善地处理稿件。在2018年和2019年的夏天,勇敢且不知疲倦的卢克·斯坦内克(Luke Stanek)审读并查询了书中的注释,解决(并提出)了无数问题,尤其是关于气候史的问题。魏太亭(音)早前曾提供了十分有价值的研究协助,克里斯托弗·宋(Christopher Sung)对注释做出了卓越的贡献。在写作接近尾声时,马修·科芬(Matthew Coffin)、埃米莉·朱利奥(Emily Giuleo)和南希·瑞安(Nancy Ryan)提出了改善章节草稿的关键性建议。亚历山大·劳伦特(Alexander Laurent)将原本糟糕的照片转化为可发表的照片,张倩(音)对海洋环流的内容提出了建议,阿米莉亚·萨金特(Amelia Sargent)提供了重要的图片,而理查兹·斯塔曼(Richard Stamelman)使图片的说明文字更加精炼。

迈克尔·孟(Michael Meng)、中村治子(Haruko Nakamura)和斯特林纪念图书馆馆长也为本书提供了帮助,而东亚研究委员会的工作人员——尼克·迪桑蒂斯(Nick Disantis)、艾米·格林伯格(Amy Greenberg)、金仁中(Injoong Kim)、斯蒂芬妮·金

（Stephanie Kim）和理查德·索萨（Richard Sosa）——帮我解决了各种日常问题。

自从我第一次给我的编辑里克·霍根（Rick Horgan）和我的经纪人安德鲁·斯图尔特（Andrew Stuart）发邮件以来，他们对《公元1000年：全球化的开端》一书的支持从未动摇过，对该书的标准也从未放松过。弗雷德·蔡斯（Fred Chase）一丝不苟地编辑了手稿，而在将手稿从打字稿转换成最终书稿的过程中，艾米莉·格林沃尔德（Emily Greenwald）和贝克特·鲁埃达（Beckett Rueda）扮演了关键角色。

吉姆·斯捷潘内克（Jim Stepanek）帮助构思、写作并润色了本书，他让所有的旅行都充满乐趣和收获（尤其是在租借自行车的时候，这就是为什么我们在吴哥的时光是最为快乐的）。在整个旅程接近尾声的时候，他开玩笑说自己已经在这本书上花了12 000个小时，显然，他的估计过低了，但这完全符合他那标志性的乐观主义精神。

我的孩子也如往常一样地帮了忙。序言的灵感来自克莱尔（Claire），她在一次长途飞行中，偷听了一场关于宋朝中国城市的谈话，那座城市听起来非常现代。有一次，布雷特（Bret）问我1500年以后发生的事情，他建议为读者补上一段。莉迪亚（Lydia）发短信说："也许我的贡献是，建议你不要再写'logues'这个词根了？"但她还是抽出时间来挑选照片。

还有一些人阅读了草稿，回答了相关问题并推荐了有关材料，他们的名字出现在本书最后的注释中。耶鲁大学的陈元博士与武汉大学的鲁西奇教授对中文版进行了审校。我很感激他们，也感谢很多因为篇幅限制而没有在此列出姓名的人。

想了解更多吗？

第1章

约翰·曼（John Man）的《公元1000年的地图集》（*Atlas of the Year 1000*，2001年）指引读者环游世界不同地区。摩尔（R. I. Moore）的《第一次欧洲革命》（*The First European Revolution, c. 970—1215*，2000年），至今仍是对欧洲做了最好介绍的书。西莫斯·希尼（Seamus Heaney）翻译的《贝奥武夫》（*Beowulf*）是许多人的最爱。关于玛雅的书，可见迈克尔·D. 科伊和斯蒂芬·休斯顿（Stephen Houston）的《玛雅》（*The Maya*），第9版（2015年）。关于辽、金、宋的深入讨论，请参见迪特·库恩（Dieter Kuhn）《儒家统治的时代：宋的转型》（*The Age of Confucian Rule: The Song Transformation of China*，2011）。

对洋流及其影响感兴趣的读者，请参见汤姆·加里森（Tom Garrison）和罗伯特·埃利斯（Robert Ellis）极为清晰的《海洋学：海洋科学的邀请》（*Oceanography: An Invitation to Marine Science*）一书，第9版（2016年）。有关人口统计学的最新信息，请参见马西姆·利维-巴茨（Massimo Livi-Bacci）的《世界人口简史》（*A Concise History of World Population*，2017）。由史怀梅和凯瑟琳·霍姆斯主编的题为《全球中世纪》的论文集于2018年11月发表，是《过去与现在》第13期的增刊，该书展示了诸多极具天赋的学者对这一领域的前沿观点。

第2章

两部文兰萨迦是本章的源起。马格努斯·马格努森（Magnus Magnusson）和赫尔曼·帕尔森（Hermann Pálsson）的译本《文兰萨迦：北欧人发现美洲》（*The Vinland Sagas: The Norse Discovery of America*，1965）提供了绝好的介绍、富有信息量的注释和很有用的术语表。位于加拿大纽芬兰岛北端的兰塞奥兹牧草地博物馆也很有价值（如果你像我们一样开车的话，那会是一次不可思议的汽车之旅）。赫尔格·英格斯塔德和安妮·斯蒂娜·英格斯塔德的《维京人发现美洲》（*The Viking Discovery of America*，2001），讲述了维京人是如何找到这个地方的。

兰塞奥兹牧草地的首席调查员比吉塔·L. 华莱士（Birgitta L. Wallace）的所有作品都值得一读，尤其是她的文章《纽芬兰的北欧人：兰塞奥兹牧草地与文兰》（"The Norse in Newfoundland: L'Anse aux Meadows and Vinland"）一文，载于《纽芬兰研究》（Newfoundland Studies）第19卷第1期（2003年春），第5~43页。2000年，由威廉·W. 菲茨霍夫（William W. Fitzhugh）和伊丽莎白·I. 沃德（Elizabeth I. Ward）编辑的展览目录《维京人：北大西洋传奇》（Vikings: The North Atlantic Saga），因其高质量的照片和文章，至今仍然是一部经典之作。

第3章

本章始于一次对奇琴伊察的造访。如果你能忍受人群，那就在春分或秋分时去吧，成千上万的人会选择在这两天来参观这里。你也可以在夏天趁天气还没变得太热之前来游览（当然，你大可在天然井里游个泳，凉快凉快）。卡霍基亚遗址、查科峡谷和梅萨维德都很值得一看，如果你有时间的话，诸如萨蒙遗址（Salmon Ruins）等周边小型遗址也值得一去。

《波波尔·乌》是少数得以留存下来的传统玛雅文献之一。丹尼斯·特洛克（Dennis Tedlock）的译本是最好的，而YouTube上的《波波尔·乌：玛雅人创造神话》（The Popol Vuh, Mayan

Creation Myth，分为7集）也提供了丰富的信息。

关于玛雅和中美洲的最好的书都是由迈克尔·D. 科伊写的。本章的写作基于最新版《玛雅》一书的启发。蒂莫西·保凯塔特（Timothy Pauketat）是一位研究卡霍基亚遗址的最为杰出的考古学家，已经编辑了多卷关于北美考古学的著作，包括水平一流的《牛津北美考古手册》(*The Oxford Handbook of North American Archaeology*，2012）。贾斯汀·詹宁斯（Justin Jennings）的《全球化和古代世界》(*Globalizations and the Ancient World*，2010）研究了古代美索不达米亚、密西西比和瓦里的城市对周边乡村的影响，该书既有原创性，又引人入胜。

第4章

一些详细的地图展现了维京人在东欧的去向，可参见约翰·海伍德（John Haywood）的《企鹅维京历史地图集》(*The Penguin Historical Atlas of the Vikings*，1995）。对于斯堪的纳维亚人的一般性介绍，请参考安德斯·温罗斯的《维京人的时代》(*The Age of the Vikings*，2014）和《斯堪的纳维亚半岛的转变：北欧重塑过程中的维京人、商人和传教士》。

西蒙·富兰克林（Simon Franklin）和乔纳森·谢泼德（Jonathan Shepard）的《罗斯人的出现，750—1200》(*The Emergence of Rus,*

750—1200，1996）仍然是对这个主题的最好介绍，该书可与《往年纪事》一起看。圣彼得堡埃尔米塔日博物馆（Hermitage Museum）中的房间充分展示了罗斯的物质文化。

詹姆斯·E. 蒙哥马利（James E. Montgomery）完整地翻译了伊本·法德兰的《去往伏尔加河的使命》（*Mission to the Volga*），它被收录于菲利普·F. 肯尼迪（Philip F. Kennedy）和肖卡特·M. 图拉瓦（Shawkat M. Toorawa）主编的《两本阿拉伯语旅游书籍》（*Two Arabic Travel Books*，2014）中。好莱坞电影《第十三个勇士》（*The Thirteenth Warrior*）描述的内容并不准确，但能看到安东尼奥·班德拉斯（Antonio Banderas）扮演一个10世纪初的阿拉伯使者的机会并不多。

保罗·金斯沃思（Paul Kingsworth）的小说《觉醒者》（*The Wake*）重现了1066年前后的英国世界。在书中，作者使用了一种他自己创造的、融合一些古英语词汇的语言，当你习惯使用这种语言时，它就会变得越发迷人。A. B. 耶霍莎（A. B. Yehosha）的小说《千禧年终结之旅》（*A Journey to the End of the Millennium*），其故事发生于公元1000年时的法国和德国；而罗伯特·莱西（Robert Lacey）和丹尼·丹兹格（Danny Danziger）的《公元1000年：第一个千禧年之交的生活是什么样的：一个英国人的世界》（*The Year 1000: What Life Was Like at the Turn of the First Millennium: An Englishman's World*，1999），其内容与书名完全一致。

第5章

就在这本书即将完成的时候，有三本关于非洲的优秀著作出版了。弗朗索瓦-泽维尔·弗维尔·艾马尔（François-Xavier Fauvelle-Aymar）的《金犀牛：非洲中世纪史》（*Golden Rhinoceros: Histories of the African Middle Ages*，2018），由特洛伊·泰斯（Troy Tice）译成英文；麦克拉·A. 戈麦斯（Michael A. Gomez）的《非洲统治：早期和中世纪西非帝国新史》（*African Dominion: A New History of Empire in Early and Medieval West Africa*，2018）；由凯瑟琳·比克福德·贝尔佐克（Kathleen Bickford Berzock）编辑的展览目录《黄金商队、时间的碎片：艺术、文化和穿越中世纪撒哈拉非洲的交流》（*Caravans of Gold, Fragments in Time: Art, Culture, and Exchange Across Medieval Saharan Africa*，2019）。

即将出版的第二卷《剑桥世界奴隶史》（*The Cambridge World History of Slavery*）据说会颠覆我们对这个话题的理解。与此同时，读者可查阅《伊斯兰百科全书》（*Encyclopaedia of Islam*），从中获取有关伊斯兰的一流学术文章。

开罗的中世纪街区很吸引人，像恩纳斯·萨利赫（Enass Saleh）这样的专业导游可以让这些街区变得活跃。相关内容可参考乔纳森·布鲁姆（Jonathan Bloom）的《胜利之城的艺术：北非和埃及的法蒂玛王朝的伊斯兰艺术及建筑》（*Arts of the City Victorious: Islamic Art and Architecture in Fatimid North Africa and Egypt*，2008）；

布鲁姆与其合著者（兼妻子）希拉·布莱尔（Sheila Blair）是伊斯兰艺术的天才诠释者，他们的文笔都十分优美。

H.A.R. 吉布（H.A.R. Gibb）翻译的4卷本《伊本·巴图塔游记》(*The Travels of Ibn Battuta*，2012）十分引人入胜；罗斯·邓恩（Ross Dunn）的《伊本·巴图塔历险记》(*The Adventures of Ibn Battuta*，2012）提供了绝好的介绍，而蒂姆·麦金托什·史密斯（Tim Mackintosh Smith）的《与丹吉尔人同行》(*Travels with a Tangerine*，2012）讲述了他在追溯伊本·巴图塔足迹时的冒险经历。（丹吉尔当地人，比如伊本·巴图塔，会被称为"甜橘"，这种水果是以这座城市来命名的。）

第6章

本章论及的许多地方，你都可以去参观。乌兹别克斯坦有许多的萨曼帝国时期的建筑，以位于布哈拉的伊斯梅尔·萨曼（Ismail Samani）的陵墓为典型。呼和浩特的内蒙古博物馆拥有世界上最好的辽代文物收藏品，其他地方的考古博物馆也都非常有趣，特别是朝阳市的北塔博物馆。京都博物馆陈列着美丽的平安时代的物品和绘画，而平等院就坐落在宇治附近的郊区，那里有很多《源氏物语》中的场景。〔丹尼斯·沃什伯恩（Dennis Washburn）翻译了这部小说的英文版，它在"Me Too"运动中尤其引人注目。〕首尔的国家博物馆是韩国艺术最好的一站式收藏地，拥有数千个印经板的海印寺藏经板殿已被列入联合国教科文组织的世界遗产。

关于辽朝的最新研究成果，发表在特刊《〈宋元研究杂志〉中的辽朝观》（*Perspectives on the Liao of The Journal of Song-Yuan Studies*，2013年第43卷）上。2007年，亚洲协会举办了名为"镀金的辉煌"（Gilded Splendor）的展览，该展览配有一流的目录和网站，以及精心设计的对陈国公主墓的模拟参观。

迪克·戴维斯（Dick Davis）的《列王纪》（*Shahnameh*）译本通俗易懂，在线的《伊朗百科全书》（*Encyclopædia Iranica*）代表了所有有关波斯语和伊朗文明的最高水平的学术研究。阿敏·马卢夫（Amin Maalouf）的小说《撒马尔罕》（*Samarkand*）是对奥马尔·海亚姆（Omar Khayyam）生活的虚构描写，该书生动地描述了公元1000年前后的城市，而海亚姆《鲁拜集》（*The Rubaiyaat*）中的诗歌自19世纪中期被翻译成英文以来，一直都被认为是经典之作。弗拉基米尔·米诺尔斯基（Vladimir Minorsky）翻译了匿名的波斯地理学著作《世界境域志》（*Hudud al-'Alam*），译为《世界的极限》（*The Limits of the World*）；他还翻译了马瓦济的作品。关于亚洲的介绍，清参考Peter Frankopan的*The Silk Road*，中文版名为《丝绸之路：一部全新的世界史》。

第7章

沉船博物馆遍布东南亚地区。新加坡的亚洲文明博物馆展出了"勿里洞号"沉船中那些最令人印象深刻的文物，你还可以在赌场和酒店看到沉船中的其他物品。要了解独桅帆船上的生活，请参见《国家地理》杂志摄影师玛丽安·卡普兰（Marian Kaplan）的纪录片《辛巴达的儿子》（*Sons of Sinbad*），该片讲述了1974年她从阿曼航行至东非的故事。史蒂夫·托马斯（Steve Thomas）的《最后的航海家》（*The Last Navigator*）记录了他对马乌·皮埃鲁格的研究，一直是波利尼西亚航海研究中最具可读性的文本。萨穆德拉·拉克萨博物馆距离婆罗浮屠只有一小段步行距离，馆中有一艘复制船，它是在参考婆罗浮屠石板的基础上，用传统的造船技术建造的。

在这一章提到的遗址中，柬埔寨的吴哥窟是面积最大的一处，你至少需要花费五天（最好是一周）时间，来参观最重要的寺庙。最好的指南是《吴哥窟和高棉文明》（*Angkor and the Khmer Civilization*，2018），作者是不知疲倦的迈克尔·D. 科伊，他将对中美洲的研究拓展至探索东南亚地区的类似问题，他的合著者达米安·埃文斯（Damian Evans）是使用激光雷达技术的先驱者。婆罗浮屠和坦贾武尔的神庙，在今天都保持着良好的状态，彰显了神庙国家的杰作。

第8章

在中国所有的沿海港口城市中,泉州保存了大量的宋朝遗迹,沿袭了大部分当时的城市格局。在街上散步,参观寺庙和清真寺,从那时起就是令人难忘的。坐落在开元寺旁的海外交通史博物馆是必去的,馆内专门展示了1270年沉船的残骸。泉州离厦门很近,但仍有点偏僻,若是没有中国人陪同,沟通会很困难。关于泉州最好的学术研究保留在萧婷(Angela Schottenhammer)编著的《世界的商业中心:海上泉州,1000—1400年》(*The Emporium of the World: Maritime Quanzhou*, 1000—1400, 2001)一书中。这个领域的顶尖学者是贾志扬(John Chaffee)、柯胡(Hugh Clark)、黄纯艳(主要用中文写作)和苏基朗(Billy So)。有关中国历史的一般介绍,请参阅我的《开放的帝国:1600年前的中国历史》(*The Open Empire: A History of China to 1600*)第2版(2015年)。

南宋都城杭州比泉州要发达得多,在那里,你可以参观出土的龙窑,看到它在高温条件下生产出的陶瓷,还可以在13世纪修建的地下街道散步。《清明上河图》完成于1186年前,是一幅超过5米长的画卷,很多人称之为中国的《蒙娜丽莎》。《清明上河图》详细地描绘了理想化的中国城市景观,Youtube上有许多景观模拟视频和相关介绍,北京故宫博物院有时会在秋天展出这幅画卷。

注　释

序言

第5页，本书是第一本将这些事件称为"全球化"的书籍：Manfred B. Steger写了一部很有帮助的介绍性书籍，他认为全球化的关键就是时间与空间的浓缩，像大多数书籍一样，他的书也着重关注20世纪70年代。一些分析家察觉到了公元1000年以前的全球化：Justin Jennings认为从古代美索不达米亚、卡霍基亚和瓦里文化中都能看到城市影响着周围的乡村。早期的学者，特别是David Northrup和John Man，已经注意到公元1000年的重要性；而Janet Abu-Lughod认为蒙古人的征服是迈向更广泛一体化的关键一步。C. A. Bayly将全球化定义为"从本地或区域的社会进步，扩展为世界性的社会进步"，他认为第一阶段，即他所说的"古老的全球化",发生在1500年后。

请参见Steger, *Globalization: A Very Short Introduction* (2009); Jennings, *Globalizations and the Ancient World* (2011); Northrup, "Globalization and the Great Convergence: Rethinking World History in the Long Term." *Journal of World History* 16.3 (2005): 249-267; Man, *Atlas of the Year 1000* (2001); Abu-Lughod, *Before European Hegemony: The World System A.D. 1250-1350* (1989); Bayly, "'Archaic' and 'Modern' Globalization in the Eurasian and Africa Arena, c. 1750-1850." *Globalization in World History,* ed. A. G. Hopkins (2002).

第7页,"拍打":Magnus Magnusson和Hermann Pálsson翻译, The Vinland Sagas: The Norse Discovery of America (1965): 100.

第9页,92%:Jon Emont, "Why Are There No New Major Religions?" *The Atlantic* (August 6, 2017).

第1章 公元1000年的世界

第001页,四分之一至三分之一:李中清、王丰的*One Quarter of Humanity: Malthusian Mythology and Chinese Realities, 1700-2000* (1996): 6 (Figure 1.1)。该书中译本《人类的四分之一:马尔萨斯的神话与中国的现实:1700—2000》由生活·读书·新知三联书店

出版。

第002页，持续的繁荣：Andrew M. Watson, "The Arab Agricultural Revolution and Its Diffusion, 700–1100." *Journal of Economic History* 34.1 (1974): 8–35; Watson, *Agricultural Innovation in the Early Islamic World: The Diffusion of Crops and Farming Techniques, 700–1100* (1983). "Of Seeds, Seasons, and Seas: Andrew Watson's Medieval Agrarian Revolution Forty Years Later", *Journal of Economic History* 74.4 (2014): 1205–1220. Paolo Squatriti的这篇文章已经证明，Watson关于作物在整个伊斯兰世界传播的原始理论，经受住了时间的考验。

第002页，3500万至4000万人：Andrew Watson, "A Medieval Green Revolution." *The Islamic Middle East, 700–1900: Studies in Economic and Social History*, ed. A. L. Udovitch (1981): 29–58, 30; Charles Issawi, "The Area and Population of the Arab Empire: An Essay in Speculation." the same volume, 375–396, 387.

第002页，"谷物化"：R. I. Moore, *The First European Revolution, c. 970–1215* (2000): 30–39，30页提及"两倍的人口"，33页提及"科尔多瓦的人口"，46–48页提及"谷物化"。

第003页，中世纪温暖期：H. H. Lamb, "The Early Medieval Warm Epoch and Its Sequel." *Paleogeography, Paleoclimatology, Paleoecology 1* (1965): 13–37.

第003页，中世纪气候异常期：PAGES 2k Consortium,

"Continental-Scale Temperature Variability During the Past Two Millennia." *Nature Geoscience* 6 (2013): 339-346. 显示降温和变暖趋势以及干旱和湿润时段的世界地图，请参见由Sebastian Lüning领导的Medieval Warm Period地图计划，网址是http://t1p.de/mwp。另请参见葛全胜等人关于中国的论文，以及Christian Rohr等人关于欧洲的论文，收录在*The Palgrave Handbook of Climate History*, ed. Sam White et al. (2018)。

第003页，正在进行的研究：Alexander F. More, "New Interdisciplinary Evidence on Climate and the Environment from the Last Millennium." 2019年9月9日—14日，法国特蕾莱举办了关于公元1000年历史的会议，该文是参会论文（未正式发表）。

第004页，60%：Valerie Hansen, *The Open Empire: A History of China to 1600*, 2nd ed. (2015): 239. 该书中文版《开放的帝国：1600年前的中国历史》已由江苏人民出版社出版。

第004页，拜占庭帝国是最繁荣的国家：Cécile Morrisson, "La place de Byzance dans l'histoire de l'économie médiévale (v. 717-1204): méthodes, acquis, perspectives." *Richesse et croissance au Moyen Âge. Orient et Occident* (Monographies de Travaux et Mémoires 43), ed. D. Barthélemy and Jean-Marie Martin, (2014): 11-30.

第005页，代数：Sonja Brentjes, "Al-jabr." *Encyclopaedia of Islam,* 3rd ed. (2007).

第005页，大多数人以在位的国王或教皇来纪年：Uta C.

Merzbach, "Calendars and the Reckoning of Time." *Dictionary of the Middle Ages* (1983) 3: 17-30.

第005页，各种各样的巡回布道者：Robert E. Lerner, "Millennialism, Christian." *Dictionary of the Middle Ages* 8: 384-388; Norman Cohn, *The Pursuit of the Millennium: Revolutionary Messianism in Medieval and Reformation Europe and Its Bearing on Modern Totalitarian Movements,* 3rd ed. (1970).

第005页，1000万至1500万：Tom Clynes, "Exclusive: Laser Scans Reveal Maya 'Megalopolis' Below Guatemalan Jungle." *National Geographic* (February 1, 2018). 可在线阅读。

第005页，玛雅城市蒂卡尔：Michael D. Coe and Stephen Houston, *The Maya,* 9th ed. (2015)：73页，84页提及"早期农业"，126页提及"蒂卡尔的人口"，176页提及"奇琴伊察"。

第006页，超过50%：Massimo Livi-Bacci, *A Concise History of World Population* (2017): 25.

第007页，巴黎有2~3万人口：William W. Clark and John Bell Henneman, Jr., "Paris." William A. Percy, "Population and Demography." William W. Kibler et al., *Medieval France: An Encyclopedia* (1995): 698-707, 751-752.

第008页，古城杰内：Conrad Leyser, Naomi Standen, and Stephanie Wynne-Jones, "Settlement, Landscape and Narrative: What Really Happened in History." *The Global Middle Ages,* ed. Catherine

Holmes and Naomi Standen, *Past and Present,* Supplement 13 (2018): 232-260.

第010页，后来使用阿拉伯语和波斯语写作的地理学家们：Travis E. Zadeh, *Mapping Frontiers Across Medieval Islam: Geography, Translations, and the 'Abbāsid Empire,* (2011).

第011页，"其中一个"：Ishaan Tharoor, "Muslims Discovered America Before Columbus, Claims Turkey's Erdogan." *Washington Post* (November 15, 2004)；哥伦布1492年10月29日的日记条目，*Journal of the First Voyage of Christopher Columbus,* ed. Julius E. Olson and Edward Gaylord Bourne (1906): 133.

第011页，"比鲁尼发现了美洲"：Frederick S. Starr, *Lost Enlightenment: Central Asia's Golden Age from the Arab Conquest to Tamerlane* (2014): 375-378.

第012页，地球是一个球体：Saiyid Samad Husain Rizvi, "A Newly Discovered Book of Al-Biruni: 'Ghurrat-uz-Zijat', and al-Biruni's Measurements of Earth's Dimensions." *Al-Biruni Commemorative Volume,* ed. Hakim Mohammed Said (1979): 605-680, 617.

第012页，他怀疑地球的另一端大部分：Fuat Sezgin(ed.), *The Determination of the Coordinates of Positions for the Correction of Distances Between Cities: A Translation from the Arabic of al-Biruni's Kitab Tahdid Nihayat al-Amakiin Litashih Masafat al-Masakin by Jamil Ali* (1992): 102-110, which translates 136-146 of al-Bīrūnī,

Kitāb Taḥdīd nihāyāt al-amākin li-taṣḥīḥ masāfāt al-masākin, ed. P. Bulgakov (Frankfurt, 1992).

第013页，"象"之所以成为"主教"：Helmut Nickel, "Games and Pastimes." *Dictionary of the Middle Ages* (1985): 5: 347–353.

第013页，海象牙：来自2015年3月11日，与美国自然历史博物馆的博物馆技术员Anibal Rodriguez的私人交流。

第014页，一天240公里：John Howland Rowe, *Inca Culture at the Time of the Spanish Conquest* (1946): 231–232.

第014页，介于每天16～32公里：Ross Hassig, *Aztec Warfare: Imperial Expansion and Political Control* (1995): 66.

第014页，正常行军速度：请参见U.S. Department of the Army Techniques Publication, "Foot Marches (FM 21–18)" (April 2017): Section 2–41.

第014页，每天100公里：Ashleigh N. Deluca, "World's Toughest Horse Race Retraces Genghis Khan's Postal Route." *National Geographic News* (August 7, 2014); H. Desmond Martin, *The Rise of Chingis Khan and His Conquest of North China* (1950): 18.

第015页，金刚鹦鹉羽毛：Stephen H. Lekson, "Chaco's Hinterlands." *The Oxford Handbook of North American Archaeology*, ed. Timothy R. Pauketat (2012): 597–607, 602–603.

第015页，每小时27公里：Anders Winroth, *The Age of the Vikings* (2014): 72.

第015页，其速度约为维京船以正常风速航行时的一半：Ben R. Finney, *Hokule'a: The Way to Tahiti* (1979); Ben Finney, *Voyage of Rediscovery: A Cultural Odyssey Through Polynesia* (1994): 127.

第015页，划艇可以向任何方向行驶：来自2017年9月1日，与康涅狄格州布兰福德港经验丰富的水手Mark Howard-Flanders的私人交流。

第016页，格陵兰洋流：Birgitta Wallace, "The Norse in Newfoundland: L'Anse aux Meadows and Vinland." *Newfoundland Studies* 19.1 (2003):5-43, 8.

第016页，"风停了"：Keneva Kunz (trans.), The *Vinland Sagas: The Icelandic Sagas About the First Documented Voyages Across the North Atlantic,* ed. Gísli Sigurdsson (2008): 4.

第017页，一天移动超过160公里：请参见http://oceanservice.noaa.gov/。另请参见非常有用的网站：https://earth.nullschool.net/，可以在该网站上查到风和洋流。

第018页，这些人很容易得坏血病：Cassandra Tate, "Japanese Castaways of 1834: The Three Kichis." (posted July 23, 2009), http://www.history link.org/File/9065; Frederik L. Schodt, *Native American in the Land of the Shogun: Ranald MacDonald and the Opening of Japan* (2003).

第018页，船只的航行速度会更快：Tom Garrison and Robert Ellis, *Oceanography: An Invitation to Marine Science,* 9th ed. (2016): 230页提到了季风，232页的图8.19a和b有关季风模式，251页的图

9.3是关于北大西洋环流的,255页的图9.8a和b涉及海面洋流。

第018页,"这条航线":George F. Hourani, *Arab Seafaring in the Indian Ocean in Ancient and Early Medieval Times*,由John Carswell修订并扩充(1995):61页提及最有用的路线,74页提及航行时间。

第019页,洋流的方向:来自2015年10月,与印度尼西亚著名水下摄影师Robert Delfs的私人交流。

第019页,中国消费者非常喜欢海参:来自2015年10月,与新加坡国立大学历史系杰出教授王赓武的私人交流。C. C. McKnight, *The Voyage to Marege': Macassan Trepangers in Northern Australia* (1976); Derek John Mulvaney, "Bêche-de-mer, Aborigines and Australian History." *Journal of the Royal Society of Victoria* 79.2(1966): 449-457.

第019页,船用磁性罗盘:Robert K. G. Temple, *The Genius of China: 3,000 Years of Science, Discovery, and Invention* (1986): 148-157.

第019页,马乌·皮埃鲁格:Steve Thomas, *The Last Navigator: A Young Man, an Ancient Mariner, and the Secrets of the Sea* (1987).

第020页,当天气晴朗的时候:马乌·皮埃鲁格讣告,载于 *Washington Post* (July 21, 2010)。

第020页,贝奥武夫的追随者们:Seamus Heaney (trans.), *Beowulf: A New Verse Translation* (2001).

第020页,小型战队:Ben Raffield, "Bands of Brothers: A Re-appraisal of the Viking Great Army and Its Implications for the Scandinavian Colonization of England." *Early Medieval Europe* 24.3

(2016): 308-337，其中314页提及群体规模，317页提及妇女，325页提及不同种族。

第021页，成功吸引到更多追随者的战队领袖：Jonathan Karam Skaff, *Sui-Tang China and Its Turko-Mongol Neighbors: Culture, Power, and Connections, 580-800* (2012): 12-15, 75-104; Timothy Reuter, "Plunder and Tribute in the Carolingian Empire." *Transactions of the Royal Historical Society,* 5th Series, 35 (1985): 75-94; Naomi Standen, "Followers and Leaders in Northeastern Eurasia, ca. Seventh to Tenth Centuries." *Empires and Exchanges in Eurasian Late Antiquity: Rome, China, Iran, and the Steppe, ca. 250-750,* ed. Nicola di Cosmo and Michael Maas (2018): 400-418.

第021页，大约是在公元900年：Gwyn Jones, *A History of the Vikings* (1968): 290.

第021页，全球航线网络：John Man, *Atlas of the Year 1000* (2001).

第2章 西进，年轻的维京人

我的同事Anders Winroth慷慨地推荐了过去20年里的一些关键性读物，尽管他对萨迦的历史价值持怀疑态度。伯明翰大学的Chris Callow和牛津大学的Conrad Leyser也尽力向我解释怀疑论者的立场。

第024页，学者们目前仍在争论：Keneva Kunz (trans.), *The Vinland Sagas: The Icelandic Sagas About the First Documented Voyages Across the North Atlantic,* ed. Gísli Sigurdsson (2008)：5—10页提到了雷夫的航行，31—32页提到了古德丽德的歌声，45页提到了卡尔塞夫尼的遭遇。

第025页，铁制武器可以杀死人类：Annette Kolodny, *In Search of First Contact: The Vikings of Vinland, the Peoples of the Dawnland, and the Anglo-American Anxiety of Discovery* (2012)：58页提及"斯克里林人"的意义，59页提及铁制武器，60页提及联盟，272页提及瓦巴纳基联盟，274页提及噪声制造者。

第027页，从德意志或法兰西地区俘获的战俘或买来的奴隶：Ben Raffield, "Bands of Brothers: A Re-appraisal of the Viking Great Army and Its Implications for the Scandinavian Colonization of England." *Early Medieval Europe* 24.3 (2016): 308-337, 325.

第027页，古德丽德……映衬着弗雷迪斯的任性：Nancy Marie Brown, *The Far Traveler: Voyages of a Viking Woman* (2006).

第027页，数百年的漫长过程：Anders Winroth, *The Conversion of Scandinavia: Vikings, Merchants, and Missionaries in the Remaking of Northern Europe* (2012).

第029页，爱沙尼亚萨尔梅：Heather Pringle, "New Visions of the Vikings." *National Geographic* 231.3 (March 2017): 30-51, 39.

第029页，方帆被引入：John Haywood指出，丹麦半岛一些刻

303

有如尼文的石头上，还刻有方帆的图案，其历史可追溯到大约公元600年。参见其 The Penguin Historical Atlas of the Vikings (1995): 9-10.

第029页，维京船的现代复制品：Max Vinner, Boats of the Viking Ship Museum (2017): 20-21.

第030页，小型青铜佛陀雕像：Dieter Ahrens, "Die Buddhastatuette von Helgö." Pantheon 22 (1964): 51-52; Scott Ashley, "Global Worlds, Local Worlds, Connections and Transformations in the Viking Age." Byzantium and the Viking World, ed. Fedir Androshchuk et al. (2016): 363-387, 364, 372.

第030页，奥斯伯格船：Thorleif Sjøvold, The Viking Ships in Oslo (1985): 22.

第031页，战舰：丹麦罗斯基勒的维京船博物馆展出了五种不同的船型。

第031页，鳕鱼骨的数量越来越多：James H. Barrett and David C. Orton (eds.), Cod and Herring: The Archaeology and History of Medieval Sea Fishing (2016).

第031页，北欧人……到达冰岛：雷克雅未克871±2移民展览博物馆通过将已知的最早冰岛移民与格陵兰岛的冰芯进行匹配，来确定移民年代。

第032页，首次被创作出来的：Erik Wahlgren, "Vinland Sagas." Medieval Scandinavia: An Encyclopedia (1993): 704-705.

第033页，他们希望突出那些萨迦创作者的创造力：来自2017

年8月23日，与加州大学洛杉矶分校研究古代北欧和中世纪斯堪的纳维亚的教授Jesse Byock的私人交流。

第033页，这些否认者认定：Sverrir Jakobsson, "Vinland and Wishful Thinking: Medieval and Modern Fantasies." *Canadian Journal of History/ Annales canadiennes d'histoire* 47 (2012): 493-514; Jerold C. Frakes, "Vikings, Vinland and the Discourse of Eurocentrism." *Journal of English and German Philology* 100.1 (April 2001): 157-199.

第033页，逸事"汤"的说法：Theodore M. Andersson列出了口头流传的七种逸事（例如传记），见于*The Growth of the Medieval Icelandic Sagas* (1180-1280) (2006)。另请见Margaret Cormack, "Fact and Fiction in the Icelandic Sagas." *History Compass* 5.1 (2007): 201-217。

第033页，两部萨迦在……主要事件上是一致的：在*Erik's Saga*中，卡尔塞夫尼到达文兰后，索瓦尔德就死了；而*Greenlanders' Saga*则把索瓦尔德的死亡写在卡尔塞夫尼到达之前。

第034页，接触或双方存在着涓流贸易：Robert W. Park, "Contact Between the Norse Vikings and the Dorset Culture in Arctic Canada." *Antiquity* 82 (2008): 189-198.

第035页，因纽特人：Ralph T. Pastore, "Archaeology, History, and the Beothuks", *Newfoundland Studies* 9.2 (1993): 260-278; Ralph Pastore, "The Collapse of the Beothuk World", *Acadiensis: Journal of the History of the Atlantic Region* 19.1 (1989): 52-71.

第035页，在兰塞奥兹牧草地留下了一些手工艺品：Birgitta Wallace, *Westward Vikings* (2006)：21—23页详细地讨论了日期，25页和29—30页提及那些将兰塞奥兹牧草地当作维京据点的人，38—48页有对每个据点结构的详细描述，78页涉及人口估计，87—88页提及兰塞奥兹牧草地的贝奥图克人和因努人。

第035页，沿着海岸：Birgitta Wallace, "L'Anse aux Meadows: Leif Eriksson's Home in the Americas." *Journal of the North Atlantic*, Special Volume 2 (2009)：114-125，116页涉及16世纪时的贸易路线，120页提到动物骨骼证据，121页提到卡地亚和沙勒尔湾。

第037页，"把一部分人连同他们的一些毛皮送到岸上"：Ramsay Cook, *The Voyages of Jacques Cartier* (1993): 19-21.

第039页，"落在一群人中间"：Henry Rowe Schoolcraft (1793-1864), *Historical and Statistical Information Respecting the History, Condition and Prospects of the Indian Tribes of the United States,* Volume 1 (1851): 85.

第040页，"那里的人们是来自咸水的绿色人种"：Adam of Bremen, *History of the Archbishops of Hamburg-Bremen,* trans. Francis J. Tschan, introduction by Timothy Reuter (2002): 218-219.

第041页，"除了那个岛"：1121年到1400年之间的一些冰岛语手稿中也提到了文兰。Ari Thorgilsson (born 1067), *Book of the Icelanders* (Íslendingabók)，是最重要的著作之一。

第042页，但他们从未通过发掘来检验自己的理论：W. A Munn,

Wineland Voyages: Location of Helluland, Markland and Vinland（1946年时重印了1914年的私人印制的小册子）。

第043页，"我们发出了一声喊叫"：Anne Stine Ingstad, The New Land with the Green Meadows (2013): 169.

第043页，其他物件：Ingstad and Anne Stine Ingstad, The Viking Discovery of America: The Excavation of a Norse Settlement in L'Anse aux Meadows, Newfoundland (2001)：105—109页提及文兰的意义，137页提及铸造品，157页提及磨针器和纺锤轮，160页提及针。

第044页，像"草甸之地"这样的通用名称：Erik Wahlgren, "Fact and Fancy in the Vinland Sagas." Old Norse Literature and Mythology: A Symposium, ed. Edgar C. Polomé (1969): 44, 52–53.

第045页，发现的三颗灰胡桃果：Birgitta Wallace, "The Norse in Newfoundland: L'Anse aux Meadows and Vinland." Newfoundland Studies 19.1 (2003)：10页提及萨迦，11页提到了附近没有田野，18—19页提到了造船，25页提到了计划离开，26页提到了灰胡桃果。

第046页，在仔细研究了：Erik Wahlgren, The Vikings and America (1986)：11—15页提及在格陵兰北部探险，163—164页提到了文兰的位置。关于文兰其他可能的位置，请参见 "Suggested Locations of Places Mentioned in the Vinland Sagas." Kunz, Vinland Sagas, 66–67。

第049页，1065年到1080年间铸造的：Svein H. Gullbekk, "The Norse Penny Reconsidered: The Goddard Coin—Hoax or Genuine?" Journal of the North Atlantic 33 (2017): 1–8; Steven L. Cox, "A Norse

Penny from Maine." *Vikings: The North Atlantic Saga,* ed. William W. Fitzhugh and Elizabeth I. Ward (2000): 206-207；大英博物馆的加雷斯·威廉姆斯于2016年7月11日发来了相关电子邮件。

第050页，被冰层保存下来的纺织品：Joel Bergland, "The Farm Beneath the Sand." Fitzhugh and Ward, *North Atlantic Saga,* 295-303, 300.

第050页，一组人旅行到了：Magnus Magnusson and Hermann Pálsson (trans.), *The Vinland Sagas: The Norse Discovery of America* (1965)：21页提及对格陵兰北部的探险，22页提及1379年的屠杀，23页提到了1492年教皇的信，42—43页提到了哥伦布。

第051页，这个雕像用海象牙制成：加拿大渥太华历史博物馆，登记号KeDq-7:325。

第051页，北欧人开始放弃他们在格陵兰的定居点：PAGES 2k Consortium, "Continental-Scale Temperature Variability During the Past Two Millennia." *Nature Geoscience* 6 (2013): 339-346.

第051页，所有这些技术：Robert W. Park, "Adapting to a Frozen Coastal Environment." *The Oxford Handbook of North American Archaeology,* ed. Timothy R. Pauketat (2012): 113-123.

第051页，格陵兰岛的北欧人人口：Niels Lynnerup, "Life and Death in Norse Greenland." Fitzhugh and Ward, *North Atlantic Saga,* 285-294.

第053页，另类描述：来自2016年7月12日，与耶鲁大学英语系Roberta Frank的私人交流。

第054页，西格杜尔·史蒂芬森：Biørn Jonsen of Skarsaa, Description of Greenland and the Skálholt Map, Det Kongelige Bibliotek. Skálholt Map #431.6 (1590), www.myoldmaps.com.

第3章 公元1000年的泛美高速公路

三位耶鲁大学的同事慷慨地分享了他们的知识：已故的耶鲁大学人类学系荣誉教授Michael D. Coe；Mary Miller，艺术史教授，现任盖蒂研究所所长；Andrew Turner是耶鲁大学美术馆的博士后策展人，现在也在盖蒂研究所工作。2015年4月11日，华盛顿大学的John E. Kelly带我参观了卡霍基亚遗址；同样来自耶鲁大学的Michelle Young对安第斯山脉进行了精辟的评论；而谢菲尔德大学的Caroline Dodd Pennock则对这一观点进行了重大修正。

第057页，奇琴伊察：Geoffrey E. Braswell, "What We Know, What We Don't Know, and What We Like to Argue About." 源于耶鲁大学一次"Brownbag"考古学讨论（2017年12月8日）。

第059页，最大的玛雅球场：Mary Miller, *The Art of Mesoamerica: From Olmec to Aztec* (2012): 224.

第059页，牵牛花的汁液：Laura Filloy Nadal, "Rubber and Rubber Balls in Mesoamerica." *The Sport of Life and Death: The Mesoamerican*

Ballgame, ed. E. Michael Whittington (2002): 21–31.

第059页，清理了神庙：Earl H. Morris, *The Temple of the Warriors: The Adventure of Exploring and Restoring a Masterpiece of Native American Architecture in the Ruined Maya City of Chichén Itzá, Yucatan* (1931): 62.

第060页，勇士神庙的许多壁画描绘了征服的场面：Michael D. Coe and Stephen Houston, *The Maya,* 9th ed. (2015)：126页，163页，174—198页提到了末世经典，182页，201页提到了公元987年所发生的事件，201—215页描述了奇琴伊察，214—219页提到玛雅潘城，242页提到了白色的路。

第060页，入侵者的皮肤是灰色的：Ann Axtell Morris根据勇士神庙的壁画绘制了一幅水彩画，并为那些仍可辨识的画像绘了黑白底稿，她还复制了壁画其他部分上的相似人物，以填补自己画上的缺失人物，这显示出她的细心。Earl H. Morris, Jean Charlot, and Ann Axtell Morris, *The Temple of the Warriors at Chichen Itza, Yucatan,* Publication No. 406 (1931): I: 386–395, II: plate 139 (Maya village being raided); plate 146 (naval battle); plate 147b (captive with beads in his hair); plate 147c (captive shown in color plate); plate 159 (Maya village at peace).

第061页，第二个受害者……挂满了珠子：请比照一下靠近危地马拉边境的墨西哥恰帕斯的博南帕克（Bonampak）遗址的壁画。

第061页，玛雅蓝：也被称为"凹凸棒石"，这种黏土的学名是含水富镁铝硅酸盐。

第061页,"强调部落……的不同":Morris et al., *The Temple of the Warriors,* I: 402.

第061页,一个极端的解释:J. Eric S. Thompson, "Representations of Tlalchitonatiuh at Chichén Itzá, Yucatan, and at Baul, Escuintla." *Notes on Middle American Archaeology and Ethnology* 19 (1943): 117-121; Donald E. Wray, "The Historical Significance of the Murals in the Temple of the Warriors, Chichén Itzá." *American Antiquity* 11.1 (1945): 25-27.

第062页,这正是这些壁画完成的时间:Beniamino Volta and Geoffrey E. Braswell, "Alternative Narratives and Missing Data: Refining the Chronology of Chichén Itzá." *The Maya and Their Central American Neighbors: Settlement Patterns, Architecture, Hieroglyphic Texts, and Ceramics,* ed. Geoffrey E. Braswell (2014): 356-402, 373-74 (Table 13.1 of inscriptions),377—383页提到了时间。

第063页,修女院:John S. Bolles, *Las Monjas: A Major Pre-Mexican Architectural Complex at Chichén Itzá* (1977):198页有1934年拍摄的第22号房间壁画上的船的照片,199页有Adela Breton根据壁画绘制的油画,202—203页有Jean Charlot根据壁画绘制的水彩画。

第063页,尽管许多……的图画:来自2018年6月7日,与丹麦罗斯基勒维京船博物馆的船舶工艺改造负责人Søren Nielson的电子邮件。

第064页，丘马什人：Jeanne E. Arnold, "Credit Where Credit Is Due: The History of the Chumash Oceangoing Plank Canoe." *American Antiquity* 72.2 (2007): 196–209; Brian Fagan, "The Chumash." *Time Detectives* (1995).

第064页，"有些船只被风赶回来"：Magnus Magnusson and Hermann Pálsson (trans.), *The Vinland Sagas* (1965): 51.

第064页，塞克查坎：Ernest Noyes (trans.), "Fray Alonso Ponce in Yucatán." (Tulane) *Middle American Research Series,* Publication No. 4 (1934): 344–345.

第066页，30件工具：Bruce J. Bourque and Steven L. Cox, "Maine State Museum Investigation of the Goddard Site, 1979", *Man in the Northeast* 22 (1981): 3–27, 其中18页提到了海豹和海貂的牙。

第067页，拉马湾燧石：Kevin McAleese, "Ancient Uses of Ramah Chert." 2002, http://www.heritage.nf.ca/articles/environment/landscape-ramah-chert.php.

第067页，其他同时期遗址：Bruce J. Bourque, "Eastern North America: Evidence for Prehistoric Exchange on the Maritime Peninsula." *Prehistoric Exchange Systems in North America,* ed. Timothy G. Baugh and Jonathan E. Ericson (1994): 34–35.

第067页，"流动的农民"：Elizabeth Chilton, "New England Algonquians: Navigating 'Backwaters' and Typological Boundaries." *The Oxford Handbook of North American Archaeology,* ed. Timothy R.

Pauketat (2012): 262-272.

第067页，米克马克人：Ronald F. Williamson, "What Will Be Has Always Been: The Past and Present of Northern Iroquoians." *The Oxford Handbook of North American Archaeology,* 273-284.

第067页，俄亥俄州：Bernard K. Means, "Villagers and Farmers of the Middle and Upper Ohio River Valley, 11th to 17th Centuries AD: The Fort Ancient and Monongahela Traditions." *The Oxford Handbook of North American Archaeology,* 297-309.

第068页，豆类植物进入了密西西比河流域：Deborah M. Pearsall, "People, Plants, and Culinary Traditions." *The Oxford Handbook of North American Archaeology,* 73-84.

第068页，玉米、豆类和南瓜：Alice Beck Kehoe, *America Before the European Invasions* (2002)：177页提及卡霍基亚人被磨过的牙齿，178页提及玉米、豆类和南瓜。

第068页，当地居民并不仅仅依赖于种植的农作物：Timothy R. Pauketat, *Ancient Cahokia and the Mississippians* (2004): 7-9.

第068页，卡霍基亚：Justin Jennings, *Globalizations and the Ancient World* (2011)：83—84页提到了卡霍基亚的人口，87—88页提到了卡霍基亚的地区影响力，92—95页提到了斯皮罗。

第069页，这些不同的土堆，成为该地区卡霍基亚考古文化的显著特征：Robert L. Hall, "The Cahokia Site and Its People." *Hero, Hawk, and Open Hand: American Indian Art of the Ancient Midwest* and South, ed. Richard F. Townshend (2004): 93-103.

第069页，块石：Timothy R. Pauketat, *Cahokia: Ancient America's Great City on the Mississippi* (2009)：31—36页提到了贸易，36—50页提到了块石，69—84页提到了72号土堆，92—98页提到了两则传说。

第070页，两万颗贝壳珠子：Melvin L. Fowler, "Mound 72 and Early Mississippian at Cahokia." *New Perspectives on Cahokia: Views from the Periphery,* ed. James B. Stoltman (1991): 1-28.

第071页，陶器：John E. Kelly, "Cahokia as a Gateway Center." *Cahokia and the Hinterlands: Middle Mississippian Cultures of the Midwest,* ed. Thomas E. Emerson and R. Barry Lewis (1991): 61-80, 75.

第071页，俄克拉何马州的斯皮罗：Townshend, *Hero, Hawk, and Open Hand,* 150, 157.

第071页，这种黑曜石非常罕见：Alex W. Barker et al., "Mesoamerican Origin for an Obsidian Scraper from the Precolumbian Southeastern United States." *American Antiquity* 67.1 (2002): 103-108.

第071页，中美洲人是这样改变自己的牙齿的：Gregory Perino, "Additional Discoveries of Filed Teeth in the Cahokia Area." *American Antiquity* 32.4 (1967): 538-542.

第072页，巧克力的痕迹：Michael Bawaya, "A Chocolate Habit in Ancient North America." *Science* 345.6200 (2014): 991.

第072页，《波波尔·乌》：Dennis Tedlock, *Popol Vuh: The*

Definitive Edition of the Mayan Book of the Dawn of Life and the Glories of Gods and Kings (1996).

第073页，并不总是能被清晰地看出：Ruth M. Van Dyke, "Chaco's Sacred Geography." *In Search of Chaco: New Approaches to an Archaeological Enigma,* ed. David Grant Noble (2004): 79-85.

第073页，普韦布洛邦尼托：Thomas C. Windes, "This Old House: Construction and Abandonment at Pueblo Bonito." *Pueblo Bonito,* ed. Jill E. Neitzel (2003): 14-32, 15.

第073页，大房子的用途：David Grant Noble, *Ancient Ruins of the Southwest: An Archaeological Guide* (1991)：27页提到了查科峡谷里的中美洲贸易商品，73页，115页提及壮观的房屋和道路。

第074页，来自科罗拉多西南部移民：Michael A. Schillaci, "The Development of Population Diversity at Chaco Canyon", *Kiva* 68.3 (2003): 221-245.

第074页，被刻意修饰过的牙齿：Christy G. Turner II and Jacqueline A.Turner, *Man Corn: Cannibalism and Violence in the Prehistoric American Southwest* (1999): 128-129, 476 (Figure 5.7).

第074页，用绿松石换取羽毛鲜艳的热带鸟类：Stephen Nash, "Heated Politics, Precious Ruins." *New York Times* (July 30, 2017): TR7-9.

第074页，出土的金刚鹦鹉的骨骼：来自2016年3月21日参观新墨西哥州布卢姆菲尔德的萨蒙遗址博物馆和研究图书馆时看到的展览标签，邮政编码87413。另请见Tori L. Myers, "Salmon Ruins Trail Guide." (2013): 9, 15。

第075页，可可碱：Patricia L. Crown and W. Jeffrey Hurst, "Evidence of Cacao Use in the Prehispanic American Southwest." *Proceedings of the National Academy of Sciences of the United States of America* 106.7 (2009): 2113; W. Jeffrey Hurst, "The Determination of Cacao in Samples of Archaeological Interest." *Chocolate in Mesoamerica: A Cultural History of Cacao,* ed. Cameron L. McNeil (2006): 104–113.

第075页，可可树首先……被人工种植：Zach Zorich, "Ancient Amazonian Chocolatiers." *Archaeology* (January/February 2019): 12.

第075页，巧克力的加工：Sophie D. Coe and Michael D. Coe, *The True History of Chocolate,* 3rd ed. (2013): 21–24.

第078页，玛雅社会的崩溃：Douglas J. Kennett et al., "Development and Disintegration of Maya Political Systems in Response to Climate Change." *Science* (2012): 788–791.

第078页，轮子：Richard W. Bulliet, *The Wheel: Inventions and Reinventions* (2016): 36–41.

第079页，银河：Joel W. Palka, *Maya Pilgrimage to Ritual Landscapes: Insights from Archaeology, History, and Ethnography* (2014): 81; Angela H. Keller, "A Road by Any Other Name: Trails, Paths, and Roads in Maya Language and Thought." *Landscapes of Movement: Trails, Paths, and Roads in Anthropological Perspective,* ed.

James E. Snead et al. (2009): 133–157, 145.

第079页，圣井：C. W. Ceram, *Gods, Graves, and Scholars: The Story of Archaeology,* trans. E. B. Garside (1953): 379, 385.

第079页，玛雅书籍：参见https://arstechnica.com/science/2016/09/confirmed-mysterious-ancient-maya-book-grolier-codex-is-genuine/。

第079页，献祭的人类：Friar Diego de Landa, *Yucatan: Before and After the Conquest,* trans. William Gates (1978)：17页提及经商的玛雅王子，90页提及圣井。

第080页，爱德华·赫伯特·汤普森：Clemency Chase Coggins and Orrin C. Shane III (eds.), *Cenote of Sacrifice: Maya Treasures from the Sacred Well at Chichén Itzá* (1984): 24–25.

第081页，商业神L：Simon Martin, "The Dark Lord of Maya Trade." *Fiery Pool: The Maya and the Mythic Sea,* ed. Daniel Finamore and Stephen D. Houston (2010): 160–162.

第082页，铃铛：Dorothy Hosler, "Metal Production." *The Postclassic Mesoamerican World,* ed. Michael E. Smith and Frances F. Berdan (2003): 159–171, 163; Warwick Bray, "Maya Metalwork and Its External Connections." *Social Process in Maya Prehistory: Studies in Honour of Sir Eric Thompson,* ed. Norman Hammond (1977): 366–403.

第082页，悠久的冶金传统：Joanne Pillsbury et al., *Golden Kingdoms: Luxury Arts in the Ancient Americas* (2017)，特别是Joanne Pillsbury (1–13), John W. Hoopes (54–65), Stephen Houston

(78-89), James A. Doyle (84)的贡献。

第083页，当地居民十分珍视铃铛：B. Cockrell et al., "For Whom the Bells Fall: Metals from the Cenote Sagrado, Chichén Itzá", *Archaeometry* 57.6 (2015): 977-995.

第083页，社会上层的人：Izumi Shimada, "The Late Prehispanic Coastal States." *The Inca World: The Development of Pre-Columbian Peru, A.D. 1000-1534,* ed. Laura Laurencich Minelli (2000)：49—64页，其中55—56页提及统治者对金属的使用，57—59页提及长途贸易。

第084页，秘鲁北部的居民：Heather Lechtman, *The Central Andes, Metallurgy Without Iron* (1980).

第084页，不同的色调：Ana Maria Falchetti de Sáenz, "The Darién Gold Pendants of Ancient Colombia and the Isthmus." *Metropolitan Museum of Art Journal* 43 (2008): 39-73, 55-56.

第084页，砷青铜：Heather Lechtman, "Arsenic Bronze: Dirty Copper or Chosen Alloy? A View from the Americas." *Journal of Field Archaeology* 23.4 (1996): 477-514.

第084页，有毒的气体：M. Harper, "Possible Toxic Metal Exposure of Prehistoric Bronze Workers." *British Journal of Industrial Medicine* 44 (1987): 652-656.

第084页，斧形货币：John Topic, "Exchange on the Equatorial Frontier: A Comparison of Ecuador and Northern Peru." *Merchants,*

Market, and Exchange in the Pre-Columbian World, ed. Kenneth G. Hirth and Joanne Pillsbury (2013): 335-360; Dorothy Hosler, "Ancient West Mexican Metallurgy: South and Central American Origins and West Mexican Transformations." *American Anthropologist,* New Series, 90.4 (1988): 832-855; 2019年5月6日, 与科罗拉多大学丹佛分校人类学系Christopher Beekman的电子邮件。

第085页, 瓦里: Susan E. Bergh (ed.), *Wari: Lords of the Ancient Andes* (2012).

第086页, 大羊驼商队: 来自2018年6月27日, 与耶鲁大学Michelle Young的电子邮件。

第086页, 一项计算机模拟: Richard T. Callaghan, "Prehistoric Trade Between Ecuador and West Mexico: A Computer Simulation of Coastal Voyages." *Antiquity* 77 (2003): 796-804.

第086页, 发现了黑曜石: Finamore and Houston, *Fiery Pool,* Catalog No. 57, 175.

第086页, 奇琴伊察……开始衰落: Kennett et al., "Development and Disintegration." 788-791.

第089页, "当它们……被带上船时": Fernando Colón, *The Life of the Admiral Christopher Columbus by His Son Ferdinand,* trans. Benjamin Keen (1959): 231-232; Edward Wilson-Lee, *The Catalogue of Shipwrecked Books: Young Columbus and the Quest for a Universal Library* (2019): 87-88.

第089页，"小斧头"：Fernando Colón, *Historie Del S.D. Fernando Colombo; Nelle quali s'ha particolare, & vera relatione della vita, & de' fatti dell'Ammiraglio D. Christoforo Colombo, suo padre: Et dello scoprimento, ch'egli fece dell'Indie Occidentali, dette Mondo Nuovo, hora possedute dal Sereniss. Re catolico* (1571): 200 (recto); John Florio, *Dictionarie of the Italian and English Tongues* (1611): 297.

第4章 欧洲的奴隶

耶鲁大学历史系的两位同事早前曾帮助过我，他们是Paul Bushkovitch和Francesca Trivellato，后者目前在普林斯顿大学高级研究所工作。牛津大学的四位学者提出了重要的修改建议，他们是Catherine Holmes、Marek Jankowiak、Jonathan Shepard和Irian Shingiray。2015年3月，Gunilla Larson在斯德哥尔摩的瑞典国家博物馆与我见面；2017年8月，Elizabeth Walgenbach非常友好地带我参观了冰岛的国家博物馆，并给我看了格陵兰萨迦的原稿。

第090页，大多是男性：John Fennell, *A History of the Russian Church to 1448* (1995): 4.

第091页，基督教世界：Andreas Kaplony, "The Conversion of the Turks of Central Asia to Islam as Seen by Arabic and Persian Geography:

A Comparative Perspective." *Islamisation de l'Asie Centrale: Processus locaux d'acculturation du VIIe au XIe siècle,* ed. Étienne de la Vaissière (2008): 319-338.

第091页，各种北方民族的混合体：*De administrando imperio,* trans. R. J. H. Jenkins (1967)：9页，59页提及罗斯人使用斯堪的纳维亚语。

第092页，罗斯人到达：Simon Franklin and Jonathan Shepard, *The Emergence of Rus,* 750-1200 (1996)：12—13页提及旧拉多加的工具，16页提及梳子，47页提到了与公元8世纪美洲人的比较，114—119页提及公元911年和945年的条约，135页提及奥尔加对君士坦丁的回复，139页提及诺夫哥罗德的要塞，145—146页提及斯维亚托斯拉夫和拜占庭人，155页提及罗斯神祇，230页提到了11世纪被束缚的婚姻。

第092页，规划完好的城镇：Anders Winroth, *Conversion of Scandinavia: Vikings, Merchants, and Missionaries in the Remaking of Northern Europe* (2012)：3页，30—31页提到克努特大帝，47—51页提到送礼物，48页图片5的说明：991 hoard，95—97页，97页图片18：runestone mentioning Khwarazm，99—100页提及海泽比的布局，139—141页提到斯堪的纳维亚的皈依，146页提及一神教的政治优势，160页，168页提到皈依的优点。

第094页，这些人的社群逐渐壮大：Jonathan Shepard, "Review Article: Back in Old Rus and the USSR: Archaeology, History and

Politics." *English Historical Review* 131.549 (2016): 384-405，393—394页提到了白湖定居点，398页提到了个别团体。

第094页，"奇怪毛皮"：Adam of Bremen, *History of the Archbishops of Hamburg-Bremen,* trans. Francis J. Tschan (2002)：190页提到了奴役，198—199页提到了皮草的吸引力。

第095页，即使是那些气候更温暖地区：Janet Martin, *Treasure of the Land of Darkness: The Fur Trade and Its Signficance for Medieval Russia* (1986)：1页提及阿拉伯毛皮长袍，15页提到了罗斯人征服。

第095页，君士坦丁堡和巴格达的居民：Bernard Lewis, *Race and Slavery in the Middle East: An Historical Enquiry* (1990): 11; Michael McCormick, *Origins of the European Economy: Communications and Commerce, AD 300-900* (2001): 733-777.

第095页，"善待他们的奴隶"：Paul Lunde and Caroline Stone, *Ibn Fadlān and the Land of Darkness: Arab Travellers in the Far North* (2012): 126-127; Michael Rapoport在对比了Ibn Rusta的*Kitāb al-A'lāq al-nafīsa,* ed. M. J. de Goeje (1891): 145-146后，对译文进行了修改。

第095页，"斯拉夫"：Marek Jankowiak, "From 'Slav' to 'Slave': Tracing a Semantic Shift." 待刊。

第096页，第聂伯河：Jonathan Shepard, "Photios' Sermons on the Rus Attack of 860: The Question of His Origins, and of the Route of the Rus." *Prosopon Rhomaikon: ergänzende Studien zur Prosopographie der mittelbyzantinischen Zeit,* ed. Alexander Beihammer et al. (2017):

111-28, 118.

第096页，"戴着锁链的奴隶"：Porphyrogenitos, *De administrando imperio,* 9: 57—63页提到了奴隶与皮毛。

第096页，萨卡里巴人：Peter Golden, "al-Ṣakāliba." *Encyclopaedia of Islam,* 2nd ed. (2012).

第096页，"运送海狸皮"：Lunde and Stone, *Ibn Fadlān and the Land of Darkness,* 112 (Ibn Khurradadhbih on the routes of the Rādhānīya and the Rūs c. 830); Michael Rapoport在对比了Ibn Khurradadhbih的 *Kitāb al'masālik wa'l-mamālik,* ed. M. J. de Goeje (1889): 149后，对译文进行了修改。

第096页，这些剑对罗斯人……至关重要：Scott Ashley, "Global Worlds, Local Worlds, Connections and Transformations in the Viking Age." *Byzantium and the Viking World,* ed. Fedir Androshchuk et al. (2016): 363-387, 376-378.

第097页，进口用以冶钢的熔炉的：Brian Gilmore and Robert Hoyland, "Bīrūnī on Iron." *Medieval Islamic Swords and Swordmaking: Kindi's Treatise "On Swords and Their Kinds"* (2006): 148-174; James Allan and Brian Gilmour, *Persian Steel: The Tanavoli Collection* (2000)：52页Figure 4A egg-shaped ingot，60—63页，75页提到比鲁尼对金属加工的描述。

第097页，乌尔伯特剑：Alan Williams, *The Sword and the Crucible: A History of the Metallurgy of European Swords up to the*

16th Century (2012): 24—30页中有阿拉伯语史料，117—122页提及真假剑。

第097页，拜占庭商人则在那里出售丝绸：Thomas S. Noonan, "European Russia, c. 500-c. 1050." *The New Cambridge Medieval History,* Volume 3: c. 900-c. 1204, ed. Timothy Reuter (1999)：487—513页，490—491页提到切尔森，494—495页提到东部斯拉夫人的居住地，506—509页提到公元900年以后的罗斯人贸易。

第098页，罗斯人自称基督徒：Lunde and Stone, *Ibn Fadlān and the Land of Darkness,* 112; Jonathan Shepard, "Byzantine Emissions, not Missions, to Rus', and the Problems of 'False' Christians", *Rus' in the 9th-12th Centuries: Society, State, Culture,* ed. N. A. Makarov and A. E. Leontiev (2014): 234-242.

第099页，宗教的生育仪式：Jens Peter Schjødt, "Ibn Fadlan's Account of a Rus Funeral: To What Degree Does It Reflect Nordic Myths." *Reflections on Old Norse Myths,* ed. Pernille Hermann et al. (2007): 133-148.

第099页，斯堪的纳维亚葬礼的风俗：Anne Stalsberg, "Scandinavian Viking-Age Boat Graves in Old Rus." *Russian History* 28.1-4 (2001): 359-401.

第099页，"我希望你赐给我一个富商"：Aḥmad Ibn Faḍlān, *Mission to the Volga,* trans. James E. Montgomery, in *Two Arabic Travel Books,* ed. Philip F. Kennedy and Shawkat M. Toorawa (2014):

165—266页，243—246页提及交易者的祈祷，246—247页提及死亡天使，250—251页提及与奴隶女孩发生性关系和她的死亡。

第100页，罗斯人把……当作……储藏容器：Thomas S. Noonan, "Fluctuations in Islamic Trade with Eastern Europe During the Viking Age." *Harvard Ukrainian Studies* 16 (1992): 237-259, 239-240.

第100页，有14 295枚硬币：Gunnar Andersson, *Go Beyond the Legend: The Vikings Exhibition* (2016): 37.

第101页，萨曼帝国：Marek Jankowiak, "Dirham Flows into Northern and Eastern Europe and the Rhythms of the Slave Trade with the Islamic World." *Viking-Age Trade: Silver, Slaves and Gotland*, ed. J. Gruszczyński, M. Jankowiak, and J. Shepard (forthcoming 2020): Chapter 6.

第101页，40万枚：Marek Jankowia提出的数字是40万，而Jonathan Shepard认为100万是一个"清醒的估计"，来自2018年10月26日的私人交流。

第101页，每年能买1000名：在2018年10月25日，Marek Jankowiak向我解释了他增加早前估算的原因，他原先的估算见于2012年2月27日的"Dirhams for Slaves: Investigating the Slavic Slave Trade in the Tenth Century"一文，文章可在academia.edu获得。

第102页，"丹麦区"：F. Donald Logan, *The Vikings in History*, 3rd ed. (2005)：122页提及北方地区，153—160页提及980—1035年，维京海盗袭击英格兰。

第102页，西班牙铸造的24枚硬币：Ann Christys, *Vikings in the*

South: Voyages to Iberia and the Mediterranean (2015): 7-8.

第103页，北欧人到西西里岛的航行：James M. Powell, "Sicily, Kingdom of." *Dictionary of the Middle Ages*: 11: 263-276.

第103页，涂鸦：Krijnie N. Ciggaar, *Western Travellers to Constantinople, The West and Byzantium, 962-1204: Cultural and Political Relations* (1996): 126-127; Sigfús Blöndal, *The Varangians of Byzantium,* trans. Benedikt S. Benedikz (1978): 233.

第103页，"远行者"英格瓦尔：Hermann Pálsson and Paul Edwards (trans.), *Vikings in Russia: Yngvar's Saga and Eymund's Saga* (1989): 44-68, 59; Gunilla Larson, "Early Contacts Between Scandinavia and the Orient." *The Silk Road* 9 (2011): 122-142.

第104页，最终，英格瓦尔病倒了：Anders Winroth, *The Age of the Vikings* (2014)：82页提到英格瓦尔，128页提到越来越多的鳕鱼骨头。

第104页，《往年纪事》：成书于1113年，融合了神话与历史。请参见Samuel Hazzard Cross和Olgerd P. Sherbowitz-Wetzor的英译本导论, *The Russian Primary Chronicle: Laurentian Text* (1953)：3—50页，21页提到了该版本的一个作者，59页提到了邀请前往留里克，65—69页提到了公元911年的协议，82页提到了君士坦丁的求婚，93—94页提及前基督教时期的神祇，110页提到了弗拉基米尔决定等待，111页提到了使臣的报告，245页注释92提到了教皇派往罗斯的使节。

第105页，希腊火：Paolo Squatriti (trans.), *The Complete Works of Liudprand of Cremona* (2007)：180页提及希腊火，197—198页提到了国王的机械。

第106页，一些罗斯人已经受洗成为基督徒：Jonathan Shepard, "The Coming of Christianity to Rus." *Conversion to Christianity: From Late Antiquity to the Modern Age: Considering the Process in Europe, Asia, and the Americas,* ed. Calvin B. Kendall et al. (2009): 195-196.

第106页，为了给丈夫报仇：Shepard, "Back in Old Rus and the USSR", 384-405, 400.

第107页，德意志国王奥托一世：Shepard, "Byzantine Emissions." 234-242, 236.

第107页，奥尔加辞去了：Shepard, "The Coming of Christianity to Rus." 185-222，其中194页提及基辅的埋葬地，195页提及公元944年的协议。

第108页，弗拉基米尔和一支斯堪的纳维亚雇佣军：Janet Martin, *Medieval Russia,* 980-1584 (1995): 1-11.

第109页，犹太教为可萨人提供了……中间地带：Peter Golden, "The Conversion of the Khazars to Judaism." *The World of the Khazars: New Perspectives: Selected Papers from the Jerusalem 1999 International Khazar Colloquium Hosted by the Ben Zvi Institute,* ed. Peter Golden et al. (2007): 123-162，其中152页注释145，153页提及皈依犹太教，156页提及皈依日期。

第110页，这种皈依并没有影响到他的臣民：Michael Toch, *The Economic History of the European Jews: Late Antiquity and Early Middle Ages* (2013): 193–204.

第110页，三种新的硬币：R. K. Kovalev, "Creating Khazar Identity Through Coins: The Special Issue Dirham of 837/8." *East Central and Eastern Europe in the Middle Ages,* ed. F. Curta (2005): 220–253, 240–242.

第110页，"可萨人都是犹太教徒"：Golden, "The Conversion of the Khazars to Judaism." 142; Ibn al-Faqih, *Kitāb al-Buldān,* ed. M. J. de Goeje (1885): 298.

第111页，野兔脚做的生育护身符：E. E. Kravchenko and A. V. Shamrai, "O gruppe kompleksov s Tsarina gorodishcha v srednem techenii Severskogo Dontsa." *Problemi zberezhennia i vikoristannia kul'turnoi spadshchini v Ukraini,* ed. P. V. Dobrov and O. V. Kolesnik (2014): 183–192，185页提到护身符；2018年10月28日，与牛津大学Irina Shingiray的私人交流。

第111页，耶路撒冷不是由犹太人统治的：Moshe Gil, *A History of Palestine, 634–1099,* trans. Ethel Broido (1992)：51—56页提到7世纪30年代的征服，364—366页提到法蒂玛，409—414页提到塞尔柱人，839—861页的chronology of the years 610–1153。

第112页，"美丽的女子"：Andrew Rippin, "Ḥourī." *Encyclopaedia of Islam,* 3rd ed. (2016); Maher Jarrar, "Houris." *Encyclopaedia of the Qu'ran* (2002): 2: 456–457.

第112页，对话一定是后来才被插入：Andrzej Poppe, "Two Concepts of the Conversion of Rus in Kievan Writings." *Christian Russia in the Making* (2007): 488-504，其中492—493页注释16提及《往年纪事》的日期，495—496页提及东正教和罗马的不同斋戒方式。

第112页，没有准确地呈现：Fennell, *History of the Russian Church*, 36-37；2016年7月20日与Paul Bushkovitch的私人交流。

第113页，一位名叫"弗拉基米尔"的罗斯统治者：Vladimir Minorsky (trans.), *Sharaf al-Zaman tahir Marvazi on China, the Turks, and India: Arabic Text with an English Translation and Commentary* (1942): 36.

第113页，"哲学家的演讲"：Alexander Pereswetoff-Morath, *Grin Without a Cat* (2002): 53-57.

第114页，紧密的经济和文化联系：Christian Raffensperger, *Reimagining Europe: Kievan Rus' in the Medieval World* (2012): 164-166.

第117页，乌古斯人：C. Edmund Bosworth, "The Origins of the Seljuqs." *The Seljuqs: Politics, Society and Culture,* ed. Christian Lange and Songül Mecit (2011): 13-21.

第117页，天气异常寒冷：Richard W. Bulliet, *Cotton, Climate, and Camels in Early Islamic Iran: A Moment in World History* (2009): 79-81.

第117页，"我们将成为一个渺小而孤独的民族"：Omid Safi, *The Politics of Knowledge in Premodern Islam: Negotiating*

Ideology and Religious Inquiry (2006): 16; Ernest Wallis Budge, *The Chronography of Bar Hebraeus* (1932): 1: 195.

第118页，弗拉基米尔在公元988年或公元989年受洗：由于史料的问题，尚不确定弗拉基米尔在何时何地受洗。

第118页，与政府官员接触：Janet Martin, *Treasure in the Land of Darkness: The Fur Trade and Its Significance for Medieval Russia* (1986): 9.

第118页，第聂伯河中部地区：Andrzej Poppe, "The Christianization and Ecclesiastical Structure of Kievan Rus' to 1300." *Harvard Ukrainian Studies* 12-13(1997): 311-392，其中341页提及主教席位，344—345页提及死后的洗礼。

第119页，西欧经历了一次大规模的经济增长：Angeliki E. Laiou, "Exchange and Trade, Seventh-Twelfth Centuries." *The Economic History of Byzantium: From the Seventh Through the Fifteenth Century*, ed. Angeliki E Laiou and Charalampos Bouras (2001): 697-770.

第120页，亚历山大、安条克和耶路撒冷……被穆斯林统治：Alfred J. Butler, *The Arab Conquest of Egypt and the Last Thirty Years of Roman Dominion* (1978): xxxviii; "Antioch." *The Oxford Dictionary of Byzantium* (1991): 1: 115-116.

第120页，发酵的面包：Joseph H. Lynch and Philip C. Adamo, *The Medieval Church: A Brief History* (2014): 184-185.

第120页，反对罗马和君士坦丁堡地位平等的观点：R. W. Southern,

Western Society and the Church in the Middle Ages (1970): 67-73.

第120页，1054年获释：John H. Erickson, "Schisms, Eastern-Western Church." *Dictionary of the Middle Ages*: 11: 44-47.

第122页，威尼斯人是最富有的：来自2017年8月9日，与Francesca Trivellato的私人交流；David Abulafia, *The Great Sea: A Human History of the Mediterranean* (2011)：第276页提及共同生活的群体，第278页提及11世纪的地中海战役，第293页提到了12世纪。

第122页，免除了威尼斯人：到底是1082年还是1092年，专家们尚有争论。Alain Ducellier, "The Death Throes of Byzantium: 1080-1261." *The Cambridge Illustrated History of the Middle Ages, Volume 2: 950-1250*, ed. Robert Fossier (1997)：505页提及1082年的事件，507—508页提及恢复威尼斯人的特权。

第123页，这一滑稽短剧有明显的种族含义：Donald M. Nicol, *Byzantium and Venice: A Study in Diplomatic and Cultural Relations* (1988)：87页提到了模拟加冕仪式，90页提到了外国居民的类别，106—109页提到了拉丁人大屠杀，115页提及第三次十字军东征。

第123页，威尼斯人……横冲直撞：Thomas F. Madden, *Venice: A New History* (2012): 85-87.

第124页，拜占庭皇帝阿列克修斯一世：Peter Frankopan, *The First Crusade: The Call from the East* (2012)：13—16页提及教皇和反教皇，19—22页提到了乌尔班二世，116页提及第一次十字军东征的人数，202页提及城市的改善状况。该书中文版《第一次十字军东征》已由海南出版社出版。

第124页，教皇还前往法国的克莱蒙：Thomas F. Madden, *A Concise History of the Crusades,* 3rd ed. (2014)：11页提及第一次十字军东征的参与者，17—21页提及民众的十字军东征，98—109页提及第四次十字军东征；Barbara H. Rosenwein, *A Short History of the Middle Ages,* 4th ed. (2014)：170—172页提及第一次十字军东征，200—201页提及第四次十字军东征。

第5章 世界上最富有的人

感谢耶鲁大学人类学系的Roderick McIntosh在2017年10月为"公元1000年前后"研讨班做了两次信息量丰富的讲座；约克大学的Stephanie Wynne-Jones对本章进行了详尽的评论；俄亥俄州迈阿密大学的Matthew Gordon建议我读伊本·布特兰的著作；我还与大英博物馆的Sam Nixon展开了一场有关西非考古最有效的30分钟会议。

第130页，"哈桑的儿子麦哈麻丁写了"：在与原文进行比较后，Michael Rapoport修改了翻译。Paolo Fernando de Moraes Farias, "Arabic and Tifinagh Inscriptions." *Essouk-Tadmekka: An Early Islamic Trans-Saharan Market Town,* ed. Sam Nixon (2017)：41—50页提到

了描述与分析，48页提到萨赫勒平原的库法体文字，299—303页提到了抄写。De Moraes Farias, "Tadmakkat and the Image of Mecca: Epigraphic Records of the Work of the Imagination in 11th Century West Africa." *Case Studies in Archaeology and World Religion: The Proceedings of the Cambridge Conference,* ed. Timothy Insoll (1999): 105-115.

第130页，现代的历史学家断然拒绝这种观点：E. W. Bovill, *The Golden Trade of the Moors* (1968). 大英博物馆的Sam Nixon目前正在研究更广泛的贸易历史。François-Xavier Fauvelle-Aymar, *Golden Rhinoceros: Histories of the African Middle Ages,* trans. Troy Tice (2018).

第131页，……黄金，大约有三分之二：Andrew M. Watson, "Back to Gold-and Silver." *The Economic History Review* 20.1 (1967): 1-34, 30n1; Bálint Hóman, *Geschichte des ungarischen Mittelalters* (1940): 353.

第131页，水手故事集：布祖格的这种归因可能是错误的。Jean-Charles Ducène, "Une nouvelle source arabe sur l'océan Indien au Xe siècle." *Afriques* (2015), online at: http://journals.openedition.org/afriques/1746.

第132页，奴隶的平均价格：Ralph A. Austen, "The Trans-Saharan Slave Trade: A Tentative Census." *The Uncommon Market: Essays in the Economic History of the Atlantic Slave Trade,* ed. Henry A. Gemery and Jan S. Hogendorn (1979): 23-73，其中31页提及努比亚在奴隶贸

易中的付出，44—45页提及伊斯兰世界的奴隶劳动，45页提到了津芝人叛乱，52—55页提到了军事奴隶，70页上有奴隶价格数据。

第132页，第一批反对奴隶制的废奴主义者：David Brion Davis, *The Problem of Slavery in Western Culture* (1967): 484−493.

第133页，"我可不想再上你的船了"："Buzurg Ibn Shahriyar of Ramhormuz: A Tenth-Century Slaving Adventure." *The East African Coast: Select Documents from the First to the Earlier Nineteenth Century,* ed. G. S. P. Freeman-Grenville (1962): 9-13; al-Rāmhurmuzī, *Kitāb 'Ajā'ib al-Hind*, 法语和阿拉伯语双语版，1883—1886；Michael Rapoport比对了原文，对译文进行了修改；Freeman-Grenville是从法语译文（不是原始的阿拉伯语文献）翻译而来的，他的翻译有很多错误。

第133页，"……房间以及出售奴隶的商店"：Adam Mez, *The Renaissance of Islam,* trans. Salahuddin Khuda Bakhsh and D. S. Margoliouth (1937): 160; al-Yaʿqūbī, *Kitāb al-Buldān,* ed. M. J. de Goeje (1892): 260. See also Matthew S. Gordon, "Abbasid Courtesans and the Question of Social Mobility." *Concubines and Courtesans: Women and Slavery in Islamic History,* ed. Gordon and Kathryn A. Hain (2017): 27-51, 32.

第134页，奴隶、黄金、象牙和兽皮：Shadreck Chirikure et al., *Mapungubwe Reconsidered: A Living Legacy, Exploring Beyond the Rise and Decline of the Mapungubwe State* (2016); Fauvelle-Aymar,

Golden Rhinoceros, 136-142.

第135页，每年生产一吨黄金：Ari Nave, "Gold Trade." *Encyclopedia of Africa* (2010): 1: 525-526.

第135页，数万颗珠子：Peter Garlake, *Great Zimbabwe* (1973): 109 (Chinese ceramics), 132-133 (beads); Bing Zhao, "Chinese-style Ceramics in East Africa from the 9th to 16th Century: A Case of Changing Value and Symbols in the Multi-Partner Global Trade." *L'Afrique orientale et l'océan Indien: connexions, réseaux d'échanges et globalisation* (June 2015)，可在线查看。

第135页，叛乱分子……提出了重大挑战：Benjamin Reilly, *Slavery, Agriculture, and Malaria in the Arabian Peninsula* (2015): 130.

第136页，津芝人叛乱：Alexandre Popovic, *The Revolt of African Slaves in Iraq in the 3rd/9th Century,* trans. Léon King (1998): 136, 141页注释10.

第136页，阿拉伯语"Zanj"：Gabriele Tecchiato, "Zanj." *The Oxford Encyclopedia of the Islamic World,* Oxford Islamic Studies Online (2009); E. Savage, "Berbers and Blacks: Ibādī Slave Traffic in Eighth-Century North Africa." *Journal of African History* 33.3 (1992): 351-368.

第136页，15年的自治生活：Gwyn Campbell, "East Africa in the Early Indian Ocean World: The Zanj Revolt Reconsidered." *Early Exchange Between Africa and the Wider Indian Ocean World,* ed. Gwyn Campbell (2016)：275-296，279页提到了津芝人叛乱的意义，281

页提到了津芝人的领导者,282页提到了5万叛军,291页,296页提到了有关对东非奴隶人数的怀疑。

第136页,伊本·布特兰:Floréal Sanagustin, *Médecine et société en Islam médiéval: Ibn Butlān ou la connaissance médicale au service de la communauté: le cas de l'esclavage* (2010):233页提到了津芝人的节奏感,234—235页提到了巴卡维的奴隶,237页提到了布特兰的结论。Michael Rapoport根据Ibn Buṭlān, *Risāla fī širā' al-raqīq wa-taqlīb al-'abīd,* in *Nawādir al-makhṭūṭāt,* Volume 1, ed. Hārūn (1973),对译文进行了修改:374页提到了津芝人的节奏感,375—376页提到了巴卡维的奴隶,378页提到了布特兰的结论。

第136页,讽刺:Joseph Schacht and Max Meyerhof, *The Medico-Philosophical Controversy Between Ibn Butlan of Baghdad and Ibn Ridwan of Cairo* (1937): 18.

第137页,穆斯林法学家在……上保持一致:Rudolph T. Ware, "Slavery in Islamic Africa, 1400-1800." *The Cambridge World History of Slavery,* Volume 3: 1420-1804, ed. David Eltis and Stanley L. Engerman (2011): 47-80.

第137页,虽然奴隶制很普遍:R. Brunschvig, "Abd." *Encyclopaedia of Islam,* 2nd ed. (2012).

第137页,奴隶的三个主要来源:Maurice Lombard, *The Golden Age of Islam,* trans. Joan Spencer (1975): 2:194-203,197页提到了斯拉夫奴隶地图,199页提到了土耳其奴隶地图,202页提到了非

洲奴隶地图。

第140页，骆驼：Richard W. Bulliet, *The Camel and the Wheel* (1975).

第140页，600名女奴：H. A. R. Gibb (trans.), *The Travels of Ibn Battuta, A.D.1325-1354* (1994): 4: 975.

第140页，最轻微的事故：Paul Lovejoy, *Transformations in Slavery* (2012): 35.

第140页，在公元900年到1100年……每年8700人：Austen, "The Trans-Saharan Slave Trade." 37 (Table 2.3 Estimates of the Atlantic Slave Trade, 1450-1600), 40, 66 (Table 2.8 Global Estimate of Trans-Saharan Slave Trade), 67-68.

第140页，1175万：有关伊斯兰奴隶贸易及其量化研究的最新讨论，请参见Anne Haour, "The Early Medieval Slave Trade of the Central Sahel: Archaeological and Historical Considerations." *Slavery in Africa: Archaeology and Memory,* ed. Paul J. Lane and Kevin C. MacDonald (2011): 61-78; Roundtable Discussion, "Locating Slavery in Middle Eastern and Islamic History." *International Journal of Middle Eastern Studies* 49.1 (2017): 133-172.

第142页，"他王国的普通民众仍然是多神论者"："Al-Bakrī." *Corpus of Early Arabic Sources for West African History,* ed. N. Levtzion and J. F. P. Hopkins (1981): 62-87, 64页提到用红布换奴隶，65—66页提到西吉尔马萨镇，68—69页提到奥达戈斯特、日期和骆驼军

队，79—81页提到加纳，81页提到吉亚鲁的金矿，82页提到雅里斯纳，82—83页提到马拉尔国，83—84页提到石棉，85页提到秃第纳尔；Michael Rapoport根据原文，对译文稍做修改；al-Bakrī, *Kitāb al-Masālik wa-l-mamālik,* eds. van Leeuwen and Ferré (1992)：658页，第1099段提到用红布换奴隶；835—838页，第1393—1399段，840页，第1404段提到西吉尔马萨镇；849—850页，第1417—1420段提到奥达戈斯特、日期和骆驼军队；871—874页，第1455—1461段提到加纳；874页，第1460段提到吉亚鲁的金矿；875页，第1463段提到雅里斯纳；875—876页，第1464段提到马拉尔国；878页，第1469段提到石棉；880页，第1472段提到秃第纳尔。

第142页，他后来可能……搬到了：Travis Zadeh, *Mapping Frontiers Across Medieval Islam: Geography, Translation, and the 'Abbāsid Empire* (2011): 17 (biography), 23 (Ibn Khurradadhbih's preface); 阿拉伯语原序言in Ibn Khurradādhbih, *al-Masālik wa-l-mamālik,* ed. M. J. de Goeje (1889): 3.

第143页，他的"道里"因而提供了……旅行时间：Marina A. Tolmacheva, "Geography." *Medieval Islamic Civilization: An Encyclopedia,* ed. Josef W. Meri (2006): 1: 284–288.

第143页，"邦国"指的是：André Miquel, *La Géographie humaine du monde Musulman jusqu'au milieu de XIe Siècle,* Volumes 1-4 (1967-1988): 1: 267–285.

第144页，将希腊文、拉丁文、梵文和波斯文的书籍翻译成：

Dmitri Gutas, *Greek Thought, Arab Culture: The Graeco-Arabic Translation Movement in Baghdad and Early Abbasid Society (2nd-4th/8th-10th centuries)* (1998).

第144页，巴格达的工厂：Jonathan Bloom, *Paper Before Print: The History and Impact of Paper in the Islamic World* (2001).

第144页，"哈里发"一词的意思是"继任者"：Hugh Kennedy, *Caliphate: The History of an Idea* (2016): 1-31.

第145页，哈瓦利吉派：Fred M. Donner, *Muhammad and the Believers at the Origins of Islam* (2012): 163-170.

第145页，在穆斯林统治的头两个世纪：Richard W. Bulliet, "Conversion to Islam and the Emergence of a Muslim Society in Iran." *Conversion to Islam,* ed. Nehemia Levtzion (1979): 30-51; Elton L. Daniel, "Conversion ii: Of Iranians to Islam." *Encyclopædia Iranica* (2011).

第146页，福斯塔特的总督：Michael Bonner, "The Waning of Empire, 861-945." *The New Cambridge History of Islam, Volume 1: The Formation of the Islamic World, Sixth to Eleventh Centuries,* ed. Chase F. Robinson (2010): 305-359.

第146页，接管了整个埃及的税收工作：Thierry Banquis, "Autonomous Egypt from Ibn Ṭūlūn to Kāfūr, 868-969." *The Cambridge History of Egypt, Volume 1: Islamic Egypt, 640-1517,* ed. Carl F. Petry (1998)：86-119，91—92页提到了伊本·图伦的身份，98页提到了其军队的组成，103页提到了反基督教徒。

第147页,"希腊人"……总称:Michael Brett, "Egypt." Robinson, ed., *The New Cambridge History of Islam, Volume 1:* 541-580, 558-559.

第147页,白益统治者将哈里发囚禁:Hugh Kennedy, "The late 'Abbāsid Pattern, 945-1050." Robinson, *The New Cambridge History of Islam, Volume 1*: 360-393, 361页提到了共有的传统, 361—362页提到了琐罗亚斯德教复兴的失败, 365页提到了公元945年的事件, 387页提到了"穆斯林联邦", 387—393页提到了逊尼派和什叶派的分裂。

第148页,"胜利者":Jonathan M. Bloom, *Arts of the City Victorious: Islamic Art and Architecture in Fatimid North Africa and Egypt* (2007): 54-59.

第149页,法蒂玛哈里发哈基姆:Matthieu Tillier, "Droit et messianisme chez les Fatimides de l'an 1000",2019年9月9日—14日,法国特蕾莱举办了关于公元1000年历史的会议,该文是参会论文(未正式发表)。Jonathan Bloom, "Nāsir Khusraw's Description of Jerusalem." *No Tapping Around Philology: A Festschrift in Honor of Wheeler McIntosh Thackston Jr.'s 70th Birthday,* ed. Alireza Korangy and Daniel J. Sheffield (2014): 395-406; Paul E. Walker, *The Caliph of Cairo: Al-Hakim bi-Amr Allah,* 996-1021 (2009): 200-204, 260-261.

第150页,慰问信:S. D. Goitein, "Slaves and Slavegirls in the Cairo Geniza Records." *Arabica* 9.1 (1962): 1-20.

第150页，人口约50万：Jonathan P. Berkey, "Culture and Society During the Late Middle Ages." Petry, *The Cambridge History of Egypt, Volume 1:* 379-380.

第150页，雕刻精美的象牙盒子：Sarah M. Guérin, "The Tusk." *The Salerno Ivories: Objects, Histories, Contexts,* ed. Francesca dell'Aqua (2016):21-28.

第151页，针对阿马尔菲商人的暴动：Yaacov Y. Lev, "The Fatimid State and Egypt's Mediterranean Trade, 10th-12th Centuries." *East and West: Essays on Byzantine and Arab Worlds in the Middle Ages,* ed. Juan Pedro Monferrer-Sala et al. (2009): 121-125, 123; S. D. Goitein, *Letters of Medieval Jewish Traders* (1973): 39-44; S. D. Goitein, *A Mediterranean Society: The Jewish Communities of the Arab World as Portrayed in the Documents of the Cairo Geniza,* Volume 1 (1967): 46, 49; Claude Cahen, "Un text peu connu relative au commerce oriental d'Amalfi au Xe siècle." *Archivio Storico per le Province Napoletane, n.s.* 34 (1953-1954): 3-8.

第151页，5月5日发生的一场大火……烧毁了：据另一则史料，火灾发生在5月16日，烧毁了5艘船。显然，其中有个说法是错误的，但没人知道是哪一个。

第152页，在那里，"巫师……"：根据巴克里的说法，该城镇在6阿拉伯米（Arabic mīl）外，1阿拉伯米约含2000米。参见 Muhammad Ismail Marcinkowski, *Measures and Weights in the Islamic*

World: An English translation of Walther Hinz's Handbook Islamische Masse und Gewichte (2002): 92。

第153页，多个首都：Conrad Leyser, Naomi Standen, and Stephanie Wynne-Jones, "Settlement, Landscape and Narrative: What Really Happened in History." *The Global Middle Ages,* ed. Catherine Holmes and Naomi Standen, *Past and Present,* Supplement 13 (2018): 232-260, 237. 另请见R. A. Mauny, "The Question of Ghana", *Africa: Journal of the International African Institute* 24.3 (1954): 200-213, 205-207。

第153页，吉亚鲁：Nehemia Levtzion, *Ancient Ghana and Mali* (1973)：26页提到了尼日尔河的埋葬地，43—47页提到了加纳的衰落，132页提到了黄金交易的高峰，155页提到了金矿的位置。

第153页，尼罗河：Nehemia Levtzion and Jay Spaulding (eds.), *Medieval West Africa: Views from Arab Scholars and Merchants* (2003): xi.

第153页，尼日尔河河湾：Levtzion and Hopkins, ed., *Corpus of Early Arabic Sources for West African History,* 387页注释53.

第154页，10万颗的进口玻璃珠和玛瑙珠：Thurston Shaw, *Unearthing Igbo-Ukwu: Archaeological Discoveries in Eastern Nigeria* (1977)：42—43页提及储藏室的文物，58—59页提到墓室里的文物。Thurston Shaw, *Igbo-Ukwu: An Account of Archaeological Discoveries in Eastern Nigeria,* Volumes 1-2 (1970): 1: 237-239.

第154页，原材料……新贸易路线：Frank Willett, "Who Taught

the Smiths of Igbo Ukwu?" *New Scientist* (April 14, 1983): 65-68; Paul T. Craddock et al., "Metal Sources and the Bronzes from Igbo-Ukwu." *Journal of Field Archaeology* 24.4 (1997): 405-429.

第155页，只有大量的人口：Roderick McIntosh, "Jenne-Jeno, Year 1000: Yale's Explorations Along the Niger." 2017年10月9日，耶鲁大学开展的"公元1000年前后"研讨班活动。

第155页，用作香料，而不是甜味剂：Paul Freedman, *Out of the East: Spices and the Medieval Imagination* (2008): 12-13.

第156页，主要的商业和农业中心：Levtzion and Hopkins, ed., *Corpus of Early Arabic Sources for West African History,* 62-63.

第156页，他们三分之一的财产：E. Ann McDougall, "The View from Awdaghust: War, Trade and Social Change in the Southwestern Sahara, from the Eighth to the Fifteenth Century." *Journal of African History* 26.1 (1985): 1-31, 17.

第156页，打击了哈瓦利吉派的势力：Ousmane Oumar Kane, *Beyond Timbuktu: An Intellectual History of Muslim West Africa* (2016): 46.

第157页，把黄金和奴隶运到北方：Ronald A. Messier and James A. Miller, *The Last Civilized Place: Sijilmasa and Its Saharan Destiny* (2015)：110页提到了三角贸易，110页提到了每年为穆拉比德和萨拉丁王朝提供3~4吨黄金，111—115页提到了穆拉比德硬币。Jean Devisse, "Or d'Afrique." *Arabica* 43 (1996): 234-243.

第157页，铸造这种金币的模具：Sam Nixon and Thilo Rehren, "Gold Processing Remains." Sam Nixon, ed., *Essouk-Tadmekka*, 174-187, 176 (Figure 15.2: coin mold)，185—187页提到了巴克里。

第157页，铜棒：T. Monod, "Le «Ma'aden Ijāfen»: une épave caravanière ancienne dans la Majâbat al-Koubrâ." *Actes du 1er Colloque International d'Archéologie Africaine* (1967): 286-320.

第157页，西非对……商品的需求：A.C. Christie and Anne Haour, "The 'Lost Caravan' of the Ma'den Ijafen Revisited: Reappraising Its Cargo of Cowries, a Medieval Global Commodity." *Journal of African Archaeology* 16.2 (2018): 125-144.

第158页，查理大帝：James E. Alleman and Brooke T. Mossman, "Asbestos Revisited." *Scientific American* 277.1 (1997): 70-75.

第158页，希罗多德：Timothy F. Garrard, "Myth and Metrology: The Early Trans-Saharan Gold Trade." *Journal of African History* 23.4 (1982): 443-461.

第158页，"双方都是非常诚实的"：Herodotus, *The Histories*, trans. Aubrey de Sélincourt (1996): 4: 277.

第159页，"希望买方加价"：al-Mas'ūdī in Levtzion and Hopkins, ed., *Corpus of Early Arabic Sources for West African History*, 32; al-Mas'ūdī, *Murūj al-dhabhab*, Volume 2, ed. 'Abd al-Ḥamīd (1958): 261.

第159页，那些没有亲眼看到实际交易的作者：P. F. de Moraes

Farias, "Silent Trade: Myth and Historical Evidence." *History in Africa* 1 (1974): 9-24.

第159页，关于无声交易的古老神话：Yāqūt, in Levtzion and Hopkins, ed., *Corpus of Early Arabic Sources for West African History*, 11.

第159页，气候变化：Sebastian Lüning et al., "Hydroclimate in Africa During the Medieval Climate Anomaly." *Palaeogeography, Palaeoclimatology, Palaeoecology* 495 (2018): 309-322; George E. Brooks, "A Provisional Historical Schema for Western Africa Based on Seven Climate Periods (ca. 9000 B.C. to the 19th Century)." *Cahiers d'Études Africaines* 101.2 (1986): 43-62.

第160页，马匹的数量持续增长：Roderick J. McIntosh, *Ancient Middle Niger: Urbanism and the Self-Organizing Landscape* (2005): 177.

第160页，3~4吨黄金：Ari Nave, "Gold Trade." *Encyclopedia of Africa* (2010): 1: 525-526.

第160页，开罗金价的下跌：请参见Levtzion and Hopkins, ed., *Corpusof Early Arabic Sources for West African History*中收录的有关Al-'Umarī著作的内容，262页提到了杜卡利关于金矿开采的解释，269页提到了用100辆车装载，271页提到了黄金价格下跌，272页提到了黄金开采；Michael Rapoport根据al-'Umarī, *Mamlakat Mālī*主编的Ṣalāḥ al-Dīn al-Munajjid (1963), 45-67修改了译文。

第161页，13~18吨的黄金：这些估算是基于曼萨·穆萨随身携带80~100车黄金旅行的说法，每车黄金约合152.4千克。他的500

名奴隶携带的黄金重达0.9吨。Michael Gomez, *African Dominion: A New History of Empire in Early and Medieval West Africa* (2018): 106.

第163页，热带：Peter Russell, *Prince Henry the Navigator* (2001)：109—134页提到了博哈多尔角的航行，256页提到了1444年的俘虏游行，258页提到了1460年前的非洲奴隶人数。

第163页，埃尔米纳：Ivor Wilks, *Forests of Gold: Essays on the Akan and the Kingdom of Assante* (1993); Peter L. Bernstein, *The Power of Gold: The History of an Obsession* (2012): 118.

第163页，价格波动：Pierre Vilar, *A History of Gold and Money, 1450-1920,* trans. Judith White (1976)：19页提到了8立方米的空间，56页提到了1500—1520年黄金出口到欧洲。

第164页，旺加拉人：Ivor Wilks, "Wangara, Akan and Portuguese in the Fifteenth and Sixteenth Centuries." *Journal of African History* 23.3 (1982): 333-349; Wilks翻译了原版P. de Cenival and Th. Monod的*Description de la Côte d'Afrique de Ceuta au Sénégal par Valentim Fernandes* (1506-1507) (1938): 84-87。

第165页，大西洋奴隶贸易：Lovejoy, *Transformations in Slavery*, 36-37 (Table 2.3 Estimates of the Atlantic Slave Trade, 1450-1600)，40页提到了大西洋贸易。

第6章　中亚一分为二

感谢伯明翰大学的Arezou Azad、Lance Pursey和史怀梅,以及牛津大学的George E. Malagaris、Irina Shingira对本章的帮助。

第166页,直到16世纪以后：Hugh Kennedy, *Mongols, Huns, and Vikings: Nomads at War* (2002): 208−211.

第167页,大约每天24公里：John Masson Smith, Jr., "From Pasture to Manger: The Evolution of Mongol Cavalry Logistics in Yuan China and Its Consequences." *Pferde in Asien: Geschichte, Handel und Kultur,* ed. Bert G. Fragner et al. (2009): 63−73; "'Ayn Jālūt." *Harvard Journal of Asiatic Studies* 44.2 (1984): 307−345,其中335页提到出行率,336页提到新鲜食草的消耗；2018年9月21日,与柏林勃兰登堡科学与人文科学院吐鲁番研究项目的博士后学者Martón Ver的电子邮件。另见Ashleigh N. Deluca, "World's Toughest Horse Race Retraces Genghis Khan's Postal Route." *National Geographic News* (August 7, 2014)。

第170页,60万银币：Peter B. Golden, "The Karakhanids and Early Islam." *The Cambridge History of Early Inner Asia* (1990): 347; Ibn Khurradādhbih, Kitab al-Masalik wa-l-mamālik, ed. M. J. de Goeje (1889): 37, 39.

第171页,训练军事奴隶：Peter B. Golden, *Central Asia in*

World History (2011): 66.

第171页，波斯语：Michael Bonner, "The Waning of Empire, 861-945." *The New Cambridge History of Islam, Volume 1: The Formation of the Islamic World, Sixth to Eleventh Centuries,* ed. Chase F. Robinson (2010): 305-359，344页提到了萨曼的奴隶，345页提到了波斯语的使用，346页提到了萨曼人的逊尼派信仰。

第171页，《世界境域志》：V. Minorsky, Ḥudūd al-'Ālam, "The Regions of the World." *A Persian Geography, 372 A.H.—982 A.D.* (1937): 3-44.

第171页，这种语言……越来越受欢迎：David Durand-Guédy, "Une 'mutation de l'An mil' en Iran?" 2019年9月9日—14日，法国特蕾莱举办了关于公元1000年历史的会议，该文是参会论文（未正式发表）。

第171页，在布哈拉待了两年：C. Edmund Bosworth, "Bīrūnī, Abū Rayhān i. Life." *Encyclopædia Iranica* (1989).

第172页，叙利亚基督徒在印度：David Pingree, "Āṯār al-bāqīa." *Encyclopædia Iranica* (2011).

第172页，比鲁尼的文章紧凑而富有条理：1879年完成的最新完整译本抓住了原作的复杂风格。Al-Biruni, *The Chronology of Ancient Nations,* trans. and ed. C. Edward Sachau (1879)：5页提到了一天的长度，13页提到了犹太日历，312页提到了叙利亚基督徒。

第173页，穆斯林用阳历：Reza Abdollahy, "Calendars, ii. in the

Islamic Period." *Encyclopædia Iranica* (1990).

第173页，"马德拉沙"：Marshall G. S. Hodgson, *The Venture of Islam: Conscience and History in a World Civilization, Volume 2, The Expansion of Islam in the Middle Periods* (1974): 3-61, 255-292.

第174页，73所不同的马德拉沙：J. Pederson et al., "Madrasa." *Encyclopaedia of Islam,* 2nd ed. (2012).

第174页，许多女性学者：Ruth Roded, *Women in the Islamic Biographical Collections: From Ibn Sacd to Who's Who* (1994): 3 (Table 1), 12.

第175页，萨曼王朝的统治形同虚设：Elton L. Daniel, "The Islamic East." Robinson, ed., *The New Cambridge History of Islam, Volume 1:* 448-505, 503-504.

第175页，"国之右臂"：C. E. Bosworth, *The Ghaznavids: Their Empire in Afghanistan and Eastern Iran, 994-1040* (1963)：46页提到了马哈茂德的阿拔斯哈里发头衔，126—128页提到了军队规模。

第175页，送礼人的个人气味：Finbarr B. Flood, *Objects of Translation: Material Culture and Medieval "Hindu-Muslim" Encounter* (2009): 76-77.

第176页，马哈茂德统治了：H. Amedroz and D. S. Margoliouth, *The Eclipse of the 'Abbasid Caliphate* (1920-1921): II: 328-329; Hugh Kennedy "The Late 'Abbāsid Pattern." Robinson, ed., *The New Cambridge History of Islam,* 1: 390.

第176页，马哈茂德还是提倡使用波斯语：Viola Allegranzi, *Aux sources de la poésie ghaznévide. Les inscriptions persanes de Ghazni* (2 vols.) (2019): 1: 207-218.

第176页，反对非穆斯林群体的运动：C. Edmund Bosworth, "Asfī-jāb." *Encyclopædia Iranica* (2011).

第176页，伽色尼王朝的主要目标：David Morgan, *Medieval Persia, 1040-1797* (1988): 22.

第177页，掠夺穆斯林聚居的城市：Kennedy, "The Late 'Abbāsid Pattern": 360-393，370—373页提及伽色尼人的逊尼派信仰，376—377页提到了索姆纳特。

第177页，几个不同的信仰印度教的国王：Flood, *Objects of Translation*，4页提到了马哈茂德军队中的印度教教徒，78—79页提到了加兹纳的印度教区域，79—86页提到了与印度教统治者结盟。

第177页，直到13世纪：Abū l-Faḍl Bayhaqī, *The History of Beyhaqi (The History of Sultan Mascud of Ghazna, 1030-1040)*, trans. C. E. Bosworth (2011): I: 8-9.

第177页，对索姆纳特的湿婆神庙：André Wink, *Al-Hind: The Making of the Indo-Islamic World, Volume 2: The Slave Kings and the Islamic Conquest, 11th-13th Centuries* (1997)：294-333，294页提到了马哈茂德领地之外的皈依，327—328页。

第177页，最具争议的洗劫之一：Romila Thapar, *Somanatha, The Many Voices of a History* (2004).

第178页，摧毁了主神湿婆的神像：Al-Bīrūnī, *Alberuni's India*, trans. Edward Sachau (1887): 2: 103-104.

第178页，拉什卡尔巴扎：Finbarr Barry Flood, "Painting, Monumental and Frescoes." *Medieval Islamic Civilization: An Encyclopedia*, ed. Joseph W. Meri (2006): 586-589; Daniel Schlumberger, *Lashkari Bazar: une résidence royale ghaznévide et ghoride (Mémoires de la Délégation archéologique française en Afghanistan*, Volume 18, Part 1) (1983); Martina Rugiadi, "The Ghaznavid Marble Architectural Decoration: An Overview"，可从web.mit.edu获得。

第178页，喀喇汗王朝：现存史料中显示为"Kara Khans"，即"黑色的领袖"，因此也被称为黑汗王朝。Peter Golden, "The Origins of the Karakhanids." *The Cambridge History of Early Inner Asia*, ed. Denis Sinor (1990)：354页提及哈喇汗王朝的名字，363页提到了征服花剌子模。

第178页，萨图克·博格拉汗：Michal Biran, "The Qarakhanids' Eastern Exchange: Preliminary Notes on the Silk Roads in the Eleventh and Twelfth Centuries." *Complexity of Interaction Along the Eurasian Steppe Zone in the First Millennium CE*, ed. Jan Bemmann (2015): 575-596, 578.

第179页，于阗：Valerie Hansen, *The Silk Road: A New History with Documents* (2016): 368-371，该书中文版《丝绸之路新史》

已由北京联合出版公司出版。William Samolin, *East Turkistan to the Twelfth Century: A Brief Politic al Survey* (1964): 81.

第179页，"我们像……他们淹没"：Maḥmūd al-Kāšɣarī, *Compendium of the Turkic Dialects,* ed. and trans. Robert Dankoff and James Kelly, Volume 1 (1982): 270.

第180页，长达几个世纪的斗争：Abolqasem Ferdowsi, *Shahnameh: The Persian Book of Kings,* trans. Dick Davis (2016).

第181页，波斯统治者的宿敌：C. E. Bosworth, "Barbarian Invasions: The Coming of the Turks into the Islamic World." *Islamic Civilisation, 950–1150,* ed. D. S. Richards (1973): 1–16.

第181页，对马哈茂德进行了深刻的批评：Djalal Khaleghi-Motlagh, "Ferdowsi, Abu'l–Qāsem, i.Life." *Encyclopædia Iranica* (2012).

第181页，阿维森纳：William E. Gohlman, *The Life of Ibn Sina: A Critical Edition and Annotated Translation* (1974): 41.

第181页，把女儿嫁给：Valerie Hansen, "International Gifting and the Kitan World, 907–1125." *Journal of Song-Yuan Studies* 43 (2013): 273–302, 288–289.

第182页，佛教教义：Lothar Ledderose, "Changing the Audience: A Pivotal Period in the Great Sutra Carving Project at Cloud Dwelling Monastery Near Beijing." *Religion and Chinese Society,* ed. John Lagerwey, Volume 1 (2004): 385–409.

第183页，阿保机……将自己的统治追溯到：Denis Twitchett

（杜希德），"The Liao's Changing Perceptions of Its T'ang Heritage." *The Historian, His Readers, and the Passage of Time: The Fu Ssu-nien Memorial Lectures, 1996* (1997): 31-54。

第183页，"世选制"：Joseph Fletcher, "The Mongols: Ecological and Social Perspectives." *Harvard Journal of Asiatic Studies* 46.1 (1988): 11-50, 17.

第184页，不同的群体聚集在辽朝社会：Pamela Crossley, "Outside In: Power, Identity, and the Han Lineage of Jizhou." *Journal of Song-Yuan Studies* 43 (2013): 51-89.

第184页，只有部分能被破译：Daniel Kane, "Introduction, Part 2: An Update on Deciphering the Kitan Language and Scripts." *Journal of Song-Yuan Studies* 43 (2013): 11-25.

第185页，澶渊之盟：柳立言，"Waging War for Peace? The Peace Accord Between the Song and the Liao in AD 1005." *Warfare in Chinese History,* ed. Hans van de Ven（方德万）(2000): 183-221, 213.

第185页，银10万两：当时1两相当于37.3克，比英国的度量盎司高三分之一，1盎司相当于28克。在1042年，付款增加到银20万两、丝30万匹。

第185页，2000锭：沈雪曼(ed.), *Gilded Splendor: Treasures of China's Liao Empire* (907-1125) (2006): 363; Brian Thomas Vivier, "Chinese Foreign Trade, 960-1276"，耶鲁大学博士学位论文(2008): Figure 1.2.

第186页，福冈：Richard von Glahn（万志英），"The Ningbo-Hakata Merchant Network and the Reorientation of East Asian Maritime Trade, 1150-1350." *Harvard Journal of Asiatic Studies* 74.2 (2014): 249-279; Bruce L. Batten, *Gateway to Japan: Hakata in War and Peace, 500-1300* (2006): 40；2018年12月18日，与李怡文的电子邮件。

第187页，送给辽朝王室的礼物：Hansen, "International Gifting and the Kitan World, 907-1125", 273-302.

第187页，工匠（通常是汉人）：2009年5月9日，辽上京博物馆，与邹彤的私人交流。

第187页，松树香味：Jenny F. So, "Scented Trails: Amber as Aromatic in Medieval China." *Journal of the Royal Asiatic Society,* 3rd Series, 23.1 (2013): 85-101, 94-95.

第187页，"斯拉夫海"：Vladimir Minorsky (trans.), *Sharah al-Zaman Tahir: Marvazi on China, the Turks, and India: Arabic Text with an English Translation and Commentary* (1942)：16—17页提到了向中国出口，19—21页提到了书信的翻译，78页提到了突厥语作为外交语言。

第187页，原产于北欧的波罗的海地区：Curt W. Beck and Edith C. Stout, "Amber from Liaoning Province and Liao Amber Artifacts." *Adornment for the Body and Soul: Ancient Chinese Ornaments from the Mengdiexuan Collection,* ed. E. C. Bunker et al. (1999): 167-172；许晓东，《中国古代琥珀艺术》，2011。

第187页，贸易就恢复了：Sem Vermeersch, *A Chinese Traveler in Medieval Korea: Xu Jing's Illustrated Account of the Xuanhe Embassy to Koryǒ* (2016): 14-39.

第188页，辽国公主：Biran, "The Qarakhanids' Eastern Exchange", 578.

第188页，回鹘：当时有两个回鹘王国；以吐鲁番为据点的回鹘王国似乎更有可能将特使一路带到阿富汗。（位于甘州的回鹘王国在1028年被入侵和摧毁。）参见Minorsky, *Marvazi,* 77-78。

第188页，khutu：Anya King, "Early Islamic Sources on the Kitan Liao: The Role of Trade." *Journal of Song-Yuan Studies* 43 (2013): 253-271, 262-263.

第189页，"马哈茂德气概非凡，威严显赫"：这里依据的是Minorsky的翻译，Michael Rapoport进行了修改。

第189页，麝香：Anya H. King, *Scent from the Garden of Paradise: Musk and the Medieval Islamic World* (2017); James Cave, "You Don't Even Want to Know Where Musk Comes From." HuffPost, February 24, 2016.

第191页，人们可能认为契丹人已经皈依了伊斯兰教：Andreas Kaplony, "The Conversion of the Turks of Central Asia to Islam as Seen by Arabic and Persian Geography: A Comparative Perspective." Étienne de la Vaissière, *Islamisation de l'Asie Centrale: processus locaux d'acculturation du VIIe au XIe siècle* (2008): 319-338; Michal Biran,

The Empire of the Qara Khitai in Eurasian History: Between China and the Islamic World (2005): 196–201.

第191页，"还剩七年"：这是Mimi Yiengpruksawan的翻译，我用英文名称代替了佛教中时代的称法。Mimi Yiengpruksawan, "Countdown to 1051." *Texts and Transformations: Essays in Honor of the 75th Birthday of Victor Mair,* ed. Haun Saussy (2018)：369–434，376页提到了京都的灾难，379—380页提到了北京市房山区云居寺，380页提到了北塔上的译文，386—394页提到了不同日历，394页提到了高丽朝廷的契丹使节，402—404页提到了日本与辽朝的合约，406页提到了日食。

第192页，供品放在……隔间里：D. Max Moerman, "The Archeology of Anxiety: An Underground History of Heian Religion." *Heian Japan, Centers and Peripheries,* ed. Mikael Adolphson et al. (2007): 245–271.

第192页，包括珍珠：辽宁省文物考古研究所、朝阳市北塔博物馆编《朝阳北塔：考古发掘与维修工程报告》（2007），插图48。

第193页，统治至1058年：William H. McCullough, "The Heian Court, 795–1070." *The Cambridge History of Japan, Volume 2: Heian Japan,* ed. William H. McCullough and Donald H. Shively (1999): 20–96, 67–80.

第193页，15部佛经：李怡文，"Networks of Profit and Faith: Spanning the Sea of Japan and the East China Sea, 838–1403." 耶鲁

大学博士学位论文（2017）：80页，85—86页提到了藤原道长，112—113页提到了辽朝的经筒。

第193页，非官方的贸易区："Chinese Objects Recovered from Sutra Mounds in Japan, 1000-1300." *Visual and Material Cultures in Middle Period China,* ed. Patricia Buckley Ebrey and 黄士珊(2017): 284-318.

第194页，高丽的历法专家：Yannick Bruneton, "Astrologues et devins du Koryŏ (918-1392): une analyse de l'histoire officielle." *Extrême-Orient Extrême-Occident,* no. 35 (2013): 45-81.

第194页，不同寻常的金属物：Mimi Yiengpruksawan, "A Pavilion for the Amitabha." *Buddhist Transformations and Interactions,* ed. Victor H.Mair (2017): 401-516, 447-452.

第195页，把更多的战利品分给了：Igor de Rachewiltz, *The Secret History of the Mongols: A Mongolian Epic Chronicle of the Thirteenth Century* (2004).

第197页，世界史：Janet Abu-Lughod, *Before European Hegemony: The World System A.D. 1250-1350* (1989). 该书中文版《欧洲霸权之前：1250—1350年的世界体系》已由商务印书馆出版。

第197页，黑死病：James Belich, "The Black Death and the Spread of Europe." *The Prospect of Global History,* ed. James Belich et al. (2016).

第7章　令人惊讶的旅程

下列学者帮助我完成了本章的工作,他们或向我提供了材料,或是与我讨论了问题,或是帮我批改了草稿,他们是西北大学历史系的Haydon Cherry,赫尔大学东南亚研究中心名誉教授Jan Wisseman Christie,纽约大学历史系的David Ludden,纽卡斯尔大学历史教授R. I. Moore,牛津大学印度教研究中心的Himanshu Prabha Ray,以及AcademicEditorial.com的Charles Wheeler。

第199页,季风:Himanshu Prabha Ray, "Seafaring in the Bay of Bengal in the Early Centuries AD." *Studies in History* 6.1 (1990): 1–14.

第199页,欧亚大陆温度升高:Sunil S. Amrith, *Crossing the Bay of Bengal: The Furies of Nature and the Fortunes of Migrants* (2013): 10–13.

第199页,跨越开阔的海洋:Gwyn Campbell, "Africa and the Early Indian Ocean World Exchange System in the Context of Human-Environment Interaction." *Early Exchange Between Africa and the Wider Indian Ocean World,* ed. Gwyn Campbell (2016): 3. 另见Sunil Gupta关于非洲和印度的交流的文章。

第201页,岛上的语言,即马达加斯加语:Claude Allibert, "Austronesian Migration and the Establishment of the Malagasy Civilization." *Diogenes* 55.2 (2008): 7–16; Ann Kumar, "'The Single Most Astonishing Fact of Human Geography': Indonesia's Far West

Colony." *Indonesia* 92 (2011): 59-96.

第202页，一直远行至马达加斯加岛：Peter Bellwood, *First Islanders: Prehistory and Human Migration in Island Southeast Asia* (2017): 231; Peter Bellwood, "The Austronesians in History: Common Origins and Diverse Transformations." *The Austronesians: Historical and Comparative Perspectives,* ed. Peter Bellwood, James J. Fox, and Darrell Tryon (1995): 1-16.

第202页，2433粒烧焦的种子：Alison Crowther et al., "Ancient Crops Provide First Archaeological Signature of the Westward Austronesian Expansion." *Proceedings of the National Academy of the Sciences* 113.24 (June 14, 2016): 6635-6640.

第202页，以稻米为主食：Nicole Boivin et al., "East Africa and Madagascar in the Indian Ocean World." *Journal of World Prehistory* 26.3 (2013): 213-281.

第203页，图帕亚：Anne Salmond, *The Trial of the Cannibal Dog: Captain Cook in the South Seas* (2003): 38, 110.

第203页，皮埃尔-伊夫·曼金："Austronesian Shipping in the Indian Ocean:From Outrigger Boats to Trading Ships." Campbell, ed., *Early Exchange*：51-76，59—60页提到了井里汶沉船，62页提到拼板船技术，65页提到失事船只的位置。

第204页，"帕侬素林号"沉船：Lisa Niziolek et al., "Revisiting the Date of the Java Sea Shipwreck from Indonesia." *Journal of*

Archaeological Science: Reports 19 (May 2018): 781-790; Horst Hubertus Liebner, "The Siren of Cirebon: A Tenth-Century Trading Vessel Lost in the Java Sea." 利兹大学博士学位论文（2014）。

第204页，"长纪年"……"短纪年"……：Janet M. Wilmshurst et al., "High-Precision Radiocarbon Dating Shows Recent and Rapid Initial Human Colonization of East Polynesia." *Proceedings of the National Academy of Sciences* 108.5 (February 1, 2011): 1815-1820.

第207页，逐渐消失的传统：Ben Finney, *Voyage of Rediscovery: A Cultural Odyssey Through Polynesia* (1994).

第207页，完全不使用航海仪器：Steve Thomas, *The Last Navigator: A Young Man, an Ancient Mariner, the Secrets of the Sea* (1997).

第209页，人口密度很低：Anthony Reid, "Low Population Growth and Its Causes in Pre-Colonial Southeast Asia." *Death and Disease in Southeast Asia: Explorations in Social, Medical and Demographic History*, ed. Norman G. Owen (1987): 33-47, 36.

第209页，习惯于从一个地方搬到另一个地方：M. C. Ricklefs (ed.), *A New History of Southeast Asia* (2010)：8—10页提到了早期社会结构，21页提到了印度碑文，30页，61—64页提到了三佛齐国，40—42页提到了吴哥，43页提到了神庙国家的模式。

第210页，对转轮圣王的崇拜：John E. Cort, *Open Boundaries: Jain Communities and Cultures in Indian History* (1998): 98.

第211页，气球："气球国家"一说的形象借鉴了Burton Stein

在其 History of India（1998）一书中对"分立国家"的描述，20页，以及O. W.Wolters在其History, Culture and Region in Southeast Asian Perspectives（1999）一书中的"曼荼罗国家"概念，27—28页。

第211页，印度南端的注辇国：Jan Wisseman Christie, "The Medieval Tamil-Language Inscriptions in Southeast Asia and China." *Southeast Asian Archaeology, 1994,* ed. Pierre-Yves Manguin (1998)：241页提及注辇的崛起，244页提及公元883年的碑文，244—245页提及交易目的地的转移，246页提及改变商人社区的组成，249页提及经济衰退，第254页提及注辇突袭东南亚。

第212页，密宗：Andrea Acri, "Introduction: Esoteric Buddhist Networks Along the Maritime Silk Routes, 7th-13th Century AD." *Esoteric Buddhism in Mediaeval Maritime Asia,* ed. Andrea Acri (2016)：1-25，4页提及神秘的佛教修行，7页提及《易经》，16页的Map 1.1: Paths traveled by the monks；筱原亨一, *Spells, Images, and Mandalas: Tracing the Evolution of Esoteric Buddhist Rituals*(2014): 194-204.

第212页，宋朝史书：《宋史》卷四八九《外国五》，第14088页。

第213页，乳香和檀香的垄断：朱彧《萍洲可谈》，宋元笔记丛书（1989），第1卷，第2页。

第213页，1000艘船只：O. W. Wolters, "Studying Śrīvijaya." *Early Souteast Asia: Selected Essays,* ed. Craig J. Reynolds (2008): 77-108,

92-94; "Restudying Some Chinese Writings on Sriwijaya." 109-147, 在同一卷中。

第213页，独桅三角帆船……的主要制造中心：朴贤熙, *Mapping the Chinese and Islamic Worlds: Cross-Cultural Exchange in Pre-modern Asia* (2013): 30—31页提到独桅三角帆船，69—70页，219页注释58提到了黄巢起义。

第214页，"帕侬素林号"沉船：John Guy, "The Phanom Surin Shipwreck, a Pahlavi Inscription, and Their Significance for the History of Early Lower Central Thailand." *Journal of the Siam Society* 105 (2017): 179-196.

第214页，有关沉船的展览：Michael Flecker, "The Ethics, Politics, and Realities of Maritime Archaeology in Southeast Asia." *International Journal of Nautical Archaeology* 31.1 (2002): 12-24; Michael Flecker, "A Ninth-Century AD Arab or Indian Shipwreck in Indonesia: First Evidence for Direct Trade with China." *World Archaeology* 32.3 (2001): 335-354.

第214页，"勿里洞号"：Regina Krahl (ed.), *Shipwrecked: Tang Treasures and Monsoon Winds* (2011): 36；可在线获取文章。

第215页，以阿拔斯帝国的陶瓷为模型：John W. Chaffee(贾志扬), *The Muslim Merchants of Premodern China: The History of an Asian Maritime Trade Diaspora, 750-1400*(2018): 29。

第215页，中国陶瓷质量上乘：Arthur Lane, *Early Islamic*

Pottery: Mesopotamia, Egypt, and Persia (1947): 31.

第215页，为了应对中国陶瓷的挑战：Robert B. J. Mason, *Shine Like the Sun: Lustre-Painted and Associated Pottery from the Medieval Middle East* (2004)：2页提及如何制作餐具，31页提及最早模仿中国陶瓷的巴士拉瓷器的年代，第158页提到公元800年以后，从东非海岸和非洲之角发掘出了巴士拉的光瓷。

第216页，唐朝皇帝……的礼物：François Louis, "Metal Objects on the Belitung Shipwreck." Krahl, ed., *Shipwrecked,* 85-91.

第216页，商船的石刻浮雕：John N. Miksic, *Borobudur: Majestic, Mysterious, Magnificent* (2010).

第216页，夏连特拉王朝：Kenneth R. Hall, *History of Early Southeast Asia: Maritime Trade and Societal Development, 100-1500* (2011): 125-126.

第217页，火山爆发或地震：Jan Wisseman Christie, "Revisiting Early Mataram." *Fruits of Inspiration: Studies in Honour of Prof. J. G. de Casparis,* ed. M. J. Klokke and K. R. van Kooij (2001): 25-56, 47.

第217页，佛陀……拯救了一艘船：August Johan Bernet Kempers, *Ageless Borobudur: Buddhist Mystery in Stone, Decay and Restoration, Mendut and Pawon, Folklife in Ancient Java* (1976): 109-119，插图32, 79页，201页提到了关于船的描述；2018年10月24日，与Himanshu Ray的私人交流。

第217页，女性小贩多于：Jan Wisseman Christie, "Javanese

Markets and the Asian Sea Trade Boom of the Tenth to Thirteenth Centuries A.D." *Journal of the Economic and Social History of the Orient,* 41.3 (1998)：344—381页，348页提到了商会，350页提到了市场管理官员，352—353页提到了黑胡椒和红花，356页提到了陶瓷工人，360页提到了女摊贩，360页提到了中国钱币的进口和复制。

第218页，没有证据能表明长途奴隶交易的存在：2018年12月10日，与Jan Wisseman Christie的电子邮件。参见她的"Preliminary Notes on Debt and Credit in Early Island Southeast Asia." *Credit and Debt in Indonesia, 860-1930: From Peonage to Pawnshop, from Kongsi to Cooperative,* ed. D. Henley and P. Boomgaard (2009): 41-60, 178-190。

第219页，并未看到过佛教和印度教之间发生冲突：2018年3月30日，与Anthony Reid的私人交流。

第219页，终端用户：G. F. Hourani, *Arab Seafaring in the Indian Ocean in Ancient and Early Medieval Times* (1951, 1995): 89-105.

第220页，一组人……收割某种作物：Dato Dr Nik Hassan Shuhaimi Nik Abdul Rahman (ed.), *The Encyclopedia of Malaysia: Early History,* Volume 4 (1998): 76.

第221页，整个地区的贸易发展开始放缓：Geoff Wade, "An Early Age of Commerce in Southeast Asia, 900-1300 CE." *Journal of Southeast Asian Studies* 40.2 (2009): 221-265.

第221页，被杀害的外国人：贾志扬在*The Muslim Merchants of Premodern China: The History of an Asian Maritime Trade*

*Diaspora, 750—1400*中对这些数字提出了强烈怀疑，48页；另见Howard Levy, *Biography of Huang Ch'ao,* Chinese Dynastic History Translations 5 (1961): 109—121页提到了阿拉伯史料；韩森*The Silk Road: A New History with Documents* (2016): 266-267，该书中文版《丝绸之路新史》已由北京联合出版公司出版。

第221页，许多穆斯林商人已决定撤出中国：贾志扬, *The Muslim Merchants of Premodern China: The History of an Asian Maritime Trade Diaspora, 750-1400,* 52.

第221页，最重要的贸易伙伴：O. W. Wolters, "Tambralinga." *Bulletin of the School of Oriental and African Studies* 21.3 (1958): 587-607, 605；《宋会要辑稿》蕃夷7：20b（上海古籍出版社点校本，2014），第16册，第9948页。

第222页，他们对……的控制则要弱得多：David Ludden, *Peasant History in South India* (1985).

第223页，遥远的南亚国家与东南亚国家：Gokul Seshadri, "New Perspectives on Nagapattinam." *Nagapattinam to Suvanadwipa: Reflections on the Chola Naval Expeditions to Southeast Asia,* ed. Hermann Kulke et al. (2009): 121-128; Peter Schalk (ed.), *Buddhism Among Tamils in Pre-Colonial Tamilakam and Ilam,* Volume 2 (2002): 513-670, 596.

第223页，罗阇一世入侵：George W. Spencer, *The Politics of Expansion: The Chola Conquest of Sri Lanka and Srivijaya* (1983)：5—6页提到了征服的结果，第34页提到了罗阇一世的入侵，44页提到了

拉金德拉的恒河战役，60页提到了商业税，64页提到了从斯里兰卡撤军，144—145页提到了与其他国家的联系。

第223页，"注辇人占领了马赫西"：Spencer, *The Politics of Expansion,* 54-56，翻译了斯里兰卡历史上题为*Cūlavaṃsa*的一段原文：55.16-22。

第224页，视注辇国为强大国家：Hermann Kulke, "The Naval Expeditions of the Cholas in the Context of Asian History." Kulke et al, ed., *Nagapattinam to Suvarnadwipa*，以及辛岛昇和Tansen Sen（沈丹森）撰写的论文。

第225页，"拉金德拉派出许多船只"：Spencer, *Politics of Expansion,* 138-139，引用了K. A. Nilakanta Sastri的*Sri Vijiya*中的翻译，80页。

第225页，说服注辇统治者放弃印度教：Kulke et al., ed., *Nagapattinam to Suvanadwipa,* 12.

第226页，拉金德拉的文士们对……的详细了解：A. Meenakshisundararajan, "Rajendra Chola's Naval Expedition and the Chola Trade with Southeast Asia." Kulke et al., ed., *Nagapattinam to Suvanadwipa,* 168-177, 170.另见同书扉页上的地图。

第226页，一份来自迈索尔的……碑文：Burton Stein, "Coromandel Trade in Medieval India." *Merchants & Scholars: Essays in the History of Exploration and Trade Collected in Memory of James Ford Bell,* ed. John Parker (1965): 49-62; N. A. Nilakanta Sastri, "A Tamil Merchant-guild in

Sumatra." *Tijdschrift voor Indische taal-, land-, en volkenkunde* 72 (1932): 314-327, 322-324.

第227页，"像大象一样"：John Guy, "Tamil Merchant Guilds and the Quan-zhou Trade." *The Emporium of the World: Maritime Quanzhou, 1000-1400,* ed. Angela Schottenhammer (2001)：283-308，291页提到了东南亚早期的泰米尔语碑文，293页提到了巴罗什、苏门答腊的行会，294页提到了雇用雇佣军，295—296页提到了泉州的泰米尔语碑文，296—302页提到了寺庙遗存。

第227页，注辇国的实力日渐萎缩：沈丹森，*Buddhism, Diplomacy, and Trade: The Realignment of Sino-Indian Relations, 600-1400* (2003): 224.

第228页，臣民还会向……供奉祭品：Michael D. Coe and Damian Evans, *Angkor and the Khmer Civilization* (2003, 2018)：11页提到了遗址的规模，116页提到了吴哥文明的特征，163页提到了第三窟的大小，188页提到了周达观关于进出口的记录，189页提到了捕猎翠鸟，209页提到了进口中国陶瓷，212—214页提到了纺织品和服装，239页提到了后古典的特征。

第229页，激光雷达：Julia Wallace, "Cambodia's Hidden Cities: Aerial Laser Imaging." *New York Times* (September 20, 2016): D1, D5.

第230页，住宅鳞次栉比：Roland Fletcher et al., "Angkor Wat: An Introduction." *Antiquity* 89.348 (2015): 1388-1401, 1396.

第230页，吴哥窟人口：Damian Evans and Roland Fletcher, "The

Landscape of Angkor Wat Redefined." *Antiquity* 89.348 (2015): 1402-1419, 1410-1411.

第230页，最早出现穆斯林坟墓：M. C. Ricklefs, *Mystic Synthesis in Java: A History of Islamicization from the Fourteenth to the Early Nineteenth Centuries* (2006): 12-21.

第230页，周达观：周达观《真腊风土记校注》，中华书局校注本，2000，141—142页提到了地方产品，148页提到了中国商品；周达观《真腊风土记》（*The Customs of Cambodia*），Michael Smithies英译本（2001）：59—60页提到了地方产品，63页提到了中国商品。

第231页，位于……重要贸易航线上：李塔娜，"A View from the Sea: Perspectives on the Northern and Central Vietnamese Coast." *Journal of Southeast Asian Studies* 37.1 (2006): 83-102, 95-96；桃木至朗，"Dai Viet and the South China Sea Trade: From the 10th to the 15th Century." *Crossroads* 12.1 (1998): 1-34, 20.

第232页，云敦岛：John K. Whitmore, "Vân Đồn, the 'Mạc Gap', and the End of the Jiaozhi Ocean System." *The Tongking Gulf Through History*, ed. Nola Cooke et al. (2011): 101-116.

第232页，在云敦岛附近设立了一个专门用来收集珍珠的珠场：John K. Whitmore, *Vietnam, Hồ Quý Ly, and the Ming (1371-1421)* (1985): 112.

第232页，时人是这样描述的：山本达郎，"Van-don: A Trade Port

in Vietnam", *Memoirs of the Research Department of the Toyo Bunko* 39 (1981): 1-32，5页提到了中国服装和饮食，10页提到了养珠与捕鱼结合。这是出自*Tōhō Gakuhō* 9（1939）中第277—309页的日语文章的译文；原文见于陈伟文编《钦定越史通鉴纲目》，台北："中央"图书馆，1969，第13卷，第1549—1550页。

第8章 世界上最全球化的地方

感谢普林斯顿大学的Anna Shields和哥伦比亚大学的Robert Hymes（韩明士），让我有机会在普林斯顿大学举行的2018年唐宋转型研究会上介绍本章的初稿。*The Journal of the Song-Yuan Studies*杂志的编辑Ari Levine（李瑞）将这篇文章的草稿发送给了两位匿名评论者，他们提供了许多有用的建议。耶鲁大学的陈元、David Porter，香港城市大学的李怡文，大英博物馆的Helen Wang（王海伦），也提出了宝贵的建议。

第235页，中国人会大量购买一些常用商品：Angela Schottenhammer（萧婷），"China's Emergence as a Maritime Power." *The Cambridge History of China, Volume 5, Part 2: Sung China, 960-1279,* 贾志扬和杜希德主编：437-525, 512-518.

第236页，藤席：Dato Dr Nik Hassan Shuhaimi Nik Abdul Rahman

(ed.), *The Encyclopedia of Malaysia, Volume 4: Early History* (1998): 87.

第236页，沉香木：Paul Wheatley, "Geographical Notes on Some Commodities Involved in Sung Maritime Trade." *Journal of the Malayan Branch of the Royal Asiatic Society* 32.2 (1959)：3-139，22—23页提及调整精品和杂货的税率，25—26页提到了任命贸易监督官员，69—72页提到了沉香木。

第236页，香水的配方：扬之水"L'Encens sous les Song (960-1279) and les Yuan (1279-1368)." *Parfums de Chine: la culture de l'encens au temps des empereurs,* ed. Éric Lefebvre (2018): 68-75.

第236页，《源氏物语》：Ivan Morris, *The World of the Shining Prince: Court Life in Ancient Japan* (1964); Dennis Washburn (trans.), Murasaki Shikibu, *The Tale of Genji* (2017)：407页提到余香，608—613页提到竞香。

第237页，香料起源：田中史生，「国際交易と古代日本（2012）」:180。

第237页，竞香会：Melissa McCormick, *The Tale of Genji: A Visual Companion* (2018): 149-151.

第238页，随着季节的变化而变化：2019年10月2日，与达特茅斯学院亚洲社会、文化和文学教授Dennis Washburn的电子邮件。

第238页，用香木打造的家具和储物箱：Joseph Needham（李约瑟），"Constituents of Incense, and Other Aromatics." *Science and Civilisation in China, Volume 5: Chemistry and Chemical Technology,*

Part II, *Spagyrical Discovery and Invention: Magisteries of Gold and Immortality* (1974): 137 (Table 94); Olivia Milburn, "Aromas, Scents, and Spices: Olfactory Culture in China Before the Arrival of Buddhism." *Journal of the American Oriental Society* 136.3 (2016): 441-464; Frédéric Obringer, "Dans L'empire de fous de parfums. Une introduction au monde des senteurs en Chine impériale." Lefebvre (ed.), *Parfums de Chine,* 10-24.

第239页，麝香：Anya H. King, *Scent from the Garden of Paradise: Musk and the Medieval Islamic World* (2017); Paul Freedman, *Out of the East: Spices and the Medieval Imagination* (2008): 15-16.

第239页，乳香和没药：Jenny F. So, "Scented Trails: Amber as Aromatic in Medieval China." *Journal of the Royal Asiatic Society,* 3rd Series, 23.1 (2013): 85-101, 90; Edward Schafer（薛爱华）, *Golden Peaches of Samarkand* (1963): 155. 该书中文版《撒马尔罕的金桃》已由社会科学文献出版社出版。

第240页，波斯湾港口：贾志扬, *The Muslim Merchants of Premodern China: The History of a Maritime Asian Trade Diaspora, 750-1400* (2018): 27-28。

第240页，"国人"：段成式《酉阳杂俎》卷四，第25页，四部丛刊本，可通过中国基本古籍库数据库访问。Carrie E. Reed, "Motivation and Meaning of a 'Hodge-podge': Duan Chengshi's 'Youyang zazu'." *Journal of the American Oriental Society* 123.1

371

(2003): 121-145.

第240页，一些……虚构故事：Julie Wilensky, "The Magical Kunlun and 'Devil Slaves': Chinese Perceptions of Dark-Skinned People and Africa Before 1500." *Sino-Platonic Papers* 122 (2002): 1-51.

第240页，在广州设市舶使：王赓武，"The Nanhai Trade: A Study of the Early History of Chinese Trade in the South China Sea." *Journal of the Malayan Branch of the Royal Asiatic Society* 31.2 (1958): 1-135; Hugh R. Clark（柯胡）, *Community, Trade, and Networks: Southern Fujian Province from the Third to the Thirteenth Century* (1991): 49。

第240页，唐朝的贸易政策：黄纯艳，《宋代海外贸易》，2003，第129—132页；Abū Zayd al-Sīrāfī, *Accounts of China and India,* trans. Tim McIntosh-Smith (2017): 17。

第241页，拼板船：Michael Flecker, *The Archaeological Excavation of the Tenth Century Intan Shipwreck, Java Sea, Indonesia,* BAR International Series S1047 (2002); Michael Flecker, "Treasure from the Java Sea: The Tenth-Century Intan Shipwreck." *Heritage Asia Magazine* 2.2 (2004-2005)，文章可在线获得。

第241页，银锭上的文字：杜希德和Janice Stargardt, "Chinese Silver Bullion in a Tenth-Century Indonesian Wreck." *Asia Major* 15.1 (2002): 23-72, 25页提到了银的价值, 41页提到了付款的性质。

第241页，井里汶：Horst Hubertus Liebner, "The Siren of Cirebon:

A Tenth-Century Trading Vessel Lost in the Java Sea."利兹大学博士学位论文（2014）：85页提到了吨位，304页提到了不同沉船运送的陶瓷数量。

第242页，船用指南针：Robert K. G. Temple, *The Genius of China: 3,000 Years of Science, Discovery, and Invention* (1986): 148-157.

第242页，中国的造船工人：贾志扬, *Muslim Merchants*, 81-83。

第242页，几个小妾的侍候：H. A. R. Gibb (trans.), *The Travels of IbnBattuta, A.D. 1325-1354* (1994): 4: 813-814.

第242页，宋朝的使节们用填空表格的方式：《宋会要辑稿》职官44之2，上海古籍出版社点校本，2014，第7册，第4204页；Derek Heng（王添顺）, *Sino-Malay Trade and Diplomacy from the Tenth Through the Fourteenth Century* (2009): 73。

第243页，朝贡的航行暂时中断：贾志扬, *Muslim Merchants*, 65-75。

第244页，公元995年：《宋会要辑稿》职官44之3，上海古籍出版社点校本，2014，第7册，第4204页。

第244页，将直接征收的额度提高到40%：关于1141年的情况，参见《宋会要辑稿》职官44之25，上海古籍出版社点校本，2014，第7册，第4216页。

第244页，澶渊之盟：柳立言, "Waging War for Peace? The Peace Accord Between the Song and the Liao in AD 1005." *Warfare in Chinese History*, ed.方德万(2000): 183-221, 213.

373

第244页，辽朝下令禁止马匹出口：斯波义信，"Sung Foreign Trade: Its Scope and Organization." *China Among Equals: The Middle Kingdom and Its Neighbors, 10th-14th Centuries,* ed. Morris Rossabi（罗茂锐）(1983): 89-115, 98; Brian Thomas Vivier, "Chinese Foreign Trade, 960-1276." 耶鲁大学博士学位论文（2008）。

第245页，纸币：万志英，"The Origins of Paper Money in China." *The Origins of Value: The Financial Innovations That Created Modern Capital Markets,* ed. William N. Goetzmann and K. Geert Rouwenhorst (2005): 65-89。

第245页，马匹是宋朝最重要的陆路进口商品：Paul J. Smith（史乐民），*Taxing Heaven's Storehouse: Horses, Bureaucrats, and the Destruction of the Sichuan Tea Industry, 1074-1224* (1991)。

第246页，南印度人在此地出资修建了一座佛寺：Friedrich Hirth 和 W. W. Rockhill 英译的赵汝适《诸蕃志》（1911）；赵汝适《诸蕃志校释》,1996, 86页；吴文良、吴幼雄编《泉州宗教石刻》, 2005。

第246页，圣友寺：Nancy Shatzman Steinhardt, *China's Early Mosques* (2015): 38-52。

第246页，中国最大的外国人社区：贾志扬，*Muslim Merchants*, 80—81页提到了从奢侈品转向大宗商品贸易, 141—142页提到了泉州发现的阿拉伯墓碑。

第246页，这种接触：柯胡，*Community, Trade, and Networks,*

32—37页提到了泉州贸易的缘起，129页提到了外国定居者异常多。

第246页，"诸蕃有黑白二种"：《方舆胜览》序，1239，第12卷：6a，四库全书本，可以通过中国基本古籍库数据库访问。

第246页，"舶商"：晁补之（1053—1110），《鸡肋集》卷七〇，370页，四部丛刊初编本，可以通过中国基本古籍库数据库访问；黄纯艳，《宋代海外贸易》，185页注释1。

第246页，市舶使：黄纯艳，《宋代海外贸易》，101—103页提到了中国人投资船舶，103页提到了中国的女性投资者，120—121页提到了外国商人居住的主要街道，147页，162—163页提到了批发商和直接采购货物，186页提到了泉州市舶使，223—224页提到了泉州超过广州。

第247页，福冈港：李怡文，"Networks of Profit and Faith: Spanning the Sea of Japan and the East China Sea, 838-1403"，耶鲁大学博士学位论文（2017）。

第247页，朱彧：Don J. Wyatt, *The Blacks of Premodern China*，43页提到广州，48—60页提到朱彧。

第247页，朱彧是宋朝唯一一个……的作者：本书名为《萍洲可谈》，因为朱彧致仕后居住在湖北黄冈，自号"萍洲老圃"。参见宋元笔记丛书版，1989，第2卷，25页（船只到底，众人饮酒），第2卷，26页（指南针）。另见王添顺，"Shipping, Customs Procedures, and the Foreign Community: The 'Pingzhou Ketan' on Aspects of China's Maritime Economy in the Late Eleventh Century."

Journal of Song-Yuan Studies 38 (2008): 1-38.

第247页，"鬼奴善游"：朱彧《萍洲可谈》卷二，26页。

第248页，"髪鬈而黄"：朱彧《萍洲可谈》卷二，28页，56页。

第248页，夸希奥科病：参见healthline.com上关于夸希奥科病的讨论。感谢John Southworth的建议。

第248页，"其在官所"：欧阳修，《归田录》卷二，10b，稗海本。明版印记可通过中国基本古籍库访问。

第250页，战争时期，朝廷很难征收赋税：William Guanglin Liu（刘光临），"The Making of a Fiscal State in Song China, 960-1279." *Economic History Review* 68.1 (2014): 48-78.

第250页，"市舶之利最厚"：《宋会要辑稿》职官44之20，上海古籍出版社点校本，2014，第7册，第4213—4214页；贾志扬，"The Song Dynasty and the Multi-State and Commercial World of East Asia." *Crossroads: Studies on the History of Exchange Relations in the East Asian World* 1 (2010), 文章可在线获取。

第250页，5%左右：Jung-Pang Lo（罗荣邦），"The Emergence of China as a Sea Power During the Late Sung and Early Yuan Periods." *Far Eastern Quarterly* 14.4 (1955): 489-503，尤其是499n37；李心传，《建炎以来朝野杂记》甲集卷一五，第211页；《玉海》（1883年版）卷一八六，11。

第251页，沉香木是其主要成分：Lefebvre (ed.), *Parfums de*

Chine, 72–73, illustration 4 (gift for courtiers), 75 (first incense sticks).

第251页，即使是最穷的消费者：黄纯艳，《宋代海外贸易》，210页，引用了《东京梦华录》和《梦粱录》。

第251页，人为地抬高价格：Robert Hartwell（郝若贝），"Foreign Trade, Monetary Policy and Chinese 'Mercantilism'"，收入衣川强主编的「劉子健博士頌寿紀念宋史研究論集」，1988，456页将此起义称为"乳香叛乱"，但史料（朱熹的行状，见于《晦庵先生朱文公文集》卷九七，4a；《宋史》卷一八五《食货志下七》，4358页）并无确指。

第251页，药师还在药方中开出了：郝若贝，"Foreign Trade", 477–480 (Appendix, Table IV, "Medical Use of Foreign Commodities for Specific Syndromes of Symptoms, Tang, N. Song, S. Song")。

第252页，第一家官药局：Asaf Goldschmidt, *The Evolution of Chinese Medicine; Song Dynasty, 960–1200* (2009): 123–136.

第252页，《陈氏香谱》：郝若贝，"Foreign Trade", 480 (Appendix, Table V, "Number and Percentage of Foreign Commodities Contained in a Sample of 300 Recipes for Incense")；陈敬，《陈氏香谱》，四库全书珍本版。

第252页，完全由中国雪松打造的船：周密，《癸辛杂识》，1988：续集卷二，197页。

第253页，所有人都能获得可观的利润：傅宗文，《泉州古船：宋季南外宗室海外经商的物证》，《海交史研究》，第2期，

1990，第77—83页。

第253页，香料贸易是如此有利可图：皇室成员包括"宋朝开国之君的所有父系后裔，无论其丧服关系如何"。贾志扬, Branches of Heaven: A History of the Imperial Clan of Sung China (1999): 11-12。该书中文版《天潢贵胄：宋代宗室史》已由江苏人民出版社出版。

第253页，深入参与了香料贸易：马端临，《文献通考》，2011，卷二五九，7066页；柯胡, Community, Trade, and Networks, 140。

第253页，城市的人口数：1080年，泉州地区拥有201 406户家庭。1241—1252年，则有255758户。柯胡, Community, Trade, and Networks, 77。关于巴格达, Maya Shatzmiller, Labour in the Medieval Islamic World (1994): 62。关于开封和杭州，参见包伟民的《宋代城市研究》，2014，304—305页。

第254页，制盐：柯胡, Community, Trade, and Networks, 158—163页提到了参与种植农作物的人口，163—167页提到了非农业部门的工人。

第254页，陶瓷业：苏基朗, "The Trade Ceramics Industry in Southern Fukien During the Sung", Journal of Song-Yuan Studies 24 (1994): 1-19,13页提到了每次起航的估计船只数量，14页提到了从事陶瓷行业的人口比例。苏基朗教授认为福建人口有300万，这个估算太少了。武汉大学历史系鲁西奇教授在2019年4月21日发送的电子邮件中指出，这个数字更接近500万。他的估计是基于《元史》卷62给出的1283—1285年6 214 195人的人口数字。

第254页，事实上的货币：万志英，"Cycles of Silver in Chinese Monetary History." *The Economy of Lower Yangzi Delta in Late Imperial China: Connecting Money, Markets, and Institutions,* 苏基朗主编 (2013): 18-25; "The Ningbo-Hakata Merchant Network and the Reorientation of East Asian Maritime Trade, 1150-1350." *Harvard Journal of Asiatic Studies* 74.2 (2014):249-279，252页提到了中国纸币政策，258页提到了日本使用中国钱币。

第255页，"云乳色晶荧"：斯波义信，「宋代商業史研究」，Mark Elvin（伊懋可）英译本，*Michigan Abstracts of Chinese and Japanese Works on Chinese History* (1970)：160页（《嘉泰会稽志》卷七，9b中关于绍兴市场叙述的翻译），162—163页（度正《性善堂稿》卷一中关于成都市场的翻译）。

第255页，赵汝适：关于赵汝适的墓志，参见《考古》，第19期（1987），956—957页；德语译本，萧婷的*Grabinschriften in der Song-Dynastie*(1995): 172-174。

第255页，《诸蕃志》：Friedrich Hirth and W. W. Rockhill(trans.), *Chau Ju-kua, His Work on the Chinese and Arab Trade in the Twelfth and Thirteenth Centuries, Entitled Chu-fan-chi* (1911): 111;赵汝适，《诸蕃志校释》（1996）。

第255页，早期的市舶使：黄纯艳，《宋代海外贸易》，115—116页。

第255页，昔日的市舶司衙门：道教神祇玄天上帝，被称为水仙宫田都元帅。

第256页，《清明上河图》上的……家具店：扬之水，《古诗文名物新证》，2004，第1册，115—116页。Valerie Hansen, "The Beijing Qingming Scroll and Its Significance for the Study of Chinese History." *Journal of Song-Yuan Studies* (1996): Section 25。

第256页，区分高质量和低质量的货物：王添顺，*SinoMalay Trade,* 136。

第257页，"西有海岛"：Hirth and Rockhill, *Chau Ju-kua,* 149；赵汝适，《诸蕃志校释》，127页。

第257页，"人莫敢近"：Hirth and Rockhill, *Chau Ju-kua,* 232；赵汝适，《诸蕃志校释》，207页。

第258页，"海舶赴务抽毕"：秦九韶，《数书九章》卷一七，119—120页；斯波义信，「宋代商业史研究」，32页。Ulrich Libbrecht（李倍始）, *Chinese Mathematics in the Thirteenth Century* (1973): 152-162。

第258页，一艘船在泉州城外沉没：Jeremy Green, "The Song Dynasty Shipwreck at Quanzhou, Fujian Province, People's Republic of China." *International Journal of Nautical Archaeology and Underwater Exploration* 12.3 (1983): 253-61.有关沉船事故的最初中文报告已在《文物》发表（1975），1—34页，该报告的中英文升级版现在已经出现：福建省泉州海外交通史博物馆编《泉州湾宋代海船发掘与研究》（2017年版）：16—18页，99—100页提到了龙骨装饰；

26—31页，105—106页提到了芳香剂；32—36页，106—107页提到了木货标签；83—87页，148—152页提到了船是如何沉没的。2016年秋季，我还多次参观了泉州开元寺沉船博物馆。

第259页，使用拼板技术修复：Janice Stargardt, "Behind the Shadows: Archaeological Data on Two-Way Sea-Trade Between Quanzhou and Satingpra, South Thailand, 10th-14th Century." *The Emporium of the World: Maritime Quanzhou, 1000-1400,* ed. Angela Schottenhammer (2001): 309-393, 373页提到了维修的证据，375页提到了令人震惊的假设。

第259页，"南家"：傅宗文，《泉州古船：宋季南外宗室海外经商的物证》，《海交史研究》，第2期，1990，第77—83页。

第260页，蒲寿庚：贾志扬，"Pu Shougeng Reconsidered: Pu, His Family, and Their Role in the Maritime Trade of Quanzhou." *Beyond the Silk Roads: New Discourses on China's Role in East Asian Maritime History,* ed. Robert J. Antony and Angela Schottenhammer (2017): 63-75；桑原隲藏，"On P'u Shou-keng." *Memoirs of the Research Department of the Tōyō Bunko* 2 (1928): 1-79; 7 (1935): 1-104, 57-59.

第260页，安抚使：苏基朗，*Prosperity, Region, and Institutions in Maritime China: The South Fukien Pattern, 946-1368* (2000): 107-114, 302-305。该书中文版《刺桐梦华录：近世前期闽南的市场经济（946—1368）》已由浙江大学出版社出版。

第260页，蒲寿庚……变节：贾志扬，"The Impact of the Song

Imperial Clan on the Overseas Trade of Quanzhou",收入萧婷主编的 *The Emporium of the World*, 34–35。

第261页,"总运输量":Ronald Latham (trans.), *The Travels of Marco Polo* (1958): 237.

第262页,"漂亮""廉价"的瓷器:Latham, *The Travels of Marco Polo*, 237–238.

第262页,伊本·巴图塔:H. A. R. Gibb (trans.), *The Travels of Ibn Battuta, A.D. 1325-1354* (1994): 4: 813–814.

第262页,广州方志:《大德南海志》卷七,17b,宋元地方志丛刊续编本,1990,第1412页;斯波义信,"Sung Foreign Trade",105。

第262页,南海:王添顺,*Sino-Malay Trade*,136页提到了分级系统,138页提到了广州方志;《大德南海志》卷七,19a—20b,宋元地方志丛刊续编本。

第262页,"愈东(爪哇以东)":Hirth and Rockhill, *Chau Ju-kua*, 75, 79n2;赵汝适,《诸蕃志》,54—55页。

第263页,"天下之水":Burton Watson, *Chuang Tzu: Basic Writings* (1964): 97.

第263页,黑潮:黄纯艳,《造船业视域下的宋代社会》,2017,第216—217页;李约瑟, *Science and Civilisation in China, Volume 4: Physics and Physical Technology, Part III: Civil Engineering and Nautics* (1971): 549。该书中文版《中国科学技术史》(第四

卷）已由科学出版社、上海古籍出版社出版。

第263页，"得风一息"：周去非，《岭外代答》，1999，36—37页。Matthew Torck, "The Unimaginable and Immeasurable? China's Visions of the Pacific—Needham's Views Re-examined." *The Perception of Maritime Space in Traditional Chinese Sources*, ed. Angela Schottenhammer and Roderick Ptak (2006): 141-152, 146.

第263页，明朝：Roderich Ptak, "Ming Maritime Trade to Southeast Asia." *From the Mediterranean to the China Sea: Miscellaneous Notes*, ed. Claude Guillot et al. (1998): 157-191, 164；《明实录》卷二〇一，第3008页；Geoff Wade, *The Ming Shi-lu*, 2: 133。

第263页，317艘船组成的帝国舰队：G. F. Hourani, *Arab Seafaring in the Indian Ocean in Ancient and Early Medieval Times* (1951): 61.

第264页，汉语碑文：J. V. G. Mills, *Ying yai sheng lan: "The Overall Survey of the Ocean's Shores" [1433]* (1970): 6, 11, 12, 49, 59, 138.

第264页，行程达13 000公里：Luke Stanek使用谷歌"Earth Pro"软件来计算这些距离。

第265页，葡萄牙人专注于将非洲黄金出口到：Pierre Vilar, *A History of Gold and Money, 1450-1920*, trans. Judith White (1976): 57.

结语

第267页，疟疾：Daniel Headrick, *The Tools of Empire: Technology and European Imperialism in the Nineteenth Century* (1981): 58–79.

第268页，马莱莫·卡纳：有则史料说他叫卡纳（Cana），另一则史料说他叫卡纳卡（Canaca）。Sanjay Subrahmanyam, *The Career and Legend of Vasco da Gama* (1997): 119–128.

第269页，马林奇：Stuart B. Schwartz and Tatiana Seijas, *Victors and Vanquished: Spanish and Nahua Views of the Fall of the Mexica Empire,* 2nd ed. (2018): 38.

第270页，大规模疾病暴发：Noble David Cook, *Demographic Collapse: Indian Peru, 1520–1620* (1981): 94; Michael E. Smith, The Aztecs (1996):62.

第270页，史广多：Neal Salisbury, "Squanto: Last of the Patuxets." *Struggle and Survival in Early America,* ed. David G. Smith and Gary B. Nash (1982):228–246.

第271页，"我想把……硫黄带到"：Shaykh Mushrifuddin Sa'di of Shiraz, *The Gulistan (Rose Garden) of Sa'di,* trans. Wheeler M. Thackston (2008): 85; Benedikt Koehler, *Early Islam and the Birth of Capitalism* (2014): 185.

第273页，中国需要的是那种能用更少的棉花……来生产布料的机器：伊懋可，"The High-Level Equilibrium Trap"，收入伊懋可主编的 Another History: Essays on China from a European Perspective(1996): 38。

第274页，直到1800年后：Kenneth Pomeranz（彭慕兰），The Great Divergence: China, Europe, and the Making of the World Economy（2000）。该书中文版《大分流：欧洲、中国及现代世界经济的发展》已由江苏人民出版社出版。

插图说明

彩插

1. 伊德里斯地图：Al-Idrīsī, *Nuzhat al-mushtāq fīikhtirāq al-āfāq*, page 3b-4a, Manuscript no. Pococke 375. © Bodleian Libraries, University of Oxford.

2. 青铜别针：Accession number 4A600A1-169. *L'Anse aux Meadows Museum. Parks Canada.*

3. 维京人的硬币：Maine State Museum, MSM 72.73.1.

4. 赫瓦勒赛教堂：Alamy Stock Photo Image ID GJA07F.

5. 刘易斯棋子：Photo no. 00156777001. The Lewis Chessmen, Uig(Scotland), 1150-1175 (circa). © The Trustees of the British Museum.

6. 玛雅的战斗场景：Ann Axtell Morris的水彩画，收录于Earl

Halstead Morris, *The Temple of the Warriors at Chichén Itzá, Yucatan* (Carnegie Institution of Washington, 1931): volume II, plate 139。

7. 被俘虏的维京人：Ann Axtell Morris的水彩画，收录于Earl Halstead Morris, *The Temple of the Warriors at Chichén Itzá, Yucatan* (1931): volume II, plates147b and 147c。

8. 戈克斯塔德号：Creative Commons License: CC BY-SA 4.0. © Museum of Cultural History, University of Oslo, Norway.

9. 修女院的船："Seige of the City"，根据老奇琴伊察的壁画绘制的水彩画（细节）。Digital file no. 60743049, 60743050. Harvard University Peabody ID no. 11-20/25208a. © 2019 The Jean Charlot Estate LLC/Member, Artists Rights Society (ARS), NY. 已经许可。

10. 查克穆尔，奇琴伊察：National Museum of Anthropology, Mexico City, Mexico. Alamy Stock Photo Image ID E1FP24.

11. 查科峡谷巧克力罐：Image #3521, AMNH Library, "Anasazi (Ancestral Pueblo) pottery dating from 1100 A.D., Pueblo Bonito, Chaco Canyon, New Mexico." American Museum of Natural History, Anthropology, Catalog No. H/3239.

12. 奇普：American Museum of Natural History, Anthropology, Catalog No. 41.2/6740.

13. 储银宝库：Alamy Stock Photo Image ID BHG3BF.

14. 弗拉基米尔大公：Natalia Kolesnikova/AFP/Getty Images.

15. 阿拉伯语文字：Gian Pagnoni.

16. 马蓬古布韦犀牛：Heritage Images/Hulton Archive/Getty Images.

17. 曼萨·穆萨：Alamy Stock Photo Image ID PWCGDH.

18. 博斯特宫殿：Alamy Stock Photo Image ID A47C10.

19. 加兹纳的马哈茂德：《史集》记载，马哈茂德从哈里发卡迪尔那里收到了一件长袍，University of Edinburgh Library。

20. 琥珀把件：内蒙古自治区文物考古研究所、哲里木盟博物馆，《辽陈国公主墓》（1993年版）。彩色插图30：编号1。文物出版社。

21. 骑兵：黄宗道，《射鹿图》。Edward Elliott Family Collection, Purchase, The Dillon Fund Gift, 1982. Accession number: 1982.3.1. Metropolitan Museum of Art.

22. 婆罗浮屠的佛像：Alamy Stock Photo Image ID EDKXHN.

23. 婆罗浮屠的双桅帆船浮雕：Alamy Stock Photo Image ID C95YNM.

24. "双"独木舟：*A canoe of the Sandwich Islands, the rowers masked, Series.* Rex Nan Kivell Collection (NK1224/15), *Pictures Collection of the National Library of Australia.* ID no. 1789062.

25. 两件波斯器皿：The Louvre, accession nos. Mao S 2488 and 524. ©RMN-Grand Palais/Art Resource NY.

26. 源氏：*The Plum Tree Branch* (Umegae), Illustration to Chapter 32 of The Tale of Genji (*Genji monogatari*) by Tosa Mitsunobu, datable to 1509-1510. Rendition Number: 75054A; Accession Number:

1985.352.32.A. Harvard Art Museums/Arthur M. Sackler Museum, Bequest of the Hofer Collection of the Arts of Asia.

27. 海印寺藏经板殿：Geoff Steven; Our Place World Heritage Collection.

28. 平等院：Alamy Image ID: A4ATPR.

书内插图

第052页，因纽特人的木雕：Amelia Sargent绘制。

第054页，冰岛教师的地图：Royal Danish Library, GKS 2881 kvart, The Skálholt Map.

第118页，蓝牙标志：Amelia Sargent提供。

第256页，《清明上河图》：张泽端，北京故宫博物院藏品的复制品，第25张，共26张图，靠近画的结尾。中国文物出版社。

第259页，泉州沉船：福建省泉州海外交通博物馆主编的《泉州湾宋代海船发掘与研究》（1987年版）：第191页，图片7。

译后记

国内学界对美国耶鲁大学的韩森（Valerie Hansen）教授并不陌生，她的多部学术著作，如《变迁之神：南宋时期的民间信仰》《传统中国日常生活中的协商：中古契约研究》《开放的帝国：1600年前的中国历史》《丝绸之路新史》等均已出版了中译本，在国内具有一定影响力。这本《公元1000年：全球化的开端》是韩森教授最新的学术成果，英文原版出版于2020年。在本书中，韩森教授以国际化的视野，重新讨论了全球化问题，提出了一些值得思考的新观点。

厦门大学梁建国兄最早向我推荐《公元1000年：全球化的开端》，并建议我将本书翻译成中文。在本书翻译过程中，武汉大学鲁西奇教授不仅屡屡为我排忧解难，还在百忙之中不辞辛苦地审读译稿。本书中的波斯、阿拉伯人名和书名的翻译，都是中国科举博物馆的尹磊兄帮我解决的。有时候，我会一天"骚扰"他好多次，自己都觉得有些不好意思，但尹磊兄却毫不介意，耐心地为我答疑解惑。可以说，本书能够顺利出版，离不开诸位师友的古道热肠与无私奉献，而我却在台前享受了译者的荣光，实在受之有愧。

译者的专业是中国古代史，研究领域侧重于宋代历史，而本书涉及几乎全球各个大洲的许多古代文明与历史，其中很多内容都是译者并不熟悉的领域。虽然有众人的鼎力支持，我在翻译过程中也查阅了许多资料（为了让读者更好地理解该书内容，我在译文中加了一些简单的注释），但总感觉力有未逮，敬希广大读者对拙译不吝批评指正，期待再版重印时加以修订（我的邮箱：liuyunjun1978@126.com）。

刘云军

2021年1月15日于河北大学生活区

激发个人成长

多年以来,千千万万有经验的读者,都会定期查看熊猫君家的最新书目,挑选满足自己成长需求的新书。

读客图书以"激发个人成长"为使命,在以下三个方面为您精选优质图书:

1. 精神成长
熊猫君家精彩绝伦的小说文库和人文类图书,帮助你成为永远充满梦想、勇气和爱的人!

2. 知识结构成长
熊猫君家的历史类、社科类图书,帮助你了解从宇宙诞生、文明演变直至今日世界之形成的方方面面。

3. 工作技能成长
熊猫君家的经管类、家教类图书,指引你更好地工作、更有效率地生活,减少人生中的烦恼。

每一本读客图书都轻松好读,精彩绝伦,充满无穷阅读乐趣!

认准读客熊猫

读客所有图书,在书脊、腰封、封底和前后勒口都有"**读客熊猫**"标志。

两步帮你快速找到读客图书

1. 找读客熊猫

2. 找黑白格子

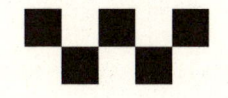

马上扫二维码,关注"**熊猫君**"

和千万读者一起成长吧!